KB148311

THE SETH MATERIAL

지식 너머의 진실

세스 매트리얼

제인 로버츠 지음 │ 매건 김 옮김

THE
SETH
MATE
RIAL

터닝페이지

옮긴이 | 매건 김 Meghan Kim

동국대학교 미술학과 졸업 후 미국으로 이민, 우연한 기회에 형이상학과 채널링에 대한 관심이
생겨 존재, 내면, 자아에 대한 많은 공부를 했다. 현재 미국에서 심리 치료사로 활동하고 있다.

세스 매트리얼

1판 1쇄 발행 2024년 4월 24일
1판 4쇄 발행 2024년 6월 12일

지은이 제인 로버츠
옮긴이 매건 김
발행인 김정경
책임편집 이지은 **마케팅** 김진학 **디자인** 문성미

발행처 터닝페이지
등 록 제2022-000019호
주 소 04793 서울 성동구 성수일로10길 26 하우스디 세종타워 본동 B1층 101/102호
전 화 070-7834-2600
팩 스 0303-3444-1115
대표메일 turningpage@turningpage.co.kr
인스타그램 www.instagram.com/turningpage_books
페이스북 www.facebook.com/turningpage.book

ISBN 979-11-93650-05-9 (03110)

　정신세계 분야에서 고전이라고 할 수 있는《세스 매트리얼》이 절판
되어 안타까웠는데 재출간되어 여간 반갑지 않습니다. 눈에 보이지 않는
세계를 훌륭하게 다룬 책들 중에는 독자들의 무관심으로 일찍 절판된 책
들이 많습니다. 모험이라고 할 만한 재출간을 결행한 터닝페이지 출판사
에 감사드립니다. 앞으로 이렇게 용감한 출판사들이 더욱 많아지길 바랍
니다.

　《세스 매트리얼》은 영적 존재인 세스가 영매medium(채널러channeler라
고도 한다)로서의 능력이 발현된 제인 로버츠의 육체를 빌려 전해주는 삶
과 죽음에 관한 진실한 이야기입니다.

　세스가 일관되게 얘기하고 있는 "육체가 죽음을 맞더라도 우리의 의
식은 지속된다."라는 메시지는, 2015년 미국 애리조나주 투손에 세계 각
지에서 온 과학자들이 모여 선언한 내용과 정확히 일치합니다. 죽음을
앞둔 환자가 품위 있는 죽음을 맞이하도록 도울 수 있기를 바라며 모인
이 학술모임의 배경에는, 근사체험, 삶의 종말체험, 사후통신, 영매 연구
그리고 어린이를 대상으로 한 환생 연구와 같은 5개 분야의 근거 중심의
연구가 있었다고 밝히고 있습니다. 여러 통로로 행해진 연구들의 결과가
한결같은 사실을 가리킨다면, 그 사실은 진실일 가능성이 아주 높습니

다. 삶에서나 과학의 영역에서나 우리는 그런 경험을 이미 많이 하고 있습니다.

세스에 따르면 우리는 태어나기 전에 자신의 탄생과 죽음에 관련된 환경과 질병을 스스로 선택한다고 합니다. 개인은 근본적으로 시간과 공간으로부터 자유로우며, 운명은 자신의 손안에 있고, 현생에서 다루지 않은 문제는 다음 생에서 다룬다고 말합니다. 자신의 불행에 대해 신이나 사회 혹은 부모님을 탓할 수 없는 이유는, 우리는 태어나기 전에 자신이 태어날 환경과 자신의 발전에 최고의 도움이 될 도전 과제들을 스스로 '선택'했기 때문이라는 것입니다.

이 책은 사후의 삶, 윤회, 건강, 육체적 현실의 본질, 신, 꿈, 시간, 정체성, 지각 작용 등을 총망라하고 있습니다. '우리가 육체를 떠나면 어디로 가는가', '환생과 환생 사이의 시간은 어떻게 결정되는가', '윤회를 통해 새로운 특징을 익히는 주체는 누구인가' 등등 근원적인 궁금증에 대한 답이 담겨 있습니다.

추천사를 쓰기 위해 책을 읽으면서 현실 세계의 어려움에 부딪히게 될 때 해결책이 될 만한 훌륭한 문장들을 무수히 발견했습니다. 5년 전 방광암으로 수술을 받고 배뇨장애를 겪으며 살아가는 저에게 책에서 발견한 다음 문장들은 남은 삶을 어떻게 살아갈 것인지에 대한 소중한 지침이 되어 줍니다.

"감사하는 마음으로 저녁 노을과 아침 햇살을 맞이하며 축복과 기쁨으로 심장의 박동에 귀 기울이는 사람들은, 다른 사람에 비해 이제껏 받은 축복과 삶을 고대할 만한 이유가 형편없다 하더라도 놀라운 성취를 이루고 다른 이들에게 기쁨을 줄 수 있습니다. 그들은 삶의 조건대로 삶을 받아들임으로써 충만한 은총을 얻죠. 자신이 가진 모든 것을 삶에 바침으로써 얻는 은총을 말입니다."

《세스 매트리얼》은 읽는 분들에게 영적으로 의미심장한 성장의 계기를 선사할 것입니다. 워낙 심대한 영역을 다루고 있어서 단번에 이해되지 않을 수도 있겠지만 틈날 때마다 반복해서 읽다 보면 저마다의 가슴을 파고드는 빛나는 메시지들을 만나게 될 겁니다. 험난하고도 거친 지구별 여정을 거치는 동안 어려움과 시련들을 맞닥뜨릴 때, 이 책이 들려주는 메시지들에 위로받고 지혜와 힘을 얻어 굳건하게 삶의 여정을 걸어나가시기를 진심으로 기원합니다.

정현채, 서울대학교 의과대학 명예교수

· · ·

《세스 매트리얼》은 참으로 흥미로운 책이다. 미국의 여성 문학가 제인 로버츠는 1964년 예기치 않게 '세스'라는 비육체적 실재와 접촉한다. 자신을 '에너지 정수로 이루어진 퍼스낼리티personality(인격)'로 소개하는 존재와의 만남은 그 후 20년 넘게 진행된다. 초자연적인 실체와 교류하는 사건은 '채널링'으로 일컬어진다. 다른 차원에서 정보를 받는다는 점에서 종교 전통의 '계시啓示' 역시 여기에 속한다. 종교의 영향력이 줄어든 19세기, 사자死者의 영혼과 소통하는 교령회로 유명한 강령술이 구미를 휩쓸었다. 이렇게 형이상학적 차원을 탐구하는 와중에 수많은 채널링이 이루어지는데, 세스는 그중 몇 손가락 안에 꼽힐 정도로 유명하다.

세스는 현실과 사후 세계, 윤회, 건강, 신, 꿈, 시간, 개인의 정체성에 이르기까지 광범위한 주제를 다루었다. 논의의 핵심은 인간의 정체성이다. 세스는 더 큰 '전체적 자아'의 일부가 3차원의 현실에 구현된 존재가 바로 우리라고 강조한다. 전체적 자아는 윤회를 거듭하면서 다채로운 체험을 통해 지혜를 얻는데, 이 과정에서 필연적으로 많은 인격을 경험한다. 그러니 유일한 실체로 여겨지는 현재 인격은 실제로 전체적 자아의 파편이다. 같은 맥락에서 우리가 몸담은 현실 역시 다중적이며 다차원적이다. 즉, '지금 이곳'의 물질적 세계는 중첩된 여러 실재 중 하나에 불과하다는 입장이다.

세스에 따르면 우리는 3차원의 시공에 '물질화되고 개인화된 에너지'이다. 또 우리가 외부의 현실을 인식하는 감각은 통념과 달리 '세계를 인식하기 위한 것'이 아니라 '창조하는' 통로다. 그래서 우리는 물질세계를 창조하면서 선택의 자유를 행사하고 이를 통해 배움을 얻는다. 이런 방식으로 당연하게 받아들여진 세계와 존재에 대한 관념이 전면적으로 뒤집힌다. 세스의 이야기는 지성적 명료함과 논리적 체계성이 돋보인다. 덧붙이자면 정체성, 의식, 꿈, 투사와 같은 심리학적 용어를 적극적으로 활용한다는 측면에서도 독특하다. 최종적으로는 개인이 자유 의지를 발휘해 지금 이곳의 현실을 부단히 바꾸라고 요청한다는 점에서 우주적 낙관주의로 귀결된다. 요컨대 세스는 종교 전통의 형이상학을 대단히 새롭게 풀어냈다.

종교학 중에서도 종교심리학과 신비주의의 비교 연구를 전공한 나에게 세스의 날카로운 통찰은 그야말로 보물창고와도 같았다. 종교학을 막 시작했을 때인 2000년 처음 번역된 《육체는 없지만 나는 이 책을 쓴다》를 접하고 신세계를 맛보았다. 이어 출간된 《세스 매트리얼》도 열심히 탐독했다. 미국 유학 시절에는 국내에 번역되지 않은 거의 모든 세스의 저술을 구해 읽기도 했다. 기회가 닿을 때마다 주변에 추천했는데 절판된 탓에 안타까움이 컸다. 한참의 시간이 지나 세스를 다시 만나게 해준 터닝페이지에 큰 감사의 말씀을 전한다.

앨리스를 경이로운 동굴 속으로 이끈 하얀 토끼처럼 세스 역시 우리에게 익숙했던 세계를 단호하게 뒤집어 보여준다. 햄릿은 하늘과 땅 사이에는 도무지 상상하지 못한 숱한 비밀이 있다고 조언한다. 세스는 오랫동안 당연시해왔던 우리의 '자아'를 '한순간'만이라도 내려놓으면 그 비밀을 알게 될 것이라고 역설한다. 그러니 눈에 보이는 세계 이면에 지금껏 몰랐던 '그 무엇'이 있으리라 기대하는 분들에게 《세스 매트리얼》을 강력하게 추천한다. 이 책이 삶과 존재의 숨겨진 경이로움을 보여줄 것이라 굳게 믿는다.

성해영, 서울대학교 종교학과 교수

1968년 2월 29일, ESP^{extrasensory perception}(초감각적 지각)에 대해 강의를 하던 중이었다. 강의실 창문은 활짝 열려 있었고 저녁 공기는 무척 따스했다. 강의실에는 평소와 다름없이 조명이 켜져 있었다. 그러다 갑자기 '방문객'이 찾아왔고, 나는 아무런 예고도 없이 언제나처럼 금방 트랜스^{trance} 상태(자각하지 못하고 외부 자극에 반응하지 못하는 초월적 의식 상태—옮긴이주)에 빠져들었다.

수강생들은 모두 여성이었다. 그들은 내 책을 읽고 몇 차례 강의를 통해 '세스'를 알고 있었다. 하지만 세스와의 교신 장면을 직접 목격한 적은 없었다. 눈을 감은 채 얼마간의 시간이 흘렀다. 내가 다시 눈을 떴을 때, 바깥은 어두워져 있었고, 내 입에서는 세스의 메시지가 흘러나오기 시작했다. 세스는 내가 쓰고 있던 안경을 바닥에 내던졌다. 세스가 말하는 중에도 나는 학생들의 모습을 분명히 볼 수 있었다. 내 입에서 흘러나오는 세스의 목소리는 남성에 가까운 깊고 굵직한 음색이었다.

그날의 교신 목적은 세스에게 수강생들을 소개하는 데 있었다. 세스를 전혀 모르는 당신을 위해 기록의 일부를 실었다.

지금까지 여러분은 자신이 육체로 구성돼 있으며, 결코 육체를 벗어날 수 없다고 배웠을 겁니다. 하지만 이는 사실이 아닙니다. 육체는 분해되어도 여러분은 그렇지 않죠.

죽음은 또 다른 시작에 불과합니다. 여러분이 죽는다 하더라도 영원히 침묵 속으로 들어가지 않는다는 것을 증명할 수 있죠. 그 증거는 바로 여러분이 듣고 있는 이 목소리입니다. 여러분은 나를 볼 수 없지만 내가 여기에 있다는 것을 분명 알 수 있습니다. 이것이 과연 침묵인가요? 여러분이 지금 이곳에서 느끼는 나의 존재는 과연 무엇일까요?

나는 우리의 기쁨이 청춘에서 비롯되지 않는다는 사실을 알려주기 위해 여기에 와 있습니다. 나는 더없이 즐거운 존재지만 젊은이는 아니기 때문입니다. 또한 우리의 기쁨은 육체에서 비롯되지도 않죠. 왜냐하면 나는 육체를 갖고 있지 않기 때문입니다. 내가 가진 것은 언제나 나와 함께 있습니다. 바로 나의 정체성이죠. 나의 정체성은 결코 줄어들지 않으며 영원히 성장하고 발전합니다.

여러분은 지금 이상의 존재가 될 것입니다. 변화를 두려워하지 마십시오. 왜냐하면 여러분은 변화 자체이고, 지금 내 앞에 앉아 있는 이 순간에도 변화하고 있기 때문입니다. 모든 행위는 변화입니다. 그렇지 않다면 우주는 정지되고 결국 죽음만 남겠죠.

여러분은 나와 마찬가지로 개인화된 의식입니다. 계절에 따라 변화하십시오. 여러분은 계절 이상의 존재이고, 여러분 스스로 계절을 만들고 있습니다. 이는 여러분의 내면에 형성된 영적 분위기의 반영이죠.

나는 오늘 오직 한 가지 목적 때문에 이곳에 왔습니다. 나는 생생히 살아 있으며 다른 차원에서 여러분과 대화하고 있음을 알려드리기 위해서입니다. 무덤은 결코 인생의 끝이 아닙니다. 나처럼 말이 많은 존재가 어떻게 딱딱하게 굳은 죽은 자의 입을 사용하겠습니까? 여러분의 눈에는 보이지 않지만 나는 분명 이곳에 있습니다. 그리고 여러분도 나처럼 보이지 않는 존재입니다. 다만 여러분은 육체를 자신의 몸이라 부르며 사용하고 있을 뿐이죠.

나는 지금 루버트(세스가 제인을 부르는 명칭. 그는 제인을 남성으로 지칭한다)의 동의를 얻어 그의 몸을 사용하고 있습니다. 나의 실체는 원자나 분자 같은 게 아니며, 여러분의 실체 역시 물질적인 것이 아닙니다. 여러분은 이전에도 존재했고, 앞으로도 존재할 것입니다. 그리고 육체적 삶을 다 끝낸 후에도 계속 존재할 것입니다.

나는 마치 시공간 구멍을 통해 빠져나온 것처럼 여기에 왔습니다. 시공간에는 여러분이 통과할 수 있는 길들이 있습니다. 여러분은 꿈을 통해 내가 있는 곳으로 올 수도 있죠.

자신의 생명력을 느껴보세요. 생명력이 온 우주를 관통하는 느낌을 즐기면서 우리의 삶이 결코 육체에 의존하지 않는다는 사실을 깨닫기를 바랍니다. 여러분은 실제로 자신의 에너지를 투사해 물질세계를 만들고 있습니다. 그러니 세상을 변화시키려면 자신을 변화시켜야 합니다. 외부에 투사하는 것을 먼저 변화시켜야 하죠.

여러분은 언제나 존재했고, 앞으로도 존재할 것입니다. 이것이 바로 삶과 기쁨의 의미입니다. 신은 여러분 안에 있습니다. 여러분은 존재하는 모든 것의 일부이기 때문입니다.

세스는 장장 두 시간에 걸쳐 말했다. 말하는 속도가 너무 빨라 학생들이 기록하는 데 애를 먹었지만 세스의 생명력과 기쁨을 아주 분명히 느낄 수 있었다.

그는 결코 내가 아니다. 세스의 건조하고 냉소적인 유머가 내 눈을 통해 빛났고, 내 얼굴은 표정조차 세스의 모습이었다. 세스는 빈틈없고 생기 넘치며 아주 인간적인 노인의 모습으로 나타나는 걸 좋아했다. 그가 삶의 기쁨을 이야기할 때, 깊고 나지막한 목소리가 온 방에 크게 울려 퍼졌다.

세스는 학생들에게 처음으로 자신을 소개하면서 여러 가지 주제들에 대해서도 언급했다.

세스가 언급한 내용을 간단하게 요약하면, '개인은 근본적으로 시간과 공간으로부터 자유롭다. 운명은 자신의 손안에 있다. 현생에서 다루지 않은 문제는 다음 생에서 다룬다. 자신의 불행에 대해 신이나 사회 혹은 부모님을 탓할 수 없다. 왜냐하면 우리는 태어나기 전에 자신이 태어날 환경과 자신의 발전에 최고의 도움이 될 도전 과제들을 스스로 선택했기 때문이다. 우리는 숨을 쉬듯이 무의식적이고도 자연스럽게 물리적 작용을 만들고 있다. 그리고 자신의 육체적 현실에 대한 전체적인 개념 작용을 일으키는 집단 관념들을 의식하고 있다.' 등이다.

세스를 통한 놀라운 경험들

1969년 12월까지 나는 남편 롭과 함께 5년여에 걸쳐 500회 이상 세스와 교신했다. 이 분야에 대한 첫 출판물인《당신의 ESP 능력을 개발하는 방법》*How to Develop Your ESP Power* 에서는 ESP에 관심을 갖게 된 배경과 세스와 연결한 실험 과정들을 간략히 설명했다.

지금까지 세스는 하나하나 다 언급하기 힘들 정도로 자주 텔레파시와 투시력을 보여주었다. 그 과정에서 세스는 많은 이들에게 도움을 주었고, 롭과 내가 영혼의 잠재력을 개발할 수 있도록 지도해주었다.

나는 초자연적인 경험을 가진 타고난 심령가는 아니었다. 그런 방면에 대한 지식도 전혀 없었다. 게다가 나는 새로운 현상을 겪고 경험할 때마다 진지한 자기 질문과 지적 분석을 통해 그 과정들을 의심했다. 내가 겪고 있는 일을 가능한 한 과학적 근거를 바탕으로 확인해보고 싶었기 때문이다.

나는 세스의 사상이 매력적이라고 생각한다. 하지만 그의 사상을 아침 식사 때 먹는 베이컨처럼 확실한 사실로 받아들이고 싶지 않았다. 왜냐하면 세스가 사후에도 살아 있는 존재라는 가능성을 인정하는 것은 지적인 자살 행위나 마찬가지라고 생각했기 때문이다. 그래서 ESP를 다룬 첫 책에서는 다음과 같이 세스가 말하는 대로의 존재, 즉 '더 이상 육체적 현실에 초점을 맞추지 않는 에너지 퍼스널

리티personality(각각의 사람이 가지고 있는 성격이나 인격 등의 고유한 특성
─옮긴이주)의 정수'라고 생각한다는 이야기는 단 한 줄도 집어넣지
않았다.

트랜스 중에 나는 죽음 이후에도 살아 있다고 주장하는 퍼스낼리티
를 만나곤 합니다. 이 같은 현상을 통해 세스는 윤회전생이 사실이라
고 주장합니다. 하지만…… 하지만…… 하지만.

대신 '심리학자들이나 초심리학자 혹은 심령학자들이 그러한 퍼
스낼리티들에 대해 제시한다'라고 언급한 해석들을 연구했다. 하지
만 그 어디에서도 세스와의 교신 자료에 나와 있는 것만큼 논리적
이며 일관성 있는 설명은 발견할 수 없었다.

나는 자신의 체험적 증거를 거부할 만큼 시공간에 구속된 육체적
생물이 바로 인간이라는 사고에 길들여져 있었다. 그래서 지극히 직
관적인 작업에 참여하고 있으면서도 객관적 태도를 유지하기 위해
애썼다. 내가 영원히 떠나버린 세상 속으로, 즉 육체적 조건이 성립
되지 않고서는 그 무엇도 존재하지 않는 우주, 다른 현실 세계나 다
른 차원과의 교신이 절대 불가능한 세계로 다시 돌아가기 위해 발
버둥 쳤다. 그러면서도 일주일에 두 번씩은 꼭 세스와 교신했다.

나는 거실에 앉아 세스의 말을 전하면서도 유체 이탈(아스트랄 투
영)을 경험하기 시작했다. 세스는 내 의식이 다른 장소로 이동해서
그곳에서 벌어지는 사건이나 주변 환경을 인지하는 동안 내가 목격

하는 장면을 그대로 묘사했다. 이를테면 캘리포니아에 사는 어떤 형제의 집과 주변 환경들이다. 같은 시각, 내 몸은 그 형제의 집에서 3,000마일도 더 떨어진 뉴욕 엘미라에서 세스의 말을 전하고 있었고, 나중에 그 형제가 보내온 자료를 통해 세스가 그들의 집을 정확히 묘사했음을 확인할 수 있었다. 이러한 일들은 나조차도 쉽사리 부인할 수 없는 사실이다.

이와 관련해 내가 쓴 첫 번째 책이 출판되자 도움이나 조언을 구하는 낯선 사람들의 편지가 쇄도했다. 결국 부담스러운 책임감 때문에 두렵긴 했지만 절박한 상황에 처해 있는 사람들을 위해 몇 차례 세스와 교신할 수밖에 없었다. 그중 어떤 사람들은 워낙 멀리 떨어진 곳에 살아서 교신하는 자리에는 참석할 수 없었지만 한결같이 세스의 조언이 도움이 되었다고 증언했다.

세스는 종종 현재에 일어난 문제가 전생에서 풀지 못한 스트레스로 인한 결과임을 설명하면서, 당사자가 자신의 능력을 사용해 문제를 해결할 수 있는 방법에 대해 구체적인 조언을 해주곤 했다.

✳

우리는 신을 믿지 않는다

이런 일을 겪기 전까지 나는 윤회전생에 관한 이야기들은 잠재의식이 빚어내는 즐거운 환상일 뿐이라고 생각했다. 그래서 일련의 사건들을 겪기 시작했을 때도 사람이 거듭거듭 환생한다는 얘기는 물론, 사후에도 계속 존재한다는 이야기를 완전히 믿을 수는 없었다.

사실 롭과 나는 종교와는 거리가 먼 사람들이다. 결혼식과 장례식을 제외하곤 교회에 발을 들여놓는 경우도 거의 없었다. 가톨릭 교인으로 성장했지만 나이가 들면서 신을 받아들이는 것이 점점 더 힘들었다. 내면에서는 신도 조상들처럼 죽었다고 빈정거리곤 했다.

어린 시절, 내 삶을 지탱해준 천국 이야기들도 10대가 되고 보니 의미 있는 삶을 천박하게 모방한 조롱거리에 불과하다고 생각했다. 설사 신이 존재하더라도 허구한 날 둥글게 모여 앉아 신을 찬송하는 일이 뭐 그렇게 신나는 일일까? 얼마나 대단한 신이길래 매일매일 경배를 받고 싶어 하는 것인가? 그런 신은 심리적으로 불안정하고 소름 돋는 인간들과 다를 바 없었다.

영겁의 불길이 타오르는 지옥에 대한 이야기도 터무니없기는 마찬가지였다. 악마가 불운한 영혼들을 끔찍한 불길로 고문하는 동안 아버지 신은 아무런 염려나 동정, 양심의 가책도 없이 천국의 옥좌에 편안히 앉아 있단 말인가? 그렇다면 그 신은 업무에 소홀한 게 아닐까? 그런 신이라면 친구가 될 자격도 없었다. 기독교의 교리대로라면 그는 친아들에게도 그다지 잘 대해주지 못했다. 하지만 그리스도라면 최소한 존경은 받을 만했다. 이 땅에 내려왔고, 이곳 사정이 어떤지 알고 있었으니까.

나는 스무 살이 되기 전 케케묵은 신, 성모마리아, 교인들과의 교제를 그만두었다. 천국과 지옥, 천사와 악마도 모두 잊었다. 내가

'나'라고 불렸던 화학 성분과 원자들의 특정한 집합체는 더 이상 그런 함정에 걸려들지 않았다. 최소한 내가 알고 있는 함정들에는 말이다.

롭은 좀 달랐다. 그의 부모님은 사회적 개신교주의 지지자들이었다. 그들의 믿음에 따르면 신은 빳빳하게 풀을 먹인 셔츠, 평균은 되는 주변 환경, 반짝반짝 윤이 나는 구두, 돈을 잘 버는 아버지 그리고 육성회 모임을 위해 과자를 구워주는 어머니를 가진 소년 소녀를 사랑했다.

우리는 그런 명백한 신의 불공정성에 대해 적의를 불태운 적은 없다. 아예 관심조차 기울이지 않았다. 대신 나는 시에 푹 빠져 지냈고, 화가인 롭의 관심은 늘 그림이었다. 그러니 죽음 이후에도 살아 있다는 존재와 어느 날 갑자기 대화를 나누게 됐을 때, 그 누구보다 놀라지 않을 수 없었다. 내게 있어서 죽은 자들의 이야기는, 그나마 대학물을 먹고 빠른 머리 회전과 선천적인 반항 기질을 가진 덕분에 피할 수 있었던 어른들의 허튼소리였다.

그러니 내가 사후 세계에 대해 편견을 갖고 있다는 사실을 자각하는 데는 어느 정도 세월이 흐른 뒤였다. 이제는 열린 마음에 대해 자부심을 갖고 있긴 하지만 정신적 유연성은 기껏해야 나 자신의 선입관에 적합한 사상들을 받아들이는 정도로만 확장됐을 뿐이다.

인간의 퍼스낼리티는 우리가 기존에 인정하는 영역보다 훨씬 더 커다란 실체를 갖고 있었다. 매혹적인 자료가 노트 50여 권의 분량으로 쌓이는 동안 회의주의가 제아무리 서슬 퍼렇게 날을 세운다

해도 세스와의 교신과 자료의 현실성은 인정하지 않을 수 없었다. 자료의 범위와 깊이, 수준 그리고 이론들은 우리의 관심을 단번에 낚아챘다.

롭과 나는 세스의 사상과 지식이 자아를 초월한 다른 근원에서 비롯되었으며, 우리가 이제껏 마주해온 다른 자료들에 비해 전통적인 상징주의로 인한 왜곡이 훨씬 덜하다는 것을 확신했다. 세스는 나나 다른 존재들이 다른 시대와 다른 장소에서 똑같은 자료를 전해왔지만 이제는 미래 세대들을 위해 좀 더 새로운 방식으로 그 메시지를 전하게 되었다고 설명했다. 물론 보는 사람마다 나름대로 판단을 하겠지만 나는 이제 그의 이론들을 정확하고 타당하며 중요한 정보로 받아들이고 있다.

더 나아가 세스와 같은 존재들의 수수께끼(신들림이나 소크라테스가 말한 '다이몬')로 표현되어온 현상들은 오래전부터 인류의 관심을 불러일으켰다. 현상 자체는 전혀 새로울 것이 없다. 하지만 바로 그러한 현상의 본질을 조명하고 인간의 잠재된 능력과 지식을 얻는 또 다른 방법들을 알리기 위해 나와 세스의 교신 자료를 공개한다.

세스와의 교신은 나의 현실관을 완전히 바꿔놓았고, 정체성을 강화해주었다. 인간은 시간과 질병, 부패의 노예이며 통제 불가능한 파괴 본능에 붙들려 산다는 시각은 더 이상 나를 구속할 수 없다. 나는 그 어느 때보다 확실하게 스스로가 운명의 주인임을 느끼고 있다. 그리고 어린 시절에 잠재적으로 만들어놓은 틀에 더 이상 간

허 실지도 않는다.

그렇다고 해서 걱정과 두려움에서 완전히 해방됐다는 뜻은 아니다. 다만 자기 힘으로 자신과 환경을 변화시킬 자유를 갖고, 스스로 주변 환경을 만들며 거기에 반응하고 있다는 것을 깨달았을 뿐이다. 나는 우리가 지금도 그렇고, 사후에도 스스로 자신의 현실을 만들어 갈 것임을 믿는다.

이 책의 목적은 세스와의 교신 자료를 소개하는 데 있다. 세스는 딱 한 번 우리 앞에 나타났을 뿐이지만 롭은 그때 모습을 똑똑히 기억했다가 초상화를 그려 거실에 걸어 놓았다. 세스는 나를 통해 5년에 걸쳐 총 5,000장 이상의 자료를 만들었다. 한평생 저작에만 몰두해도 여기에 못 미치는 사람들이 숱하게 많다. 그럼에도 내 작업은 여전히 계속되고 있다. 교신을 시작한 이후로도 이 책 외에 비소설 분야 책 두 권, 시집 두 권 그리고 열댓 편의 단편 소설을 썼다. 그러니 세스에게 내 창작 에너지를 뺏겼다고 할 수도 없다.

이 책의 첫 장은 세스가 등장한 배경과 과정 그리고 우리가 그 상황을 이해하기 위해 애쓰는 동안 그가 우리 삶에 미친 영향들을 적었다. 나로선 어느 날 갑자기, 예전에는 거의 불가능하다고 여겼던 체험을 했다. 그래서 우리는 그 어느 때보다 호기심과 경계심, 매혹감과 당혹감 사이에서 갈피를 잡을 수 없었다.

초기 교신 기록 중 일부를 전반부에 실은 이유는 당시 세스의 사상이 교신 자체만큼이나 우리에게 새롭고 낯설었기 때문이다. 하지만 최초의 위저보드(점괘를 나타낼 때 쓰이는 판) 실험에서부터 세스의 대변자가 되면서 일어난 사건들, 아울러 성장과 함께 우리의 마음가짐에 일어났던 변화들을 설명하기까지, 우리의 초점은 어디까지나 그의 이야기 자체에 있다. 아울러 세스의 투시력과 관련한 사례도 곁들일 예정이다.

또한 이 책의 상당 부분은 다양한 주제에 관한 세스의 사상을 다룬다. 세스의 관심은 사후의 삶, 윤회, 건강, 육체적 현실의 본질, 신, 꿈, 시간, 정체성 그리고 지각 작용 등을 총망라한다. 이 책을 읽고 있는 당신도 교신 자료와 전생 리딩 사례를 통해 자신의 퍼스낼리티와 각자 처한 상황에 대한 통찰력을 얻을 수 있으리라 확신한다. 그리고 모든 독자들이 세스의 건강론을 통해 실제적 혜택을 얻고, 퍼스낼리티론을 통해 자신의 유산인 다차원적 현실을 스스로 발견할 수 있길 희망한다.

이 밖에도 잠재 능력 개발에 대한 세스의 조언과 심리적인 설명도 충분히 실어놓았다. 심령과학 서적이나 불가사의한 현상에 친숙한 독자들이라면 아마 더 쉽게 이 책의 이야기들을 받아들일 수 있을 것이다.

제인 로버츠

차례

PART 1

세스를 만나다

The Seth Material

우리 부부에게 1963년은 불우한 해였다. 남편 롭은 허리가 무척 아파 그림을 제대로 그릴 수 없었다. 나 역시 책을 구상하는 일에 전혀 진척이 없었다. 설상가상으로 반려견까지 죽었다. 어쩌면 이런 환경 속에서 인간의 나약함을 그 어느 때보다도 절실히 느낀 덕분에 영혼의 세계에 눈을 뜬 것인지도 모른다. 물론 극심한 고통의 시간을 보내면서도 영적인 경험을 하지 못하는 사람들도 아주 많다. 여하튼 나도 모르는 사이에 위기를 겪게 되있고, 내면의 필요에 따라 자연스럽게 영적 능력이 겉으로 나타난 것이다.

그런 현상은 결코 내 의식이 빚어낸 장난 같은 것이 아니었다. 사실 이전까지 이런 체험을 한 적이 전혀 없었고, 비슷한 경험을 한 사람을 만난 적도 없었다. 그 방면에 대해 아무런 사전 경험이나 지식도 없이 1963년 9월 9일, 놀라운 저녁을 맞이했다.

엄청난 창조 에너지를 경험하다

아름다운 가을 저녁이었다. 저녁 식사를 한 후, 평소처럼 시를 짓기 위해 책상 앞에 앉았다. 롭은 멀찌감치 떨어진 작업실에서 그림을 그리고 있었다. 나는 종이와 펜을 꺼내 들고 아홉 번째인지 열 번째인지 모를 커피를 홀짝이며 담배를 피우고 있었고, 고양이는 푸른색 양탄자 위에서 잠을 자고 있었다. 그 순간 '환각 체험' 비슷한 것이 시작되었다. 1분 전만 하더라도 평소처럼 고요한 마음 상태였는데 순식간에 새롭고 낯선 생각들이 엄청난 기세로 머릿속에 물밀 듯 밀려들어왔다. 마치 두뇌가 수많은 정보를 수신하는 통신 기지국이 된 듯했다. 동시에 아주 강렬한 느낌과 감각이 온몸을 관통했다. 믿기 힘들 정도로 엄청난 에너지원과 연결된 느낌이었다. 롭을 부를 시간조차 없었다.

갑자기 요란한 소리와 함께 내 모든 것이 현실의 무한한 차원들을 감싸온 물질세계라는 얇은 포장지를 꿰뚫고 우주 저 멀리 날아올라가는 듯했다. 몸은 여전히 책상 앞에 앉아 머릿속에 번뜩이는 무수한 사상과 단어들을 미친 듯이 갈겨쓰고 있었다. 하지만 동시에 내 영혼은 다른 차원의 사물들을 관통했다. 이를테면 나뭇잎 속에 뛰어들어 그 안에 펼쳐진 우주를 발견했다가 다시 빠져나와 또 다른 차원으로 들어가는 식이었다.

그렇게 얻은 지식들은 절대 잊어버릴 수 없도록 내 몸 세포 하나

하나에 심어지는 듯했다. 본능적 지식, 생물학적 영성이라고 할까? 단순히 머리로만 아는 게 아니라 하나하나 느끼면서 저절로 터득하는 듯한 체험이었다. 사실 전날 밤 꿈에서 그와 똑같은 체험을 했다. 하지만 꿈 내용은 전혀 기억이 나지 않았다. 그 꿈이 지금 일어나고 있는 환각 체험과 연관되어 있는 게 분명했다.

현실로 돌아와 보니 내 손은 이제껏 쓴 글들의 제목을 휘갈겨 쓰고 있었다.

아이디어로 이루어진 물리적 우주!

세스와의 교신 자료는 이렇게 탄생했지만 당시에는 전혀 눈치채지 못했다. 초기 교신에서 세스는 그때가 나와 접촉한 첫 번째 시도였다고 말했다. 그날 밤 당장 세스의 대변인 노릇을 시작했다면 난 아마 겁에 질려 어찌할 바를 몰랐을 것이다.

도대체 어찌 된 영문인지 알 수 없었지만 내 삶이 갑자기 바뀌어 버렸다는 것은 분명히 느낄 수 있었다. 그런 와중에 '계시'란 말이 내 뇌리 속을 파고들었다. 당시는 떨쳐버리려고 노력했다. 하지만 그 상황에 꼭 들어맞는 말이었다. 단지 그 속에 담긴 신비주의적인 의미가 싫었던 것이다. 영감을 받아 글을 쓰는 데 익숙했지만 그날 경험한 영감은 전혀 달랐다. 마치 새가 벌레와 다른 것처럼 말이다!

세스의 사상들은 내 현실관을 완전히 뒤집어놓을 만큼 정말 놀라웠다. 그날이 오기 전까지 난 물리적 현실을 절대적인 것으로 철석같이 믿었다. 현실이 때로는 마음에 들지 않지만 결국 그것에 의존해야 하며, 원한다면 현실을 바라보는 시각을 바꿀 수 있을지언정 현실 자체를 바꿀 수는 없다는 식이었다. 하지만 그날 이후로 다시는 그런 생각을 하지 않았다.

그날의 체험을 통해 우리가 물질을 창조하는 것이지, 물질이 우리를 창조한 게 아니며, 육체적 감각은 무수히 많은 다차원 현실 중에서 3차원의 현실만 보여주기 때문에 우리 스스로 제한된 인식의 범위 너머로 의문을 제기하기 전까지만 신뢰할 수 있다는 사실을 알게 되었다. 뿐만 아니라 모든 사물이 나름대로의 의식을 갖고 있다는 것도 깨달았다. 예전엔 단순히 무생물로만 여겼던 물건들 속에서 갑자기 환상적인 생명력을 느끼게 되었다. 창틀에 꽂혀 있는 못을 보는 순간, 그것을 구성하는 원자들과 분자들의 의식이 생생하게 느껴졌다. 또한 이전의 고정 관념과 상식의 항변에도 불구하고 시간이 더 이상 연속되지 않으며 각각의 체험은 각기 영원한 현재로서 존재한다는 것도 알았다.

이 모든 내용이 당시 내가 휘갈겨 쓴 원고에 담겨 있다. 지금도 그 원고를 보면 새롭게 눈을 떠서 계시를 받는 듯한 기분에 사로잡히곤 한다. 원고의 일부를 소개한다.

우리는 물질세계 속에서 물질화되고 개인화된 에너지입니다. 에너지로 관념을 생각해내고 물질화하는 법, 즉 관념의 건축을 배우는 것이 우리의 목적입니다. 우리는 관념을 물리적으로 처리할 수 있도록

3차원적 사물로 투사시킵니다. 그러므로 모든 사물은 물질화된 생각이죠. 이러한 관념의 물질적 표상 덕분에 '생각하는 나'와 '생각'의 차이점을 배우게 됩니다.

'나'는 관념의 건축을 통해 물리적인 방식으로 자신의 생산물을 인식함으로써 자신의 정체성을 공부해나가죠. 다시 말해 자신의 창조를 통해 배웁니다. 관념을 물리적 현실로 변화시킴으로써 관념의 힘과 효과를 배우고, 책임감 있게 창조 에너지를 사용하는 법을 배웁니다.

존재는 비물질적이며 근본적인 불멸의 자아입니다. 이는 다른 존재들과 에너지 차원에서 교신하며, 거의 무궁무진한 에너지를 자유로이 쓸 수 있죠. 개인은 우리가 육체적으로 표현하기 힘든 전체 자아의 일부분입니다.

눈은 영사기가 스크린에 이미지를 투사하는 것과 똑같은 방식으로 물질세계에 내적 이미지, 즉 관념을 투사합니다. 입은 말을, 귀는 소리를 각각 만들어내죠. 사람들이 이 원리를 잘 이해하지 못하는 까닭은 이미지와 소리를 자기 자신과 상관없이 존재하는 것으로 생각하기 때문입니다. 사실 감각은 관념을 물질로 표현하는 창조 수단입니다. 우리가 감각을 개발하는 이유는 이미 존재하는 세계를 인식하기 위해서가 아니라 세계를 창조하기 위해서입니다.

이렇게 집필한 원고는 거의 100페이지에 달했다. 원고에는 기존 개념을 새로운 관점에서 풀이한 내용도 있었다. 이를테면 잠재의식은 관념이 마음속에 들어오는 경계이며, 육체는 자신에 대한 존재의 관념이 물질적으로 이뤄진 것이다. 본능은 물질적으로 생존하는 데 필요한 관념의 최소 능력이며, 현재는 관념이 물질로 나타나는 시점이다.

나는 이러한 체험과 자료가 모든 창조 행위 뒤에 자리 잡고 있는 잠재의식적 작용의 확장판이라고 생각한다. 즉, 평범한 창조성이 갑자기 믿어지지 않을 정도의 고차원적 수준으로 확장되거나 향상된 결과라는 의미다. 그날 저녁, 우리 부부의 삶을 완전히 뒤바꿀 정도의 엄청난 창조 에너지가 발생한 셈이다. 이런 맥락에서 세스와의 교신은 심리학적으로 매우 중요한 의미를 지닌다. 그 일은 나 자신의 '심령적' 능력들에 발동을 걸고 세스와의 교신 자료를 세상에 내놓을 계기가 되어 주었다.

나는 심령력 자체가 우리 개개인에게 선천적으로 깃든 창조력의 일부분이기 때문에 지극히 정상적이라고 말해 두고 싶다. 물론 그 능력들은 별로 친숙하지 않은, 퍼스낼리티의 다른 부분에 속한 특성들이며, 세스와의 교신은 정상적인 창조력을 통해 현실의 다른 차원들로 주파수를 맞춘 경우에 속한다.

세스와 만나기 전, 나에게 어떤 변화가 일어났다. 꿈을 기억하기 시작했는데 심지어 미래를 예시하는 꿈을 두 차례나 꿨다. 그건 정말 놀라운 일이었다.

이런저런 이유로 인해 심령력에 대한 호기심에 발동이 걸렸고, 그러다 길거리 가판대에서 ESP에 대한 책을 발견했다. 책 제목에서 '투시적 꿈'이란 단어를 발견하고 두말없이 그 책을 샀다. 그즈음 나는 새로운 책을 구상 중이었는데 그에 관한 롭의 충고는 우리를 더욱더 비일상적인 세계로 이끌었다.

새로 산 책을 테이블에 올려놓고 나는 이렇게 말했다.

"소설의 줄거리를 세 가지 정도 잡아봤는데 모두 마땅치가 않아."

그러자 롭이 책을 집어들면서 농담하듯 말했다.

"'ESP 혼자 해보기'란 책은 어때?"

"ESP에 대해 아무것도 모르는데 무슨 얼토당토않은 이야기야! 게다가 그건 소설이 아니잖아. 난 평생 소설과 시 외에 다른 글은 써본 적이 없어."

"나도 알아. 하지만 당신은 최근에 두 번이나 신비한 꿈을 꾼 이후로 꿈에 대해 관심이 많아졌잖아. 지난달에 겪은 경험만 하더라도 할 말이 무궁무진할 텐데? 게다가 우리가 본 책들은 저명한 영매들에 관해서만 다루고 있었으니까 평범한 사람들의 얘기는 어떨까? 모든 사람에게 그런 능력이 있다면 말이야."

나는 롭을 노려보았다. 그의 표정은 진지했다.

"그럼 ESP 실험을 당신이 직접 해보면 어때? 당신 자신을 실험 대상으로 활용해서 말이야."

사실 롭의 아이디어는 일리가 있었다. 관심을 갖고 있는 분야를 직접 연구해 책을 쓴다는 말에 구미가 당겼다. 나는 다음 날부터 작업에 들어갔다. 우선 평범한 사람도 그런 초감각적 능력을 발휘할 수 있는지 알아보기 위해 실험 계획을 세웠다. 대략적인 책 구성안을 만들어 별다른 기대 없이 출판사에 보냈다.

놀랍게도 출판사에서 아주 흔쾌히 내 제안에 화답했다. 다만 원고 샘플을 보여달라고 했다. 롭과 나는 기뻤다. 하지만 출판사에서 임시로 붙여 놓은 장 제목을 보면서 질겁했다. '채널링channeling(초의식 상태에서 인간과 다른 차원의 존재 간에 이루어지는 일종의 영적 교신—옮긴이주) 직접해보기', '텔레파시, 사실인가 허구인가?', '위저보드 사용법'이라니!

"모두 당신 때문이야."

솔직히 나는 우리의 결정에 대해 다시 생각하길 원했다. 그때까지 영매를 만나본 적도, 텔레파시를 체험하거나, 심지어 위저보드를 본 적도 없었으니까. 한편으로는 오기도 생겼다. '손해볼 것은 없잖아' 하면서(애당초 소설에 손을 대기 시작한 것도 롭의 조언 덕분이었다는 사실을 생각해냈다) 말이다. 그래서 ESP 실험과 집필을 시작했다.

먼저 위저보드부터 시도했다. 아는 사람에게 위저보드를 빌려 가장 간단해 보이는 실험을 해봤다. 처음 몇 차례는 약간 실망스러웠다. 사실 그때 나는 '진짜 관심이 있는 분야인 텔레파시나 투시력에 앞서 이 일부터 빨리 해치워버리자'는 마음이었다. 첫 시도가 실패로 돌아간 것은 당연한 결과였다.

위저보드를 통해 미지의 존재와 조우하다

세 번째 시도에서 마침내 바늘이 롭과 나의 손가락 밑에서 움직이기 시작했다. 1940년대에 엘미라에서 살다가 죽은 프랭크 위더스란 존재가 보낸 메시지였다.

다음은 프랭크 위더스와의 대화 내용이다. 롭이 질문을 하면 바늘이 저절로 움직이며 답변을 들려주었다.

"당신이 죽은 해는 언제인가요?"

—1942년.

"그때도 우리 둘을 알고 있었나요?"

—아니오.

"결혼은 했나요?"

—네.

"부인은 현재 살아 있나요?"

—죽었습니다.

"부인의 이름은 무엇인가요?"

—우르술라 알데리.

"당신은 어느 나라 사람입니까?"

—영국인.

"당신은 언제 태어났나요?"

—1885년.

우리가 위저보드를 움직일 수 있다는 사실에 깜짝 놀랐다. 그 정도만 해도 엄청난 성공이었다. 사실 처음에는 그 메시지를 진지하게 받아들이지 않았다. 물론 사후의 삶도 믿지 않았다. 나중에 실제로 프랭크 위더스란 사람이 엘미라에 살다가 1940년경에 죽었다는 사실을 확인하고 무척 당황했다. 사실 위저보드를 시작했을 때는 메시지 내용보다는 바늘이 움직이는 원리를 알아내는 데 주력했다.

며칠 후 다시 위저보드를 시도했을 때, 프랭크 위더스는 자신이 전생에 터키군 병사였으며, 또 다른 전생에서 덴마크 트리에브라는 도시에서 롭과 나를 만났다고 말했다. 구체적인 날짜와 장소도 언급했지만 나중에 알아보니 트리에브라는 도시는 더 이상 존재하지 않는 곳이었다.

1963년 12월 8일, 우리는 빈신반의하는 마음으로 위저보드 앞에 앉았다. 창밖에는 눈이 내리고 있었지만 방 안 공기는 훈훈했다. 그런데 어느 순간부터 위저보드의 바늘이 따라잡기 힘들 정도의 빠른 속도로 움직이기 시작했다.

롭은 질문을 하고, 바늘이 토해놓는 답을 받아 적느라 진땀을 흘렸다. 프랭크 위더스는 이전 교신에선 한두 가지 단어를 말해주는 정도에 그쳤는데 이번에는 문장이 아주 길어졌고, 메시지도 달라졌다. 그러자 방 안 공기조차 이전과는 다른 듯했다.

"우리에게 할 말이 있나요?"

—의식은 수많은 꽃잎을 가진 꽃입니다.

프랭크 위더스가 윤회를 지지하는 듯한 발언을 하자 롭은 다시 물었다.

"당신의 다양한 전생들에 관해 어떻게 생각하십니까?"

―지난 전생들은 현재의 나이기도 하고 나는 그 이상의 존재이기도 합니다. 존재 전체는 그에 속한 모든 마음의 총합입니다.

프랭크 위더스의 이 말은 바늘이 전해준 첫 번째 완벽한 문장이었다. 나는 소리 없이 웃었고, 롭은 계속 질문을 던졌다.

"이 모든 게 제인의 잠재의식에서 비롯된 것 아닌가요?"

―잠재의식은 통로와 같습니다. 어떤 문으로 들어서든 무슨 차이가 있겠습니까.

나는 롭에게 말했다.

"어쩌면 당신의 잠재의식일 수도 있어."

하지만 롭은 이미 위저보드에 또 다른 답을 요구하고 있었다.

"프랭크 위더스, 앞으로도 계속 질문을 던져도 되겠습니까?"

―좋습니다. 하지만 난 더 이상 프랭크 위더스라고 불리고 싶지 않습니다. 그 이름엔 내 색깔이 담겨 있지 않아요.

롭과 나는 서로를 바라보며 어깨를 으쓱했다. 바늘은 점점 더 빨리 움직였다. 롭은 잠시 기다렸다가 물었다.

"그러면 당신을 뭐라고 불러야 할까요?"

―나를 뭐라고 부르든 좋습니다. 난 나 자신을 세스라고 부릅니다. 세스는 현재의 나이기도 하고, 앞으로 되려고 노력하는 전체적 자아를 보다 분명하고 정확하게 표현해주는 명칭이기도 합니다. 또한 조셉은 당신의 전체적 자아, 즉 과거와 미래에 당신이 취했거나 취할 다양한 퍼스낼리

티의 총합을 나타내는 이름입니다.

여기까지 대화가 진행되자 등에서 소름이 돋았다.

"좀 더 구체적으로 말씀해주시겠습니까? 나를 조셉이라 부른다면 제인은 뭐라고 부르죠?"

—루버트.

우리는 다시금 서로를 쳐다보았다. 나는 얼굴을 찡그렸다.

"좀 더 분명히 말씀해주시죠. 뭘 분명히 하란 말입니까? 제인 역시 별로 좋아하지 않는데요."

—이상하다는 반응에는 익숙지 않군요.

잠시 침묵이 흘렀다. 우리는 앞으로 어떻게 대화를 이끌어가야 할지 감을 잡을 수 없었다. 마침내 침묵을 깨고 롭이 물었다.

"금년 초에 내가 왜 그토록 허리가 아팠는지 이유를 말해줄 수 있습니까?"

—1번 척추가 생명력을 제대로 소통시키지 못하고 있습니다. 신경 조직이 두려움에 의해 오그라들어 있죠. 의식의 확장이 그것을 풀어줄 것입니다.

세스와의 교신은 자정이 지날 때까지 계속되었다. 교신이 끝난 뒤 롭과 나는 거기에 대해 대화를 나눴다(몇 주 후, 롭의 허리가 더욱 악화되자, 척추 지압사는 그의 1번 경추가 제자리에서 벗어나 있다고 알려주었다). 나는 롭에게 말했다.

"어쩌면 세스는 우리 둘의 잠재의식이 뭔가 이해하지 못할 방식으로 작용하는 결과일 수도 있어."

"그럴 수도 있겠지. 아니면 실제로 사후 세계에 살고 있는 존재일 수도 있고."

"오, 여보!"

나는 즉시 반발했다.

"그가 무슨 목적을 가지고 이런 일을 벌인다는 거야? 그가 진짜 영혼이라면 위저보드를 움직이는 것 외에도 할 일이 많을 텐데."

"루버트, 방금 뭐라고 했지?"

롭의 말에 나는 눈살을 찌푸렸다.

사실 세스는 목적을 갖고 있었다. 5년에 걸쳐 일주일에 두 번씩 우리와 교신해 자신의 메시지를 전하는 것 말이다. 하지만 당시 우리로선 그런 일은 꿈조차 꿀 수 없었다.

다음 두 차례의 교신은 전과 비슷했다. 하지만 한 가지 당혹스러운 요소가 끼어들기 시작했다. 이상하게도 나는 그의 대답을 미리 알 수 있었다. 그 일로 무척 고민을 했다. 세스와의 네 번째 교신에선 그의 말이 머릿속에 더욱 빨리 각인되면서 바늘이 움직이기도 전에 첫 문장뿐만 아니라 전체 단락을 미리 알 수 있었다.

다섯 번째 교신에서 롭은 이렇게 물었다.

"당신과의 교신에 대해 제인이 왜 그토록 유보적인 태도를 취하는 걸까요? 제인은 이 일에 열의를 보이지 않고 있습니다."

—루버트는 위저보드 바늘을 보지 않고도 내 메시지를 들을 수 있기 때문에 걱정하고 있죠. 당신도 그 점을 알게 되면 조심스러워질 것입니다.

롭은 짐짓 아무렇지도 않은 표정으로 물었다.

"그게 어째서 걱정거리가 된단 말입니까?"

—상황을 전보다 훨씬 불안하게 만들기 때문입니다.

"왜죠?"

—위저보드에 대해선 중립적인 태도를 취할 수 있지만 마음으로 전해지는 메시지에 대해선 그렇지 못하기 때문입니다.

우리는 친구인 빌 맥도넬에게 지금까지의 진행 상황에 대해 얘기해주었다. 그러자 빌은 몇 년 전 자신이 직접 본 유령에 대해 말했다. 롭은 세스에게 빌이 본 것이 무엇이냐고 물었다.

—퍼스낼리티! 자신의 파편입니다. 시각적 차원에서 순간적으로 독립성을 되찾았던 과거의 퍼스낼리티죠. 때때로 그런 착오가 발생할 수 있습니다.

"그 이미지도 빌의 존재를 의식하고 있었나요?"

그 무렵 나는 롭의 질문을 거의 듣지도 못했다. 교신이 진행되는 동안 머릿속으로 내내 세스의 답변이 들려왔기 때문이다. 위저보드의 바늘이 미처 문장을 만들기도 전에 말이다. 그리고 서서히 그 말들을 입 밖으로 내뱉고 싶은 충동에 사로잡혔다. 도대체 뭐가 어떻게 돌아가는 건지…….

그 순간에도 바늘은 계속 롭의 질문에 답변했다.

—한 존재 속에는 모종의 은밀한 방식으로 퍼스낼리티의 모든 파편이 각각의 의식을 유지한 채 깃들어 있습니다.

바늘이 멈춘 순간, 나는 마치 많은 사람들이 차례를 기다리는 높은 다이빙 보드 꼭대기에 서 있는 듯한 기분에 빠져들었다. 세스의 말들은 나를 향해, 내 마음속으로 쇄도해 들어왔다. 말하지 않으면 내 머릿속에 무수한 동사와 명사가 다른 모든 관념을 뒤덮을 것만 같았다. 결국 나는 어떻게 해야 할지, 또 그 이유가 무엇인지 미처 깨닫기도 전에 입을 열고 말았다. 마침내 세스의 대변인 역할을 맡기 시작했고, 바늘이 문장들을 만들기도 전에 답변을 들려주었다.

─빌이 그 이미지를 알아차렸을 때, 파편은 꿈을 꾸는 듯한 상태였습니다. 존재는 잠재의식적인 방식으로 자신의 파편들을 조정합니다. 그는 파편에 독립적인 생명을 부여하고선 그 사실을 잊어버리기도 하죠. 이처럼 순간적으로 통제력을 상실하면 그 둘이 빌의 경우처럼 마주치는 경우도 발생하죠. 우리가 의식적으로 심장박동을 통제할 수 없는 것처럼 존재는 퍼스낼리티 파편을 의식적으로 통제할 수 없습니다.

메시지는 돌연 중단됐고 롭은 걱정스러운 얼굴로 "자기가 무슨 말을 하고 있는지 들을 수 있었어?"라고 물었다. 나는 얼떨떨한 가운데서도 고개를 끄덕였다.

"마치 라디오 방송을 머릿속으로 수신하는 기분이야."

나는 대변인 역할은 한 번으로 충분하다고 생각하면서 바늘 위로 다시 손을 가져갔다. 롭이 세스에게 물었다.

"세스, 제인이 메시지를 제대로 받은 건가요?"

─그렇습니다. 덕분에 루버트의 기분이 나아졌을 겁니다.

그의 말대로 나는 사실 약간 여유를 되찾았다. 롭은 다시 세스에게 물었다.

"당신 얘기대로라면 길거리를 걸어가다가도 자신의 퍼스낼리티 파편을 만날 수 있단 뜻인가요?"

—물론입니다. 이를테면 생각 자체도 파편의 일종이죠. 비록 앞서의 퍼
스낼리티 파편들과는 차원이 다르긴 하지만……

작은 바늘이 천천히 단어들을 토해내는 동안 내 머릿속에는 다
시 금 그의 말들이 빠르게 들려왔다. 결국 나는 더 이상 참지 못하고
큰 목소리로 세스의 답변을 전해주었다.

—그 생각들이 육체적 현실로 전환되기 위해선 우리 자신의 의식적인
노력에 의존할 수밖에 없습니다. 반면에 또 다른 종류의 퍼스낼리티 파
편들은 존재의 후원을 받는 가운데 독립적으로 활동합니다.

메시지는 다시 중단됐다. 이번에는 대변인 역할에 대해 신중히
검토해보기 전에는 메시지를 전하지 않겠다고 작정했다. 롭은 세스
에게 물었다.

"이번에도 제인이 말을 제대로 전달한 건가요?"

—그렇습니다. 보드의 바늘이 답변을 들려줄 때까지 기다리지 않는 것
이 루버트에게 활력을 더할 것입니다.

"나를 그렇게 생각해주다니 고맙군요."

하지만 나는 다시 안전하게 위저보드에 답변자 역할을 맡았다.
그러나 호기심에 불이 붙기 시작했다. 우리가 각각 혼자서도 바늘을
움직일 수 있냐고 물었더니 한번 시도해보라고 대답했다. 그래서 롭
이 바늘 위에 혼자 손을 대고 질문을 던졌다. 하지만 바늘은 움직이
지 않았다. 이번에는 둘이서 함께 손을 올려놓고 물었다.

"세스, 방금 전 일을 어떻게 생각하나요?"

—썩 좋은 결과는 아니군요. 어떠한 접촉이든 여러분은 내면에서 시각적인 데이터를 받게 돼 있습니다. 그런 맥락에서 루버트는 내 말을 직접적으로 받을 수 있는 것입니다. 그러나 접촉이 항상 이루어지는 것은 아니죠. 이번 실패에 대해선 나보다는 여러분이 더 당황했을 것입니다.

우리는 웃으면서 그 정도에서 교신을 끝내기로 했다. 당시 나는 '내면의 시각적 데이터'에 대한 롭의 생각을 전혀 알 수 없었다. 하지만 이 글을 쓰고 있자니 롭이 세스와 교신하는 중에 아주 생생한 내면의 환시들을 보고 깜짝 놀랐던 일이 기억났다. 물론 그날 밤에 우리는 나의 대변인 체험에 대해서만 관심을 쏟고 있었다. 그때 그러한 체험이 얼마나 더 계속 이어질지 알고 있었다면 내 신경은 아마 남아나지 않았을 것이다.

다음 달엔 전체 계획을 중단할 뻔했을 정도로 놀라운 체험이 우리를 기다리고 있었다. 물론 그 와중에도 우리는 가벼운 마음가짐을 유지했다. 이 세상과 현실 속에 우리가 생각한 것보다 더 많은 비밀이 숨겨져 있다면 그것들을 찾아내고 싶다고 생각했다. 그러한 탐구는 지금도 계속되고 있다. 왜냐하면 매번 교신할 때마다 새로운 요소들이 등장하기 때문이다. 세스와의 교신 자료는 자꾸만 쌓여가고, 우리의 질문도 끝없이 이어지고 있다.

세스는 12월 8일에 자신을 소개했다. 그리고 15일에는 내가 처음으로 그의 말을 직접 전했다. 그의 퍼스낼리티는 위저보드의 제약에서 벗어나자마자 훨씬 더 자유롭게 자신을 표현했다. 그 과정은 지켜보는 것만으로도 재미있었다.

PART 2

세스는 정말
사후의 존재일까?

The Seth Material

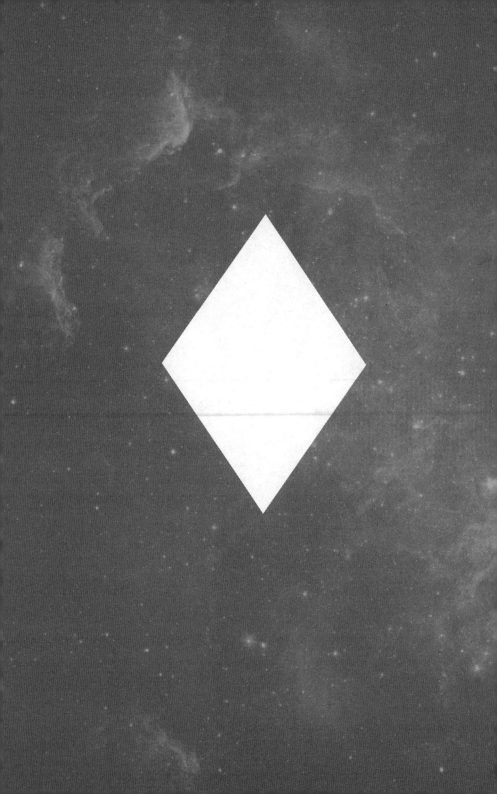

다음 교신 때까지 나는 신경이 매우 곤두서 있었다. 롭도 피곤하긴 마찬가지였다. 하지만 내가 두 시간 이상 세스의 말을 전할 수 있도록 저녁 교신 시간에 맞춰 일어났다.

이번 교신에서도 세스의 말을 바로 들을 수 있었다. 하지만 처음에는 고집스럽게 위저보드로 교신했다. 바늘은 우리가 미처 묻기도 전에 움직였다.

"세스, 식물과 나무도 파편인가요?"

그러자 바늘이 무서운 속도로 돌아가기 시작했다.

―어떤 의미에선 모든 것이 파편이라고 할 수 있습니다.

세스의 말이 몇 차례 바늘을 통해 전달되자, 나는 머릿속에 쌓이는 문장들을 더 이상 주체할 수 없어서 미지의 바다에 뛰어드는 심정으로 다시금 그 말들을 내뱉었다.

―파편에는 세 가지 종류가 있습니다. 퍼스낼리티 파편은 다른 파편을 생성시킬 수 있다는 점에서 독특한 측면을 지니고 있죠.

롭은 내가 보이지 않는 원고를 읽는 듯했다고 말했다. 그때 나는 눈을 감지도, 의자에 앉지도 않았다. 어떤 결과가 빚어지든 더 이상 현실을 거부하지 않고 당당히 헤쳐나가기로 작정했다. 그것이 좋은 출발로 이어지리라 생각했다.

지금 생각해보니 밝고 긍정적인 마음가짐이었다. 세스의 말을 전하는 동안 방 안을 계속해서 서성거렸다. 하지만 당시에는 거의 의식하지 못했다. 롭은 최대한 빠르게 기록했다. 그는 속기를 배운 적도 없어서 일단 휘갈겨 적어놓은 뒤, 다음 날 타이핑했다. 점차 그도 자신만의 상징과 약어 체계를 개발하기 시작했다.

─여러분의 현재 인격은 자신이 속한 전체적인 존재의 파편이라고 할 수 있습니다. 그 속엔 근본 존재의 모든 속성들이 잠재돼 있죠. 여러분의 친구가 본 이미지도 자신의 퍼스낼리티 파편이었고 친구의 모든 능력이 담겨 있었습니다. 그것이 활성화된 상태인지 잠재된 상태인지는 알 수 없지만 말입니다. 당신의 친구 역시 근본 존재의 파편이긴 하지만 앞서의 퍼스낼리티 파편은 그와는 다른 과정을 거쳐 만들어졌습니다. 그러한 퍼스낼리티 파편은 '분열된 퍼스낼리티 파편split personality fragment' 혹은 '퍼스낼리티 이미지 파편personality image fragment'이라고 하죠. 대개 그것은 물질적인 차원에서는 활동할 수 없습니다.

개개인은 무의식적인 상태에서 퍼스낼리티 이미지 파편을 다른 존재의 차원으로 보낼 수 있어요. 그 차원에서 귀중한 정보를 얻어서 본래 인격에게로 되돌아갑니다. 그런데 때때로 본래 인격이 그 지식을 소화할 수 없거나 자신에게 돌아온 퍼스낼리티 이미지를 알아보지 못할 때가 있습니다. 여러분의 친구가 본 파편은 바로 그런 유형이라고 할 수 있죠. 그 파편은 그만큼 친구와 단절돼 있었고, 또 그만큼 흐리멍덩한 상태에서 여행했기에 거기서 얻은 정보는 당신의 친구를 거치지 않고, 그가 대표하고 있는 전체적인 존재에게로 곧바로 전달됐을 것입니다.

롭은 묻고 싶은 게 많았지만 세스와의 교신을 방해하고 싶지 않았고, 기록하느라 너무 지쳐 그만두었다고 했다. 나는 눈을 반쯤 감은 상태에서 방을 서성이며 독백하듯 메시지를 전달했다.

— 개인 의식의 집중력이 강해지면 분열된 퍼스낼리티 파편 혹은 이미지들의 작용을 정밀하게 살펴볼 수 있습니다. 현재로선 여러분의 잠재의식이 그 일을 수행하지만 원래 그것은 주의력을 집중시킬 수 있는 의식 상태가 아니기 때문에 결과가 썩 좋은 편은 아니죠. 그럼에도 여러분의 차원에서도 의식은 확장되게 마련입니다. 의식의 범위가 넓어지다 보면 아무 부담 없이 모든 퍼스낼리티 파편, 분열된 퍼스낼리티 이미지 그리고 개인적인 파편들을 명확히 의식하는 단계에 도달하게 되죠. 진화는 바로 이런 방향으로 이뤄지고 있지만 속도는 아주 느립니다.

✳

퍼스낼리티 파편이 만들어낸 이미지

저녁 9시에 시작해서 9시 50분, 롭의 손이 마비될 때까지 계속 메시지를 전했다. 여기에는 그중 일부분만을 소개했다. 우리 부부는 내가 아무 망설임 없이, 문장을 고치지도 않고, 그토록 오랫동안 말했다는 사실에 깜짝 놀랐다.

10분 정도 쉰 후, 롭은 우리도 그런 퍼스낼리티 이미지 파편을 본 적이 있는지 물어보고 싶다고 말했다. 그러자 다시금 내 머릿속에 답변이 떠올랐고, 나는 그대로 전했다. 메시지를 전하는 동안에는 내용에 대해 전혀 알지 못했고, 휴식 시간이 되어서야 의미를 음미할 수 있었다. 그런데 세스의 답변 중에서 다음과 같은 내용이 우리 두 사람의 마음을 뒤숭숭하게 만들었다.

―요크 해수욕장의 댄스홀에 있던 남자와 여자는…… 여러분의 파편이었습니다. 둘 다 여러분의 부정적이며 공격적인 감정들이 물질화된 것들이죠. 그때 여러분의 파괴적인 에너지가 최고조에 달하면서 그 이미지들을 만들어낸 것입니다. 여러분은 의식적으로는 알지 못했지만 무의식적으론 그들의 정체를 알고 있었죠. 그래서 그들을 본 순간, 호전적인 호기심이 일어났던 것입니다.

롭은 세스가 무슨 사건을 언급하고 있는지 즉시 알아차렸다. 그로선 마음을 가라앉히며 조용히 앉아 세스의 말을 받아 적는 것조차 무척 힘들었을 것이다.

1963년 교신을 시작하기 몇 달 전, 우리는 롭의 건강을 위해 메인주의 요크 해수욕장에 간 적이 있었다. 당시 의사는 롭의 허리 통증의 이유를 밝혀내지 못하고 그저 병원에 입원해서 물리 치료를 받아보라고 권유했다. 그래서 우리는 스트레스가 원인일지도 모른다는 생각에 여행을 떠났다.

문제의 그날 밤, 우리는 들뜬 분위기를 맛보기 위해 인근 나이트클럽에 들렀다. 비록 말로 표현하지는 않았지만 순간순간 엄습하는 롭의 고통을 눈치챌 수 있었다. 그러다 건너편에 앉아 있는 노부부를 발견했다. 그들은 정말 겁이 날 정도로 우리 부부를 쏙 빼닮은 사람들이었다. 우리가 그들보다 약간 더 젊다는 점만 빼놓고는 다를 게 거의 없었다. 그들에게서 눈을 떼지 못하다가 롭에게 그들의 존재를 알려주었다.

롭은 노부부를 쳐다보면서도 허리 통증으로 신음을 토해냈다. 그런데 다음 순간 도저히 말로는 설명할 수 없는 사건이 일어났다. 롭이 갑자기 자리에서 일어나더니 춤을 추자면서 내 팔을 잡고 나를 일으켜세웠다. 1분 전만 하더라도 제대로 걷지도 못했던 사람이 말이다.

나는 어안이 벙벙해서 그를 올려다보았다. 그도 그럴 것이 우리는 결혼 생활 8년 동안 단 한 번도 함께 춤을 춘 적이 없었다. 게다가 당시 악단은 우리 부부에게는 전혀 생소한 음악을 연주하고 있었다. 롭은 단호한 태도를 보였다. 나는 망신을 당할까 봐 두려웠지만 롭은 나를 거의 질질 끌다시피 하면서 댄스홀로 데리고 나갔다. 우리는 그날 저녁 내내 춤을 추었다. 그 일이 있은 후로 롭의 허리는 상당히 호전됐고 성격 또한 아주 밝아졌다.

—그 사건은 결과적으로 치료 효과가 있었지만 당시 여러분이 잠재적으로 그 이미지들을 받아들였다면, 개인적으로나 창조적인 면에서 심각한 퇴보의 계기가 됐을 것입니다. 다시 말하지만 그 이미지들은 여러분이 지닌 파괴적인 에너지들이 최고조에 달해서 만들어진 결과였죠. 그 사건은 파괴적인 에너지가 물질화 과정을 통해 내적으로 방향을 돌렸다

는 사실을 나타냅니다. 여러분의 춤은 그 이미지의 의도에서 최초로 벗어나는 행위였습니다. 그런 상황에선 격렬한 행동이 가장 좋은 반응이니까요. 자칫하면 미묘한 변화가 일어나 여러분의 퍼스낼리티 상당 부분이 퍼스낼리티 파편들 속에 이전되고…… 그들이 건너편에 있던 여러분을 바라볼 수도 있었죠. 그렇게 됐다면 현재 여러분의 주도적인 퍼스낼리티가 더 이상 주도권을 잡지 못했을 것입니다.

쉬는 시간에 롭은 세스가 이미지들에 대해 해준 말을 들려주었다. 당시 우리는 사념체들에 관해 전혀 들어본 적이 없었기 때문에 모든 이야기가 너무 허무맹랑했다. 자신의 두려움을 제3자나 사물에 투사하고, 그것에 반응하는 심리적 상태에 대한 얘기는 심리학자들도 할 수 있다고 생각했다. 그래서 나는 이렇게 말했다.

"세스의 얘기는 상징적인 것일 수도 있지 않을까?"

하지만 이내 터져 나온 세스의 답변을 통해 그가 직설적으로 정신의 물질화를 얘기하고 있다는 게 분명해졌다. 롭이 물었다.

"누가 먼저 그곳을 떠났습니까? 우리입니까? 그 이미지들입니까?"

—파편 이미지들은 곧바로 사라졌습니다. 그들은 자리에서 일어나 댄스홀로 걸어 나오다가 사람들 사이에서 사라져버렸죠. 그들은 여러분에게서 힘을 부여받지 않는 한, 자신들이 탄생한 곳을 떠날 힘조차 없었던 것입니다. 그들은 더 이상 존재하지 않습니다. 게다가 여러분의 승리는 현재 자아의 건강한 측면을 강화시켰죠.

밤이 깊었지만 세스는 피로를 느끼지 않았다. 자정 무렵에 또 한 차례 쉬면서 교신을 끝내기로 작정했다. 우리는 앞으로 교신을 어떻게 발전시킬지 전혀 갈피조차 잡을 수 없었다. 세스가 그토록 오랫동안 말을 한 것도 그때가 처음이었다. 나는 세스의 말을 전하긴 했지만 어떻게 받아들여야 할지 난감했다.

요크 해수욕장 사건에 대한 세스의 설명을 이해하긴 했지만 갖가지 의문이 꼬리에 꼬리를 물고 일어났다. 그날 밤 뭔가 중요한 일이 일어났지만 정말 그의 말대로 우리의 감춰진 두려움이 육체적으로 물질화됐던 것일까? 다른 사람들도 종종 이런 일을 겪을까? 그렇다면 그 일은 아주 놀라운 의미를 함축하고 있다. 아니라면 그 설명은 심리학적으로, 상징적으로는 의미가 있지만 난센스에 불과할 것이다.

교신을 계속해야 할까? 왠지 나는 롭보다 더 강한 거부감을 느꼈다. 하지만 다른 한편으로는 굉장한 기회라고 생각했다. 우리는 상황이 어떻게 진행될지 알아보기 위해 세스와 몇 차례 더 교신을 해보기로 했다. 롭은 퍼스낼리티 파편에 대해 궁금한 게 있었다. 우리가 그 이미지들로 전환될 수 있었던 가능성에 대해 더 알고 싶어 했다.

이틀 후 저녁, 우리는 다시 위저보드 앞에 앉았다. 물론 세스와의 재교신이 가능할지 자신할 수 없는 상태였다. 그는 프랭크 위더스처럼 쉬이 사라져버릴 수 있는 존재였다. 그래서 기회가 있을 때, 최대한 답을 얻을 수 있도록 질의서를 준비했다.

그날 교신에서 나는 전보다 더 오랫동안 세스의 말을 전했다. 세스는 두 가지 전생에 대해 상세하게 설명하더니 롭 가족의 전생을 들려주기 시작했다. 세스의 이야기는 심리학적으로 탁월한 통찰력을 지니고 있었다. 덕분에 우리는 친지들과 더 좋은 관계를 유지할 수 있었다. 하지만 세스의 윤회에 대한 주장은 납득이 되지 않았다. 나는 쉬는 시간에 롭에게 말했다.

"심리적인 통찰력은 굉장해. 하지만 윤회는 환상이야. 재미있지만 결국은 환상이라고."

"미리 결론 내릴 필요는 없잖아. 좀 더 들어보자고. 게다가 오늘 밤엔 우리 가족에 대해 많은 사실을 알아냈어. 내가 알고 있던 지식을 모두 합친 것보다 더 깊고 정확한 안목을 제시했단 말이야. 이건 아주 획기적인 정보야."

교신이 다시 시작되자, 롭은 요크 해수욕장 사건에 대한 설명을 들은 이후로 내내 우리의 마음을 어지럽혀온 부분을 물었다.

"제인과 나의 잠재의식이 그 이미지들을 받아들였다면 과연 우리가 알고 있는 우리로 돌아올 수 있었을까요? 그들은 우리보다 더 늙었던데."

순간 내 머릿속으로 세스의 말이 울려 퍼지면서 곧바로 입에서 흘러나왔다.

—그 이미지들은 오랜 세월에 걸쳐 경험해온 부정적 성향의 종결판입니다. 여러분이 그것을 받아들였다면 그 이미지들에게 자신의 상당 부분을 건네주고 그들의 복제 인간으로 전락했겠죠. 물론 여러분이 소유한 창조성과 건설적인 측면이 상황을 호전시킬 수도 있습니다. 친구들

과 관계를 유지하는 것도 가능합니다. 하지만 친구들은 여러분의 뚜렷한 변화를 감지하고, 아마 전과 달라 보인다는 말을 할 것입니다.

"우리가 이전에도 이와 비슷한 경험을 한 적이 있습니까?"

—당신은 열한 살 때, 학교에 가지 않는 날이라 혼자 작은 공원에서 오후를 보낸 적이 있죠. 그때 다른 소년이 당신 앞에 나타났습니다. 당신이 그의 존재를 알아차렸을 때 그저 산책 중인 소년으로만 생각했죠. 그는 손에 공을 들고 있었습니다. 당신이 그에게 말을 걸려는 순간, 다람쥐가 인근 나무 위로 뛰어 올라갔죠. 그쪽으로 고개를 돌렸다가 다시 소년을 보았을 때, 그는 사라지고 없었습니다. 당신은 잠시 어리벙벙해하다가 그 일을 잊어버렸죠. 당신의 형인 로렌이 아버지 가게에서 창밖을 내다보고 있었는데 그는 당신 외에 아무도 볼 수 없었습니다.

"그 소년은 진짜 사람이었습니까? 대체 무엇이었죠?"

—당신의 퍼스낼리티 파편이었죠. 그때 당신은 형과 아버지 사이를 질투했고 함께 놀아줄 친구를 원했습니다. 그래서 자신도 모르게 퍼스낼리티 파편을 물질화시킨 것이죠. 하지만 당신으로선 상황을 전혀 이해할 수 없었고, 그 이미지를 영속화할 수도 없었습니다. 때때로 퍼스낼리티는 자신이 만들어낸 이미지로 인해 놀랄 수 있죠. 그리고 대개 그런 퍼스낼리티 파편들은 퍼스낼리티가 어른이 되면 사라집니다. 하지만 어린 시절엔 그런 일이 자주 일어나죠. 어린아이들을 울게 만드는 도깨비는 대개 잠재의식의 생생한 욕망이 빚어낸 이미지입니다.

나는 나중에 롭에게 말했다.

"그가 모든 것을 잠재의식적인 동기와 연관 짓는 게 마음에 들어.

하지만 윤회…… 그리고 아이들이 놀이 상대를 얻기 위해 퍼스낼리티 파편 같은 것을 만들어낸다는 얘기는…… 받아들이기 힘들어. 물론 전체적으로는 아주 매혹적인 얘기야. 그게 모두 사실이라면 어떻게 될지 생각해봐."

롭도 맞장구를 쳤다.

"이제껏 알아온 사람들 중에 어느 날 갑자기 우리가 전혀 이해할 수 없는 방식으로 변한 사람들을 생각해보라고. 세스의 말이 맞다면 그들은 자신들이 창조해낸 파괴적 이미지로 변해버린 셈이 되니까."

불안한 마음에 몸이 부르르 떨렸다.

"하지만 언제나 그렇게 파괴적일까? 반대로 작용할 순 없을까?"

롭은 그런 나를 놀려댔다.

"왜 걱정돼?"

"천만에."

나는 자신 있게 대답했지만 마음속에서는 여전히 노부부의 얼굴이 어른거렸다. 우리는 세스에게 아직도 물어볼 말이 많이 남아 있었다. 교신을 통해 우리는 계속 답을 구했는데 3년 후 교신에서 세스가 들려준 다음과 같은 설명은 특히 흥미로웠다.

—요크 해수욕장에서의 이미지에 대해 말하자면 그것은 공격적이며 파괴적인 에너지가 무의식적으로 외부에 투사되어, 일시적으로 물질화된 결과입니다. 마음속에 쌓인 감정이 그런 창조에 필요한 패턴과 자극을 제공해주죠. 물질화의 정도에 따라 본래 퍼스낼리티의 육체에서 화학적 성분의 일부가 퍼스낼리티 파편에게로 이전됩니다. 단백질뿐만 아니라

탄수화물도 상당 부분 이용되죠.

몸 안의 단백질이나 화학 물질들은 다양한 종류의 이미지들을 만들어낼뿐만 아니라 궤양이나 갑상선종, 그 외 다른 육체적 변화를 일으키는 데 사용되기도 합니다. 우리는 때때로 특정한 감정을 거부하거나 단절해버리죠. 더 이상 그 감정들을 자아의 일부분으로 받아들이지 않는 것을 뜻합니다. 버려진 감정들은 요크 해수욕장의 이미지들처럼 외부로 투사되기보다는 몸의 특정 부위에 집중되거나 몸 전체를 돌아다니며 문제를 일으킬 수 있습니다.

세스가 이 설명을 들려줄 즈음, 우리는 이를 이해할 만한 준비가 되어 있었다. 세스로부터 질병은 늘 금지되고 단절된 감정에서 비롯된다는 말을 들어왔기 때문이다. 그에 따르면 우리는 금지된 감정을 몸 안의 특정 부위에 투사함으로써 없애버리고자 한다. 그래서 자아의 상당 부분을 금지할 경우, 거부된 자질들을 중심으로 2차적인 퍼스낼리티가 형성되어 그에 대항하게 된다. 또는 금지된 감정들이 외부의 제3자에게 투사되거나 요크 해수욕장 사건에서처럼 물질적인 형상으로 만들 수도 있다.

당시에 우리는 이러한 개념들이 모두 낯설기만 했다. 오히려 우리가 생각하기에 세스야말로 2차적인 퍼스낼리티였고, 그 시점에서도 교신은 예고 없이 중단될 수 있었다. 세스의 말이 일리는 있었지만 그가 정말 사후의 존재라고는 확신할 수 없었다. 당시 우리는 세스가 우리의 잠재의식이 아주 활발하게 작용한 결과가 아닌가 의심했다.

하지만 이제 우리는 그러한 의심을 접어도 될 만큼 충분한 교신 기록을 갖고 있다. 과도한 감정의 징후 따위는 전혀 발견할 수 없다. 억압된 증오도, 편견도, 욕망도 전혀 없었다. 세스는 우리 두 사람에게 어떠한 종류의 요구도 한 적이 없다.

그 사이에 크리스마스가 다가왔다. 우리는 2주 동안 세스와 교신하지 않았다. 한편으로는 다시 위저보드 앞에 앉는다면 어떤 일이 일어날지 궁금했다, 하지만 다음 사건은 교신을 포기할까 고려할 정도로 우리의 고정 관념을 허물고 현실관을 들쑤셔 놓았다. 물론 우리는 교신을 중단하지 않았다. 하지만 그 사건에 대한 반응은 향후 여러 해 동안 교신 활동에 영향을 미쳤다. 더 나아가 나의 심령 능력이 전개되는 방향을 결정지었다.

PART 3

세스, 존재를 증명하다

The Seth Material

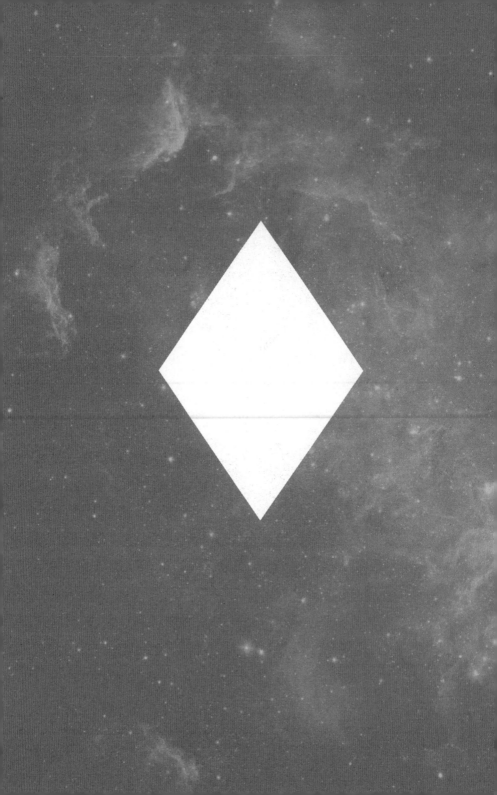

책을 위해 선택한 두 번째 실험 활동은 채널링 모임이었다. 하지만 우리는 채널링이 무엇인지 개념조차 제대로 몰랐다. 그래도 참석자가 두 사람 이상이어야 한다는 생각에 유일하게 우리의 실험 내용을 알고 있는 빌 맥도넬에게 부탁했다.

　결과는 굉장히 놀라웠다. 이해를 돕기 위해 롭의 기록을 그대로 인용한다. 사실 롭은 나보다 훨씬 더 객관적인 관찰자다. 상황을 기록하는 방식에서도 롭의 신중하면서도 비평적인 마음가짐이 잘 나타나 있다. 빌 맥도넬 역시 기록을 읽어보고 그 점에 동의했다.

채널링에 대한 롭의 기록

　1964년 1월 2일 저녁에 우리는 거실의 조그마한 탁자 앞에 앉아 채널링을 시작했다. 탁자를 검은 천으로 덮고, 거실은 물론 부엌 창문의 블라인드까지 내리고 커튼도 쳤다. 우리는 채널링 모임을 어떻게 진행하는지 잘 몰랐기에 그저 편한대로 탁자에 자그마한 빨간

전등을 켜서 올려놓았다. 벽이 하얀색이어서 일단 어둠에 익숙해지자 사물이 잘 보였다.

나는 제인에게 탁자 위에 결혼반지를 올려놓으라고 했다. 그리고 우리 셋은 탁자에 둘러앉아 손을 맞잡았다. 희미한 불빛 속에서 조용히 앉아 반지를 뚫어지게 쳐다보고 있자니 그 누구라도 이런 상황에서라면 보고 싶은 것을 볼 수 있겠다는 생각이 들었다.

반지 가장자리에서 작은 불빛이 번뜩거렸는데 내 팔의 움직임에 따라 그 빛이 켜졌다 꺼졌다 하는 것을 알 수 있었다. 전등의 빛이 반사된 현상이었기에 나는 전등을 커튼 뒤로 갖다 놓아 빛을 분산시켰다. 다시 반지를 바라보았지만 아무 일도 생기지 않았다. 큰소리로 질문을 던졌다. 굳이 세스에게 한 말은 아니었다.

그런데 갑자기 제인이 확고하고 분명한 목소리로 말했다.

—**손을 보십시오.**

명령에 가까웠기 때문에 세스가 우리 곁에 와 있다는 것을 알았다. 제인의 손이 차가워지는 것을 느꼈다. 세스는 우리가 의심하지 않도록, 이후 전개될 과정을 제인의 목소리를 통해 아주 흥미로우면서도 상세하게 설명해주었다.

그는 제인의 엄지손가락을 보라고 말했다. 제인의 엄지손가락 끝이 빛나기 시작했다. 마치 차갑고도 하얀빛이 피부 속에 가득 차 있는 것 같았다. 그 빛은 별로 눈부시지 않았고, 다만 피부색만 변했다. 나머지 손은 어둠에 잠겨 있었기에 의심의 여지가 없었다. 빛은 제인의 엄지를 타고 퍼져나가 그 밑의 두툼한 살집에까지 이르렀다.

―잘 보십시오. 색이 변하면서 손바닥이 환해지는 게 보이죠? 이제 손목으로 가볼까요? 손목이 두터워지고 하얗게 변할 겁니다.

제인의 손목이 정말로 두터워졌다. 제인은 검은색 스웨터의 소매를 위로 걷어붙인 채, 왼손을 탁자 위에 올려놓고 있었는데 차가운 하얀 빛이 손목을 두텁게 만들면서 팔뚝을 타고 올라가 스웨터의 소매 부분에 이르렀다. 그러더니 제인의 손이 동물의 발처럼 변하는 것 같았다. 섬뜩한 기분이 들었다. 길고 우아했던 제인의 손가락이 굵고 짧게 줄어들었다. 아니 최소한 그렇게 보였다. 빛의 확산과 함께 구부러진 손가락 사이의 음영들이 사라져 그런 효과가 나타난 것이다.

손은 점차 원래 모양을 되찾았다. 제인은 여전히 손바닥을 위로 한 채 앉아 있었는데 세스는 이번엔 더욱 확실하게 뭔가를 보여주기로 작정한 듯했다. 제인의 손가락이 눈에 띄게 길어지고 하얗게 변했다. 동시에 손가락 위로 제2의 손가락들이 올라오기 시작했다. 그것들 역시 길고 하얀색을 띠었으며, 심지어 손톱도 있었다.

―처음 치곤 꽤 잘하는 편이죠? 어떻게 생각하십니까?

우리는 몇 분 동안 제인의 새로운 손가락들을 살펴보았다. 기괴할 정도로 새하얗고, 방금 태속에서 나온 것처럼 물기에 젖어 있었다. 잠시 후, 그 손가락들은 사라졌다.

―이제 손 모양이 다시 바뀝니다. 보세요. 손가락이 짧고 두텁게 변했죠? 프랭크 위더스도 그런 손을 갖고 있었어요.

잠시 후, 제인의 손은 동물의 발 모양으로 바뀌었다.

─이제 손을 만져보십시오. 감촉이 어떤지 느껴보세요.

조심스럽게 손가락 끝을 제인의 손바닥에 대보았는데 아주 차갑고 축축했으며 울퉁불퉁했다. 제인의 손목과 손바닥이 하얀빛으로 가득 차더니 손목 부위가 마치 달걀 모양으로 솟아올랐다. 하얀빛은 제인의 팔을 타고 스웨터까지 퍼져 올라가 팔뚝과 손바닥에서 모든 음영을 사라지게 했다. 세스는 제인의 양손을 탁자 위에 나란히 올려놓아 우리가 차이점을 확연히 볼 수 있게 해주었다. 제인의 왼손은 서서히 제 모습으로 돌아왔고, 세스는 잠시 쉬자고 말했다.

휴식 시간이 끝난 후, 우리는 세스의 지시에 따라 욕실 문을 닫고 전신 거울을 지켜보았다. 거울 폭이 좁았기 때문에 세 사람은 붙어 앉아야만 했다. 제인은 가운데 앉아 있었는데 그의 숨소리나 침 삼키는 소리까지 들렸다. 평소보다 훨씬 낮은 제인의 목소리를 들으면서 진정 다른 사람이 말하고 있구나, 하는 생각이 들었다.

─자, 이제 내가 루버트의 모습을 바꿔볼 테니 잘 보십시오.

세스의 말이 끝나기가 무섭게 제인의 모습이 바뀌었다. 우선 머리 모양이 변하는 동시에 머리카락이 짧고 굵어지면서 훨씬 촘촘해졌다. 어깨는 구부정하고 좁아졌다. 그러더니 머리가 약간 앞으로 숙여지면서 제인의 시선이 아래로 향했다. 실제 제인은 계속 고개를 똑바로 세운 채 거울을 바라보고 있었는데도 말이다.

제인은 나중에 그때가 가장 충격적이었다고 털어놓았다. 제인을 먼저 확인하고 거울에 비친 모습을 보았는데, 확실히 달랐다. 잠시 후 거울 속 제인이 어두워지는가 싶더니 거울 밖으로 쑥 나오는 듯한 느낌이 들었다. 또한 머리는 좀 더 작아진 것 같았고 희미한 불빛을 발하고 있었다.

거울 속 제인은 실제 제인보다 조금 아래쪽에 앉아 있으면서 가끔씩 그 이상한 머리를 밑으로 숙였다가 앞으로 내밀곤 했다.

✳

세스는 정말 존재할까?

여기까지가 롭의 기록이다. 나는 채널링을 진행하는 동안 불안하지도, 겁을 집어먹지도 않았다. 그러나 채널링이 거의 끝나갈 때쯤, 거울 속 내 모습에 큰 충격을 받았다. 순간적으로 나 자신이 정말 저런 모습은 아닐까 두려운 생각까지 들었다. 당연한 반응이었다.

세스가 내 몸을 점유한 동안 내 모든 생각과 의심은 그의 자신감에 정복당했다. 채널링 시간 내내 눈을 뜨고 있었기에 내 양손을 비교해보고, 새로운 손가락과 하얀 불빛도 관찰할 수 있었다. 세스가 말하는 동안 잠시 정신이 나갔지만 그와 동시에 엄청난 에너지가 나를 관통했다. 거울에 비친 모습만 빼면 불만스러운 점은 전혀 없었다. 하지만 모임이 끝나자마자 겁이 덜컥 났다. 혼란스러웠다. 우리가 본 것이 무엇인지 똑똑히 알고 있었다. 심지어 롭은 손을 만지기까지 했으니까. 세스는 우리에게 그 현상을 살펴볼 수 있는 여러가지 기회를 제공했다. 그 현상을 사실로 받아들일 수 없었지만 그와 동시에 명백한 감각의 증거를 부인할 수도 없었다. 책을 위해 실험을 계획했을 때는 색다른 체험이 되리라 예상했다. 그러나 세스가 끼어드는 걸 원치 않았기에 그에게 도움을 요청하지 않기로 작정한 터였다.

실험이 크게 성공을 거두었다는 사실은 오히려 내 지적인 회의주의가 활약할 기회가 되었다. 우리는 암시가 작용한 것인지 아닌지를 놓고 논쟁을 벌였다. 하지만 그것만으로는 현상을 제대로 설명할 수 없다는 걸 알고 있었다. 롭이 느낀 우둘투둘한 감촉이나 제2의 손가락들을 설명할 수 없었다. 비록 거울은 암시 효과로 설명할 수 있다고 결론을 내렸지만 말이다.

난생 처음 불가사의한 사건을 직접 체험했고, 명백한 감각의 증거를 의심하게 된 것이다. 그때 어찌나 큰 충격을 받았던지 나는 이후 3년 동안 채널링 모임을 갖지 않았다(하지만 세스는 68호 교신에서 유령의 모습으로 나타나기도 했다). 그 후 우리는 이상한 현상이 나타나면 쉽사리 조사할 수 있도록 조명을 켜고 교신했다.

이후 연구를 통해 단지 자신이 원하거나 암시를 받았다고 해서 심령 현상을 체험할 수 있는 것은 아니라는 사실을 확신하게 됐다. 그런 현상은 ESP 강의 시간에 불을 완전히 켠 상태에서 일어나기도 했다. 세스는 환한 불빛을 받으면서 우리 앞에 모습을 드러냈다. 아울러 암시에 걸리기 쉽고 비판 의식이 결여된 사람들이 불을 끈 어두운 방 안에서 온갖 심령 현상을 고대하며 기다렸지만 아무 체험도 하지 못한 사례들에 대해 알게 되었다.

우리는 마음의 준비가 안 된 상태에서 그런 현상과 마주했다는 사실에 화가 났다. 모든 것이 너무 빨리 일어났다. 위저보드로 심령 실험을 시작한 지 아직 한 달도 채 안되었다. 그 사이에 가능한 것과 가능하지 않은 것에 대한 우리의 관념이 뒤죽박죽되었다. 그래서 우리는 일단 교신을 한 차례 더 해서 모임에 대한 세스의 말을 들어보고, 실험의 진행 여부를 포기할지 말지를 결정하기로 했다. 사실 세스를 비난할 수도 없는 형편이었다. 그 모임은 순전히 우리 생각이었으니까. 책 초반부에 채널링 결과를 집어넣기로 계획했으면서도 채널링에 대해 잘 몰랐던 것이다.

다음 날 저녁, 우리는 마지막 교신이 될지도 모른다는 생각으로 세스를 불렀다. 그러나 교신이 끝난 후, 우리는 이 모임이 준비 단계의 끝이요, 세스 교신의 본격적인 시작임을 알게 됐다. 그때 처음으로 세스는 분명한 제3의 인격으로 나타나 웃고 농담을 던지기까지 했다. 롭이 볼 때, 그는 분명 내가 아니었다. 게다가 현실과 세계에 관한 그의 긴 이야기는 우리의 마음을 사로잡을 만큼 무척 흥미로웠다. 당시 전혀 눈치채지 못했지만 우리의 이해 수준에 맞게 아주 단순화한 설명이었다. 그런데도 아주 강렬한 인상을 주었던 것이다.

나는 세 시간에 걸쳐 방 안을 이리저리 걸으며 농담을 던지거나 롭이 기록할 수 있도록 기다리기도 하면서 세스의 메시지를 전했다. 평소 모습과는 전혀 다른 몸짓과 표정, 억양과 언어 표현을 써가면서 마치 강의하는 교수처럼 심각한 주제들을 재미있게 풀어나갔다.

세스의 말은 우리의 지적이며 직관적인 호기심을 불러일으켰고, 교신을 그만둬야겠다는 생각도 깨끗이 잊게 했다.

—서로 얽히고설켜서 끝없이 펼쳐진 철망의 미로를 생각해보십시오. 여러분의 세계가 그중 네 개의 가느다란 철사 사이에 자리 잡은 자그마한 공간과 같다면 내 세계는 맞은편 인근 철사들 안에 있는 자그마한 공간이죠. 우리는 똑같은 철사들의 각기 다른 편에 있을 뿐만 아니라 여러분의 관점에서 보자면 위에 있기도 하고 아래에 있기도 합니다.

조셉, 당신은 형상화하는 것을 좋아하니 철사들이 정육면체를 구성한다고 가정해보죠. 정육면체들은 하나 안에 또 다른 하나가 들어갈 수 있습니다. 다시 말해 그 정육면체들은 또 다른 정육면체 안에 들어가 있죠. 지금 여러분과 내 세계가 차지하고 있는 극히 작은 공간만 얘기하고 있는 겁니다.

자그마한 철사 구조물 안에 구속된 여러분과 나의 세계들을 생각해보세요. 철망의 세계는 무한한 결속력과 깊이를 갖고 있지만 두 세계는 서로 투과할 수 있습니다. 비록 여러분의 눈엔 보이지 않겠지만 두 세계는 분명 끊임없이 서로를 관통하고 있죠. 여러분이 내가 보는 것을 볼 수 있다면 얼마나 좋을까요? 여기서 관통이란 운동의 개념을 얘기한 까닭은 참다운 투과는 꿰뚫어 보는 것이 아니라 꿰뚫고 지나가는 능력이기 때문입니다.

이것이 바로 내가 5차원에 대해 내릴 수 있는 정의랍니다. 이제 철사와 정육면체 구조를 마음속에서 지워버리십시오. 언뜻 그런 철사와 정육면체들은 실재하는 것처럼 보일 수 있지만 사실은 여러분이나 내가 만들어낸 구조물에 불과하죠. 비록 내 세계의 존재들에게도 필요한 구조물이긴 하지만 말입니다. 우리는 우리의 감각과 일치하는 이미지를 만들어냅니다. 의지하여 걸어갈 수 있는 상상 속 길을 닦는 것이죠.

이를테면 주택의 벽들은 겨울철에 여러분이 꽁꽁 얼어 죽지 않도록 아주 단단하고 확실하게 만들어져 있지만 사실 그러한 방이나 벽은 존재하지 않습니다. 마찬가지로 우리가 만들어낸 철망은 존재하면서도 사실은 존재하지 않는 것입니다. 그래서 나는 여러분 방 벽을 투과할 수 있습니다. 비록 여러분의 눈길을 끌기 위해 그런 묘기를 보일 생각은 없지만 말이죠.

무한한 철망의 구조물도 마찬가지죠. 하지만 우리는 실제적인 이유 때문에 그것들이 존재하는 듯이 행동합니다. 철망의 무한한 미로는 존재하는 모든 것을 가득 채우고 있습니다. 그에 비하면 여러분과 나의 세계는 마치 거대한 나무 안에 자리 잡은 자그마한 새의 둥지들과 같죠.

이제 철망의 구조가 끊임없이 움직이며 흔들리고 있다고 생각해보십시오. 이는 우주의 내용물을 간직하고 있을 뿐만 아니라 그 자체가 살아 있는 우주의 산물입니다. 이렇게 한 번 상상해본다면 그에 따른 설명이 얼마나 어려운 일인지 감이 잡힐 겁니다. 이렇게 이상한 구조를 상상해보라고 요청하고 있으니 지치고 싫증을 낸다 해도 탓할 수가 없군요.

바로 이 교신에서 세스는 우리에게 일주일에 두 차례씩 교신을 하자고 제안했다. 이따금씩 접촉하는 것보다는 지속적으로 접촉하는 것이 훨씬 유익하다는 얘기였다.

—내 세계의 존재들은 때때로 이러한 교육자의 역할을 떠맡지만 그러기

위해선 선생과 학생 간 심령적 연결이 필요하죠. 다시 말해 여러분 세계의 존재가 가르침을 받을 만큼 진보할 때까지 기다려야 합니다. 선생과 학생을 이어주는 끈은 감정이나 느낌이죠. 그것은 어떠한 세계, 어떤 환경에서도 생명력을 가장 분명하게 나타내는 연결 고리입니다. 여러분의 세계나 내 세계에 있는 모든 사물은 바로 그것을 통해 연결돼 있죠.

교신이 끝난 후에도 세스는 계속 우리 곁에 남아 있었다. 그는 뭐든지 물어보라고 하면서 자유롭게 돌아다니다가 이따금 롭 앞에 멈춰 서서 내 눈을 통해 그를 똑바로 쳐다보곤 했다.

—어떤 방식으로든 하고 싶은 실험을 계속하는 건 전혀 잘못된 게 아니죠. 오히려 이득이 많을 것입니다.

그러다 그는 우리가 아직도 공개적이거나 비공개적인 교신을 위해 사용하는 위저보드에 관해 유쾌한 어투로 이렇게 말했다.

—익숙한 방식으로 교신을 재개하는 것은 형식적인 행동입니다. 하긴 나 역시 어느 정도는 형식에 치우치는 면이 있죠. 사실 위저보드를 통해 숨 돌릴 수 있는 여유를 얻을 수 있습니다. 마치 인사를 할 때 모자를 약간 기울여 예의를 표시하는 것처럼 말이죠. 약간의 형식은 마음속 자료를 강화하고 유익하게 활용하는 데 도움이 됩니다. 좋은 접시를 사용하면 요리도 훌륭해지듯이 말이죠. 그런 면에서 교신이 끝났을 때, 위저보드를 손으로 살짝 만져주는 것으로도 아주 큰 힘을 얻을 수 있습니다. 하지만 내가 여러분에게 반드시 정장 차림으로 교신에 임해야 한다고 주장할 만큼 형식을 따지는 존재가 아니라는 사실은 다행으로 여겨야 할 것입니다.

이 말에 롭은 웃음을 터뜨렸고, 나 역시 나중에 롭이 읽어주는 기록을 들으면서 웃고 말았다. 우리는 그가 전해주는 5차원 이야기에 완전히 매료되었다. 사실 그 이야기는 이 책에 실린 것보다 훨씬 내용이 많다. 롭은 교신을 통해 세스가 나의 잠재적 인격이 아닌 완전히 독립된 제3의 인격체임을 확신할 만큼 세스의 퍼스낼리티에서 강렬한 인상을 받았다. 물론 롭은 나의 평소 마음가짐이나 기분 상태를 워낙 잘 알고 있기에 나와 세스 사이의 유사점이나 차이점을 쉽게 분별할 수 있었다.

롭의 설명을 듣고, 기록을 읽은 후 크게 놀랄 수밖에 없었다. 롭과 나는 격식을 따지지 않는 사람이고 세스 역시 마찬가지였다. 모자와 양복보다는 청바지에 셔츠나 스웨터를 즐겨 입는 사람들처럼 말이다. 나는 세스가 누구이든 혹은 무엇이든 간에 아주 매력적인 친구라는 걸 알았다. 우리가 아는 사람 중에 인사하면서 모자를 기울이는 예의라든가 좋은 접시를 따질 만큼 구식 인간은 없었으니까. 게다가 그의 이야기는 결코 불쾌하지 않았고, 특히 5차원 이야기는 많은 흥미와 자극을 불러일으켰다.

하지만 나의 심리적 행동을 연구하면 할수록 세스의 독립적인 실체성에 대한 의문은 더욱 커졌다. 교신을 할 때마다 세스가 '되어버리기' 때문에 롭이나 수강생들처럼 내 모습을 볼 수 없었다. 다만 세스가 다른 사람들에게 아주 분명하고 강렬한 인상을 준다는 사실은 알 수 있었다. 그는 대체 누구이고 무엇이란 말인가? 나는 롭에게 끊임없이 물어보았다. 대체 세스의 어떤 점을 보고 그가 내 잠재의식의 일부가 아니라는 것을 확신할 수 있었냐고.

사실 세스를 제대로 연구하기보다는 내 정신을 지키기 위해 필사적으로 노력했다. 그러다 어느 순간 노력 자체가 실없게 느껴졌다. 왜냐하면 세스는 결코 내 의식 속에 '침입'하려고 시도한 적이 없기 때문이다. 게다가 세스는 이런 내 노력을 이해하고 내 마음의 평화를 나름대로 중요하게 생각하고 있었다. 이 사실을 알았을 때는 더욱 기가 막혔다.

우리는 언제나 사건이 자연스럽게 벌어지고 깜짝 놀란 후에야 새로운 발전이 이루어진다는 사실을 깨달았다. 이번 교신에서 세스가 자신을 본격적으로 드러냈다고 생각했지만 배워야 할 것은 아직도 많이 남아 있었다. 세스가 강력한 자신의 목소리로 교신을 시도하기 시작한 다음 빈 교신을 통해서 말이다.

1963년 12월 2일에 우리는 프랭크 위더스와 처음으로 얘기했다. 그 후 1964년 1월 8일에 일어난 열네 번째 교신에 이르러서야 마침내 세스의 굵고 나지막한 남성적인 목소리를 전할 준비를 갖췄다. 그렇게 되기까지 우리는 한 달 넘게 힘든 여정을 지나왔다. 30여 일은 의심할 나위 없이 격렬한 심리적 활동, 흥분 그리고 사색으로 가득 찬 기간이었다. 그러나 우리가 무슨 일이 일어났는지 진정으로 이해하기 시작한 것은 그로부터 3년여의 세월이 지나 내가 쓴 책이 출간되고 난 후였다.

PART 4

세스의 목소리

The Seth Material

세스와 교신하던 시기, 나는 오전에는 실험 결과를 토대로 ESP 관련 책을 집필하고, 오후에는 인근 화랑에서 일했다. 우리가 하는 일에 대해서는 친구 빌을 제외하고는 아무에게도 얘기하지 않았다. 당시에는 다른 사람들의 질문을 받지 않는 편이 낫다고 생각했다. 우리 자신의 의문만으로도 벅찼으니까.

세스의 퍼스낼리티는 위저보드의 제약에서 벗어난 뒤, 특히 열네 번째 교신 이후 훨씬 자유롭게 자신을 표현했다. 롭 역시 그 사건을 결코 잊지 못할 거라 생각한다. 사실 지금도 그때 생각만 하면 여전히 가슴이 두근거린다. 그 무렵 나는 교신을 시작하기 전에 세스가 나타날지 안 나타날지를 놓고 적잖이 신경을 곤두세우곤 했다. 트랜스 상태에 들어가 멍청하게 입을 벌리고 있는데 아무 말도 나오지 않으면 어쩌나 하고 걱정했던 것이다!

우리는 언제나처럼 저녁 9시쯤에 교신을 시작했다. 9시 5분 전이 되면 나는 늘 높다란 다이빙 보드 위에서 도약하는 느낌이 들었다.

교신은 다른 때와 마찬가지로 아무 조짐도 없이 목소리가 변하면서 시작되었다. ESP에 관한 여러 책들을 읽었지만 나와 같이 목소리로 교신한다는 얘기는 전혀 발견할 수 없었다. 미세스 큐렌은 위저보드와 자동 기술을 통해 소설과 시를 지었다고 했는데 자신의 입을 빌려주어 또 다른 인격체의 사상을 전한다는 얘기는 그 어디에도 나오지 않았다. 그러니 교신 중에 목소리가 변하는 것 역시 전혀 예견할 수 없던 사건이었다.

열네 번째 교신 중에는 50여 분간 쉬지 않고 세스의 메시지를 전한 적도 있다. 그때까지 기록 중 최고로 긴 시간이었다. 세스는 격렬한 내적 활동과 균형을 이룰 수 있도록 사람들과 자주 어울리라고 충고했다. 그러더니 우리에게 전혀 생소한 분야인 내적 감각inner senses에 대한 첫 번째 강의를 시작했다.

내적 감각에 대한 첫 번째 강의

— 여러분 세계의 모든 것은 그 세계와는 상관없이 존재하는 것들이 물질화된 결과입니다. 그러므로 여러분의 감각 속에는 내적으로 작용하는 감각들이 존재하고 있죠. 여러분이 항상 이용하는 감각은 외적 세계를 지각하는 기능입니다. 그러나 그 감각 안에는 내적 세계를 지각하고 창조하는 또 다른 감각이 있습니다. 일단 여러분이 특정한 세계에 존재하게 되면 다른 많은 지각 작용을 차단하고 그 세계에만 주의력을 집중해야만 하죠. 바로 특정한 방향으로 의식을 집중하는 것입니다. 그래서 주변 환경과 관련한 능력이 개발되면 내적 감각을 사용하여 주변을 둘러

보고, 점차 자신의 활동 범위를 넓힐 수 있죠. 아주 자연스러운 현상입니다. 특정한 세계에서 생존하느냐 못하느냐는 그곳에 얼마나 집중하느냐에 달려 있습니다. 그래서 어느 정도 주의력 집중을 통해 만족스러운 생활을 해나가면 다른 현실을 지각할 여유가 생기는 것이죠.

사실 이 이야기는 여러 페이지에 걸쳐 다룬 내용이다. 언제나 그랬던 것처럼 당시 롭은 이야기의 속도를 따라잡기 위해 기록하는 데 여념이 없었다. 그런데 교신 시간이 두 시간을 넘기면서 내 목소리가 점점 허스키하게 변했다. 교신이 내게 부담을 주고 있다는 첫 번째 징후이기도 했다.

세스는 내적 감각에 대한 첫 번째 강의 이후, 이렇게 말했다.

— 조셉, 당신에게 이처럼 중노동을 시킬 생각은 없었습니다. 당신의 손이 루버트의 혀만큼이나 빠르게 움직였다면 지금쯤 아주 지쳐 있을 겁니다. 잠시 휴식을 하든지 아니면 교신을 끝내는 게 어떻겠습니까? 난 언제나 당신의 편의를 생각하고 있죠. 당신을 교육하는 데 관심이 없더라도 말입니다.

세스는 웃으면서 말을 끝냈다. 롭은 잠시 쉬겠다고 했지만 나중에는 내 목소리가 완전히 쉬기 전에 교신을 끝내길 원했다. 롭이 나를 염려하고 있다는 건 알고 있었지만 세스의 메시지는 도중에 중단시키고 싶지 않을 만큼 흥미로웠다. 게다가 세스는 심각한 분위기를 풀어주기 위해 이따금 우스갯소리를 던지기도 했다. 그래서 또다른 독립적인 존재가 나를 통해 말하고 있다는 느낌이 그 어느 때보다도 강하게 들었다.

결국 교신을 계속하기로 했다. 그때가 10시 30분이 조금 지난 시각이었다. 롭은 대화 도중 시간의 의미에 대해 궁금해했는데 교신이 재개됐을 때, 세스는 그에 대한 답변을 들려주었다.

— 시간은 장벽이 없으면 아무 의미가 없죠. 바꿔 말해서 모종의 행동에 반작용할 필요가 없다면 시간도 의미를 상실합니다. 이것이 시간에 대한 본질적인 설명이죠. 서글프게도 여러분은 이 사실을 아직 이해할 수 없습니다. 시간이 필요하죠! 내가 여러분의 무지를 깨기 위해, 즉 그것에 반작용하기 위해 노력하는 동안엔 나도 어쩔 수가 없습니다. 왜냐하면 설명을 이해하는 데 시간이 필요한 사람에게 시간을 설명하는 것이 얼마나 어려운 일인지 여러분은 전혀 알 수 없기 때문입니다. 시간을 공부하다 보면 5차원의 본질에 대해서도 많은 것을 알 수 있죠. 응집된 생명력으로 이뤄진 철망은 결집되어 있는 동안에도 실상은 유동적입니다. 견고함은 환상에 불과하죠.

이 부분에서 세스는 자신의 말을 강조하기 위해 내 몸을 빌려 책상을 내리치더니 이전보다 훨씬 강력한 어조로 말했다. 동시에 쉰 목소리도 사라졌다. 한마디 한마디가 터져나올 때마다 목소리는 점점 더 굵고 나지막해졌으며 딱딱해졌다. 롭은 기록을 위해 고개를 숙이고 있다가 내 목소리에 신비로운 변화가 일어나고 있음을 감지했다. 그는 가능한 한 빨리 말을 받아 적으면서 이따금씩 고개를 들어 나를 살펴보았다. 그때 나는 그의 앞에 우뚝 서서 전혀 제인답지 않게 부릅뜬 눈길로 그를 노려보고 있었다. 마치 롭이 내 말, 즉 세스의 말을 제대로 이해하는지 확인하려는 듯 말이다.

— 나는 철망의 생명력이 우주의 살아 있는 일부분으로서 그 자체로 움직이고 있다고 말했습니다. 철망들은 각 세계의 경계를 이루며, 그 세계들의 독특한 법칙에 좌우됩니다. 그러므로 철망들은 여러분의 3차원적 시스템 속에선 시간에 구속돼 있죠.

마지막 문장에서 세스의 목소리는 마치 커다란 홀을 쩌렁쩌렁 울리려는 듯 더욱더 커졌다. 롭이 황급히 휘갈겨 쓴 필체는 당시 그의 반응을 확실히 보여준다. 나중에 롭은 인터뷰에서 이렇게 말했다.

"제인의 부드러운 목소리를 잘 아는 나로선 낯선 목소리가 그의 입에서 그토록 우렁차게 흘러나온다는 사실이 처음엔 잘 믿기지가 않았습니다. 그런데 더욱 놀라운 사실은 제인이 그러한 목소리 변화에 전혀 개의치 않았다는 점이었죠."

롭은 쉬지 않고 메시지를 받아 적어야 했기에 자신의 느낌을 기록할 여유조차 없었다.

— 응집된 생명력의 동작은 시간이란 환상을 불러일으키죠. 그리고 이 일에는 생명력의 핵심 속에 있는 반작용이 관련돼 있습니다. 작용과 반작용이야말로 시간의 발단이죠. 어떤 세계에선 동작이 동시에 이뤄지고, 시간은 미지의 것으로 남아 있습니다. 내게 있어서 여러분의 시간은 얼마든지 조작 가능한 것입니다. 시간은 내가 여러분의 의식 속에 들어갈 수 있는 여러 가지 수단 중 하나에 불과하죠.

이제 여러분을 위해 교신을 끝내야 할 것 같습니다. 여러분의 컨디션이 좋아졌을 때 교신을 계속하기로 하죠. 조셉에게 오랫동안 일을 시킨 점에 대해 미안하게 생각합니다. 잘 있어요. 친구들.

다음 순간 내 목소리는 정상으로 돌아왔다. 이대로 교신을 끝낼 수는 없었다. 그의 메시지에 너무나 깊이 빠져버렸기 때문이다. 세스의 작별 인사를 들었지만 그가 여전히 지극히 강렬한 생명력과 선의를 갖고 우리 곁에 있다는 것을 느낄 수 있었다.

롭은 내 입에서 굵고 묵직한 남성의 목소리가 흘러나왔다고 얘기해주었다. 그 와중에도 나는 주변 모든 곳에서 세스의 엄청난 에너지와 유머를 감지할 수 있었다. 눈에 안 보이는 세스가 우리 곁에 앉아 언제든 친구로서 대화를 나눌 준비가 되어 있는 것 같았다.

우리가 교신을 지속하기로 결정하자마자 내 안에서 다시 굵고 나지막한 소리가 터져나왔다. 세스는 다시 내 몸을 사용해 방 안을 서성이며 롭에게 얘기하거나 창밖을 내다보곤 했다. 누군가가 내 몸 안에서 나를 조종하는 데 익숙해지면서 그러한 결과에 만족해하고 있다는 것을 확실히 느낄 수 있었다.

─여러분과 다시 대화를 나누게 되어 무척 반갑군요. 언제나 고차원적이고 무거운 얘기만 나눌 순 없는 법이죠. 이전에 우리는 감정적인 교감을 나누기 위해 지나치게 다른 문제들에 신경을 썼던 경향이 있습니다. 루버트의 목소리가 교신 중에 좀 지루하고 재미없게 변한다면 내가 장난을 치고 있는 것으로 양해해주십시오. 자, 이제 무엇이든 물어보십시오.

세스는 잠시 말을 멈추고, 빙그레 미소를 지으며 롭의 눈을 똑바로 쳐다보았다. 롭은 다시 저음의 굵직한 목소리가 시작됐다는 사실에 놀라면서 세스의 쾌활한 태도와 유쾌한 제스처 그리고 도저히 나의 억양이라고 할 수 없는 전혀 낯선 억양에 웃음을 흘리다가 이 내 자신이 묻고 싶은 것을 생각해냈다.

"당신의 세계에서도 이곳에서처럼 우정을 나눌 수 있나요?"

— 물론 난 그곳에서도 친구를 갖고 있습니다. 우리 중 일부는 아직도 여러분의 세계에 감정적인 인연을 남겨놓고 있고, 서투르게나마 옛 친구들과 접촉하고 있죠. 이러한 면이 아직도 여러분의 세계가 우리에게 매혹적으로 보이는 까닭 중 하나입니다. 낯선 타향에 가 있는 친구를 잊지 못하고 편지를 쓰듯이 우리는 다른 세계에 있는 친구를 결코 잊지 못합니다.

롭은 여러 가지 질문을 던졌고 약 45분에 걸쳐 그 문제들에 대해 대화를 나눴다. 그리고 세스는 제인의 목소리에 대해서도 이렇게 말했다.

— 루버트의 목소리도 일종의 실험 대상입니다. 내 퍼스낼리티가 더 많이 표출될수록 교신의 직접성도 향상될 수 있죠. 그리고 나는 몇 시간이든 명랑하게 교신할 수 있지만 여러분을 위해 그렇게 하지 않는 것입니다. 때때로 프랭크 위더스가 나올 수도 있습니다. 왜냐하면 그는 가장 최근에 독립적으로 물질화됐으며, 독자적으로 살아가는 데 익숙한 퍼스낼리티 파편이기 때문입니다. 난 아직 그를 완전히 흡수하지 못했지만 결국은 그렇게 할 작정이죠. 날 믿어주십시오.

롭은 이 부분에서 다시금 웃음을 터뜨렸다. 세스는 쾌활하게 얘기했고, 결코 프랭크 위더스를 비방한 것은 아니었다. 세스의 어조와 환한 미소는 그의 말이 훨씬 부드럽게 들리게 해주었다. 롭이 세스의 태도에 대해 언급했을 때, 세스는 이렇게 말했다.

— 난 아직 겸손함을 배우지 못했습니다. 게다가 여러분은 내가 프랭크 위더스를 알기 전부터 나를 알아왔죠. 그 시절 내 자만심은 참으로 대단했습니다. 여러분도 아주 자만심이 강한 사람들이었죠. 그리고 조셉, 당신은 여성이었을 때, 자만심 때문에 지금의 아내인 제인을 수치스럽게 한 적도 있습니다.

세스는 다시 한 번 나와 롭의 윤회전생에 대해 언급했다. 결과적으로 세스와 우리가 모두 고대 존재의 일부분이란 사실을 알게 되었다. 이 부분은 14장과 15장에서 더 자세히 다룰 것이다. 세스는 부분적으로 보면 과거의 관계로 인해 우리가 교신하게 된 것이라고 설명했다.

세스의 목소리가 의미하는 것

롭은 세스와 대화를 나누는 동안 그의 목소리에 익숙해지면서 세스가 제인과는 전혀 다른 제3의 인격체라는 사실을 더욱 확신하게 됐다. 그는 세스의 목소리, 몸짓, 매너에서 그가 정력적이고 교양을 갖춘 신사라는 인상을 받았다. 대략 1960년대 인물이라고 할까? 아주 지적이지만 자신의 단점을 잘 알고 있으며, 유머 감각이 뛰어나면서도 그것을 약간은 구식으로 표현하는 사람 말이다. 세스는 내가 좋아하는 베고니아를 만지면서 말했다.

─난 루버트가 키우는 식물을 좋아해요. 식물은 여러분의 존재 상태의 시금석이라고 할 수 있죠. 내가 남성적인 목소리를 사용할 때 내 말이 여러분의 귀에 거슬리지 않을까 걱정스럽습니다. 내 목소리가 천사의 목소리라고 할 순 없지만 루버트의 입을 통해 내가 낼 수 있는 최선의 목소리입니다. 루버트, 담배를 피우고 싶다면 피우세요. 벌써 10분 동안 성냥을 들고 다니는군요.

이 모든 상황을 전혀 기억할 수 없었지만 롭에 따르면 나는 그때 담배를 한 개비 피우고 와인도 한 잔 마셨다고 한다.

─내가 여러분과 와인을 들 수 있다면 기꺼이 그렇게 했을 겁니다. 잠시 대화를 나누고 싶다면 그렇게 하십시오. 난 루버트가 원하는 한, 얼마든지 여러분과 대화를 나눌 것입니다. 조셉, 대화 도중에 아내의 모습이 변한다 하더라도 교신이 끝나기 진까지는 그 사실을 그에게 언급하지 마십시오.

세스는 그렇게 자정이 지날 때까지 말을 계속했다. 물론 그 속엔 외모 변화에 대한 얘기도 포함돼 있었다. 하지만 당시엔 잊고 있다가 1년이 지난 후에야 그 내용을 새삼스럽게 기억해냈다. 교신이 끝난 후에도 내 목소리는 분명하고 활기찼다. 전혀 피곤하지 않았다.

우리는 교신 기록을 읽으면서 특히 세스가 내적 감각을 설명하며, 사용법을 가르치겠다고 선언한 이후의 자료들에 매혹됐다. 우리는 그의 가르침에 따르면서 온갖 경험을 할 수 있었다. 하지만 우리는 그 가르침이 우리의 이해 수준에 맞춘 것이며, 앞으로 전개될 그의 설명에 비하면 상당히 단순한 내용이란 사실을 몰랐다. 게다가 우리는 세스의 목소리를 통해 세스의 자료를 받아들일 수 있는 연결 구조가 완성되었고, 이를 통해 세스의 퍼스낼리티가 자유롭게 표현되리라는 사실도 전혀 눈치채지 못했다.

교신 이후로도 종종 목소리 변화가 있었지만 쩌렁쩌렁 울리는 목소리는 예외적인 경우에 속했다. 경우에 따라 목소리에 아주 엄청난 힘이 들어갔다. 그렇다고 내 목소리가 상하는 일은 없었다. 그리고 세스가 통찰력 있는 메시지를 전할 때, 목소리가 커지는 일은 별로 없었다. 대신 그의 에너지는 필요한 데이터를 모으는 데 사용했다(나중에 알게 되겠지만 그 에너지는 다른 차원으로 도약할 수 있는 발판이 되기도 한다).

목소리가 깊게 깔리면서 크게 울릴 땐 막강한 힘에 둘러싸여 나 자신이 왜소해지는 느낌을 받았다. 목소리는 세스가 이용할 수 있는 에너지의 양을 나타내고, 세스의 퍼스낼리티를 표현한다는 것 외에도 여러 가지 용도를 갖고 있었다.

그 시간을 돌아보면 세스의 목소리로 교신의 골격이 완성됐다는 것을 알 수 있다. 말하자면 목소리는 아주 간단한 형태로 나타난, 세스 자료의 기본 요소이며, 세스의 사상적 토대의 기본인 셈이다.

앞서 말한 바와 같이 우리는 1963년 12월 2일에 처음으로 위저보드 실험을 했다. 그런데 벌써 이듬해 1월 말까지 무려 20번의 교신을 통해 거의 230페이지에 달하는 자료를 갖게 됐다. 우리는 목소리 변화가 중요한 의미를 지닌다는 걸 알고 있었지만 그 배후의 힘이 훨씬 더 중요하다는 것은 미처 깨닫지 못했다. 또한 교신이 모종의 질서에 따라 이뤄지고 있는 건 알았지만 그 의미는 알 수 없었다. 그러한 교신 구조는 지속성과 안정성을 제공하는 동시에 당시는 우리 자신도 전혀 깨닫지 못했던 잠재적인 능력들을 발전시키는 데 도움이 됐다.

그 시점에서 우리의 체험을 다른 사람들에게 알리는 것이 어떨지 생각했다. 우선 친구들이나 친지들에게는 당분간 비밀로 하기로 했다. 당시 내가 갖고 있던 종교관 때문에 그 분야 전문가들도 고려 대상에서 제외시켰다. 하지만 우리가 읽은 모든 ESP 책들은 그런 체험을 할 경우, 적격한 심리학자나 초심리학자에게 연락해야 한다고 충고했다.

그러다 세스의 가르침 덕분에 두 사람 모두 투시 체험을 하기 시작하면서 그 문제에 대해 우리보다 더 잘 아는 누군가에게 자문을 받아야겠다고 생각했다. 당시 우리는 아직도 세스가 내 잠재의식의 일부가 아닌가 하는 의문에 대해 결론을 내리지 못한 상태였다. 그러면서도 일반적인 심리학자들이 우리의 질문에 제대로 답해줄 수 있을 것 같지는 않았다. 그래서 ESP와 심리학을 모두 알고 있는 초심리학자에게 연락해보기로 했다.

다음 장부터는 ESP 측면에서 세스를 '과학적으로 시험해본' 우리의 노력이 담겨 있다. 당시 우리는 세스와의 교신을 지적이면서도 학구적으로 정당화하고 싶다는 욕구에 휘말려 있었다. 아직도 배울 게 많이 남아 있었던 것이다.

PART 5

퍼스낼리티는 존재의 이유다

The Seth Material

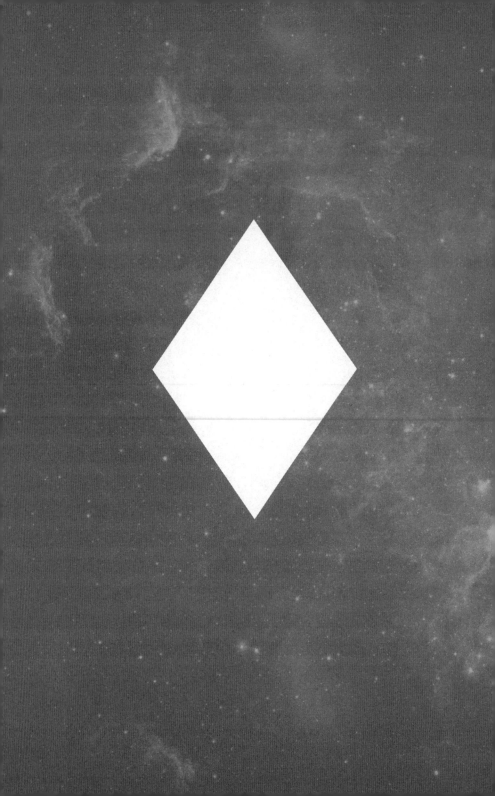

2월 초, 롭은 버지니아대학교의 신경심리학과에서 일하는 이안 스티븐슨 박사에게 편지를 썼다. 스티븐슨 박사는 윤회에 관심을 갖고 있었다. 우리는 편지에 우리의 전생 정보가 포함된 교신 기록 일부를 동봉했다. 기록 내용은 우리 부부가 아주 오랜 옛날 여러 차례 함께 살았는데 그중 300년 전 덴마크에서 롭과 나는 아버지와 아들이었고, 세스는 친구였으며, 우리의 가장 마지막 전생은 19세기 보스턴에서 이뤄졌다는 내용이었다.

　스티븐슨 박사가 우리에게 보낸 답장은 오늘날 내가 나와 같은 상황에 처한 다른 사람에게 써 보냈을 만한 내용이었다. 스티븐슨 박사는 자료가 막힘없이 흘러나오는 것은 잠재의식에서 비롯됐을 가능성을 암시하지만 지금 단계에서는 뭐라고 단정하기는 불가능하다고 강조했다. 또한 그는 아마추어 영매는 특정한 조건에서 정신적인 병증을 나타낼 수 있다고 덧붙였다. 나는 롭에게 물었다.

　"어머, 내가 교신 중에 괴상하게 행동한 적 있어?"

　롭은 그런 변화는 절대 없었다고 단언했다. 사실 롭은 그동안 일부러 그런 변화의 요소를 찾아보려고 했고, 나 역시 그랬다. 이전에 심령학 관련 서적들에서 경고를 읽었을 때와는 달리 스티븐슨 박사의 경고는 나를 혼란스럽게 만들었다.

사실 교신을 완전히 비밀로 하기는 불가능했기에 친구들이 월요일이나 수요일 저녁에 우리 집에 들렀을 때, 문밖으로 흘러나오는 이상한 목소리를 듣곤 했던 것이다. 그중 필립이란 친구는 아예 우리의 교신에 참석하기 시작했다. 필립은 세스가 붙여준 이름이다. 필립은 6주에 한 번씩 혹은 출장을 다녀오는 길에 엘미라에 들렀다.

그런데 스티븐슨 박사의 답장을 받기 며칠 전, 우리는 필립이 있는 자리에서 예정에 없던 교신을 하게 되었다. 필립에게 묻고 싶은 것을 적어보라고 종이와 펜을 주었지만 필립은 그러지 못했다. 필립의 말에 따르면 자신이 질문을 떠올릴 때마다 세스가 곧바로 마음속에서 답을 들려주었다고 했다. 필립은 자신의 체험을 기록하고 서명까지 했다. 교신 중에 텔레파시나 투시가 일어난 최초의 사건이기도 했다. 필립도 놀랐지만 나도 깜짝 놀랐다.

나는 필립의 말을 있는 그대로 받아들이면서도 다른 한편으론 동시에 그 사건을 설명할 수도 있다고 생각했다. 사실 그 사건과 때를 같이해 내 영혼도 고양되어 있었다. 그러다 며칠 후 스티븐슨 박사의 편지가 도착하면서 슬럼프에 빠졌다.

"세스가 편지에 대해 뭐라고 말하는지 들어보자고."

롭의 말에 동의하긴 했지만 일단 마음이 긴장되자 교신을 할 정도로 이완된 상태에 들어가기가 힘들었다. 결국 교신하지 못 하고, 다음 주 월요일이 되어서야 마음의 평정을 되찾았다.

존재와 퍼스낼리티의 차이점

세스는 그 문제에 대해 할 말이 아주 많았다.

—참으로 기분 나쁜 밤이군요. 훌륭하신 심리학자가 지난번, 필립도 참석했던 교신을 통해 내가 루버트에게 가까스로 불어넣었던 자신감을 허물어버렸기 때문입니다. 물론 그 박사의 의도는 좋은 것이지만 나 역시 여러분의 정신적이며 감정적인 안정을 유지할 책임을 통감하며, 실제로 그런 노력을 기울였습니다.

간단히 말하자면 루버트에겐 전혀 위험이 없습니다. 비록 내 성미가 급하긴 하지만 그 방면에 숙련된, 민감하면서도 분별력 있는 신사입니다. 나와의 교신은 결코 정신의 불안정성을 유도할 수 없죠. 좀 뻔뻔스럽게 말하자면 난 당신이나 루버트 혹은 그 심리학 박사님 보다 더 안정된 심리 상태를 갖고 있습니다. 나는 여러분이나 교신 결과에 대해 강한 책임감을 느낍니다. 솔직히 내가 제시하는 개인적인 충고는 여러분의 정신적이며 감정적인 균형에 보탬이 되며, 사회생활을 하는 데도 많은 힘이 될 수 있습니다. 나와 교신하기 위해 (현실로부터의) 의식 분리를 경험하는 것은 전적으로 루버트의 의지에 달려 있죠. 물론 교신 중에 때때로 자신의 주변 상황을 인식하지 못할 수 있습니다. 하지만 그것은 그가 이미 승낙한 현상이며, 언제든 자신의 육체적 환경으로 의식을 되돌릴 수 있죠.

이 과정이 그를 히스테리, 정신 분열, 광기의 지옥으로 끌고 갈 위험은 전혀 없습니다. 나는 여러분에게 바깥세상과의 접촉을 줄기차게 권유했고, 세상에 대한 적응력을 키울 것을 주장했죠. 물론 세상에서 도피하기 위한 의식 분리는 위험할 수 있으며, 실제로 많은 사람들이 그러한 함정에 빠져왔습니다. 하지만 루버트는 그런 경우에 속하지 않죠. 우선 그의 에고는 무척 강합니다. 다행히 그의 직관이 완고하고 오만한 에고를 부드럽게 풀어주고 있죠.

이 부분에서 롭은 고개를 들고 웃었다.

— 그 직관적인 자질은 결코 하찮은 것이 아닙니다. 그 속엔 그의 인격이 잘 통합돼 있죠.

세스는 계속 의식 분리에 대해 설명하면서 내가 교신 중에도 어느 정도는 주변 환경을 의식할 수 있다고 말했다.

— 의식 분리가 필요한 것은 사실입니다. 하지만 한쪽 문을 열었다고 해서 다시 닫거나 다른 문을 동시에 열지 못하는 것은 아니죠. 여러분은 이 세상의 문과 다른 세상의 문을 동시에 열어 둘 수 있습니다. 동시에 두 채널의 방송을 들을 수 있는 거죠. 물론 두 번째 채널에 집중하는 법을 공부하는 동안엔 첫 번째 채널의 음량을 줄여야만 합니다. 이것이 바로 진정한 의식 분리라고 할 수 있죠.

"이 모든 게 제인의 잠재의식에서 비롯됐을지 모른다는 스티븐슨 박사의 견해에 대해 어떻게 생각하십니까?"

— 우리는 전에도 이 문제에 대해 토론한 적이 있고, 앞으로도 끊임없이 이런 경우에 처하게 되겠죠. 우리의 교신이 루버트의 잠재의식을 통해 이루어지는 것은 명백한 사실입니다. 하지만 물고기가 물속을 헤엄치고

있지만 물 자체가 아니듯 난 루버트의 잠재의식이 절대 아닙니다. 일전에 여러분에게 텔레파시 시범을 보인 데에는 나름대로 목적이 있었습니다. 텔레파시는 엄연히 존재하며, 거기엔 그의 잠재의식 이상의 뭔가가 관련돼 있다는 사실을 알려 주고 싶었던 것이죠. 루버트가 날 만들었든, 그의 허락을 받아 나 스스로 자신을 알릴 기회를 만든 것이든 난 독립적으로 존재하고 있습니다.

세스는 이 문제를 나중에 추가로 상세히 설명하여 우리의 교신이 이뤄지는 내적 과정을 아주 분명하게 이해시켜주었다. 그 과정의 핵심을 이루는 '심리적 다리 건설'은 나중에 설명할 예정이다.

세스는 40여 분간 메시지를 전한 후, 휴식을 권했다. 나는 때때로 롭의 역할이 부러웠다. 그는 내가 세스로서 활동하는 모습을 볼 수 있지만 나는 그러지 못하기 때문이다. 쉬는 시간에 나는 다시 롭에게 질문을 던졌다. 상황이 어떻게 돌아가는지 알기 위해 누군가에게 의존해야 하는 것이 여간 못마땅한 게 아니었지만 적어도 한 가지 사실만은 인정해야 했다. 내가 제인이면서 동시에 세스가 될 수는 없다는 사실 말이다. 세스와 교신하기 위해서는 나의 소리를 포함한 의식적인 활동을 일시적이나마 중단해야 한다.

—다시 말하지만 나는 루버트의 잠재의식이 아닙니다. 다만 잠재의식이란 매체를 통해 여러분에게 다가가는 것이죠. 마치 새가 공기란 매체를 통해 하늘을 날듯이 말입니다. 물론 거기에는 나 자신을 재구성하는 작업이 필요하죠. 부분적으로는 나의 노력으로, 또한 당신(조셉)과 루버트의 잠재적인 노력을 통해서도 이뤄집니다.

세스는 존재들과 그들을 구성하는 다양한 퍼스낼리티에 관해 설명했다. 롭은 특히 존재와 퍼스낼리티의 차이점에 관해 알고 싶어했다.

—개인적인 삶은 존재의 꿈에 비유할 수 있습니다. 인간의 수명은 존재 자체에게 있어서는 찰나에 불과합니다. 존재는 여러분이 꿈을 생각하는 것과 똑같은 방식으로 그런 세월들을 생각하죠.

여러분이 꿈에 목적과 조직성을 부여하며, 그로부터 통찰력과 만족을 얻어내듯 존재는 자신의 퍼스낼리티들의 삶에 목적과 조직성을 부여하고 지도합니다. 존재는 퍼스낼리티들에게 무한한 다양성과 기회를 제공합니다. 꿈이 여러분 자신의 파편이듯이 넓은 의미에서 보면 여러분은 각자가 속한 존재의 파편이죠.

세스는 또한 퍼스낼리티의 내적인 부분이 이러한 존재와의 관계를 의식하고 있으며, 바로 그것이 호흡을 비롯한 온갖 자율 신경계의 활동을 통제한다고 말했다.

교신은 11시 30분까지 계속되었다. 롭은 내가 의식 분리 현상을 너끈히 소화할 수 있다는 세스의 확언과 책임감 있는 태도를 보고 안심했다. 그러나 나 역시 스티븐슨 박사의 말을 생각하지 않을 수 없었다. 물론 세스는 모든 게 다 괜찮다고 말하겠지만 세스의 입장에서 달리 뭐라고 말할 수 있을까.

나는 한동안 시간의 절반은 세스의 심리를 분석하는 데, 또 다른 절반은 나 자신의 의식을 분석하는 데 보냈다. 일에 신중을 기하느라 때로는 너무 지나치게 행동하는 경우도 있었다. 하지만 그런 경우에도 세스는 내 강력한 에고가 너무 극단으로 치우치지만 않는다면 교신 활동에 유리하게 작용할 거라고 말했다. 왜냐하면 에고야말로 내 퍼스낼리티의 안정을 유지하고 능력을 개발하는 데 필요한 심리적인 힘을 제공하기 때문이라는 것이다.

✳

세스를 통해 알게 되는 것들

세스와 교신을 시작하고 처음 1년은 마치 토끼를 노리는 매처럼 세스를 주의 깊게 관찰했다. 세스는 언제나 품위와 유머 감각을 잃지 않았고 지성적으로 행동했다. 나는 그의 행동과 우리에게 미치는 영향력을 객관적으로 평가하면서 그를 관찰하는 습관을 버렸다. 바꿔 말해 그를 신뢰하게 되었다. 세스는 심리학적으로 건전하고, 아주 지혜로운 충고를 들려주었고, 단 한 번도 명령을 내리지 않았다.

우리는 그의 충고에 잘 따르긴 했지만 때로는 무시할 때도 있었다. 1964년, 집을 구하려 할 때 세스는 한 집을 지정해주었다. 우리도 그 집을 좋아했지만 상태가 너무 좋지 않았다. 세스 말대로 그집을 샀다면 더 행복했을지 모르지만 뻔히 보이는 집 상태를 무시할 수 없었다.

1년 반 전쯤, 세스는 내게 화랑 일을 그만두고 ESP 강의를 시작해보라고 제안했다. 심지어 내가 석 달 안에 모을 학생들의 숫자까지 얘기해주었다. 그렇게 많은 학생들이 모이리라고 기대하지 않았지만 그의 충고를 따랐다. 결과적으로 세스가 옳았다. 나는 그 일을 즐겼고, 수강생들에게서 많은 것을 배웠으며, 이전엔 불가능하다고 여겼던 능력을 개발할 수 있었다.

교신을 시작한 처음 6개월간 고양이 윌리는 아주 비사교적으로 행동했다. 교신이 시작되기 전 종종 내게 하악질을 해댔다. 어느 날엔 막 교신을 시작하려는 참이었는데 침실에서 잠을 자던 윌리가 갑자기 뛰쳐나와 마치 총알처럼 거실로 달려 들어와 커튼 뒤에 숨어 털을 곤두세웠다. 언젠가는 내가 세스의 메시지를 전할 때 내 발목을 물기도 했다. 한 번은 윌리가 내 바짓단을 붙잡고 다리에 매달렸는데, 트랜스 상태에서 거의 윌리를 질질 끌다시피 하면서 방을 가로지른 적도 있다. 결국 롭은 세스와 교신히는 동안 윌리를 작업실에 가둬야 했다.

세스는 윌리가 교신이 시작되기 전에 예리한 감각으로 자신의 존재를 알아차리는 것뿐이라고 하면서 차츰 상황에 익숙해지면 윌리의 행동도 변할 것이라고 했다. 그의 말대로 한두 달 지나자 윌리도 전과 같아졌다. 이제 윌리는 교신할 때 아무 관심도 보이지 않는다. 내가 트랜스 상태에 있을 때 무릎 위로 올라오기도 한다.

교신 초기에 롭은 예전보다는 훨씬 덜하긴 했지만 허리 통증이 재발했다. 세스는 여러 차례 교신을 통해 롭의 상태를 분석하고, 병증의 원인을 설명했다. 결국 특별히 치료를 받지 않았는데도 그의 통증은 사라졌다. 우리는 교신을 통해 얻은 통찰력이 병을 극복할 수 있는 수단이 됐다고 여기고 있다.

세스에 따르면 육체적 질환은 내적 불편이 외적으로 물질화된 결과였다. 그는 자기 연민의 위험성과 암시의 중요성을 강조했다. 둘 중 한 사람이 아프면 다른 사람이 지나치게 안달하고 위로함으로써 병의 관념을 강화해선 안 된다고 말하기도 했다. 건강 유지법에 대해 얘기하기도 했는데 그 부분은 13장에서 따로 다룰 예정이다.

지금까지 세스와의 초기 교신 상황을 설명하는 데 시간을 할애한 이유는 우리가 이 일에 뛰어들게 된 배경과 과정을 조금이나마 이해시키기 위해서다. 초기 교신 기록 중 어떤 것들은 지금 보면 아주 초보적인 내용을 담고 있지만 당시 우리는 그런 자료에서도 감동과 경이로움을 느꼈다. 우리는 발견의 기쁨과 지적인 호기심으로 진진했고, 결국 모든 의심을 해소할 수 있었다.

이후 몇 달 동안 한정된 지면에 다 싣지 못할 만큼 아주 많은 발전을 했다. 우리 부부는 처음으로 유체 이탈을 경험하기도 했다. 세스가 '심리적 시간'이라고 부른 실험은 우리의 잠재력을 개발하는 데 많은 도움이 되었다. 세스가 전하는 정보의 수준과 범위가 끊임없이 향상되면서 우리는 초심리학 분야의 전문가들에게 자문을 구했고, 그 과정을 통해 세스가 진정으로 투시력을 갖고 있으며, 영매로서의 나의 훈련이 이제 막 시작됐다는 사실을 알게 되었다.

PART 6

세스, 심리학자를 만나다

The Seth Material

출판사 담당자가 내가 쓴 ESP 책의 원고 일부를 읽고 깜짝 놀랐다. 그는 편지를 통해 열정적으로 내 원고를 칭찬하면서도 자신의 염려를 털어놓았다. 내가 타고난 영매라는 사실을 입증했으며, 바로 그 점 때문에 누구나 영적 배경과는 상관없이 효과를 보리라는 책의 전제를 유명무실하게 만들 수 있다고 했다.

나는 편지를 읽으며 롭에게 말했다.

"바로 그 실험들 덕분에 내 능력이 깨어났어. 그것만으로도 효용성이 입증된 거 아닌가? 이전에 결코 영적 체험을 한 적이 없다고!"

"그런 말은 나한테 하지 말고 출판사에 해. 나도 세스의 출현이 어째서 출판 상황을 나쁘게 만드는지 이해할 수 없으니까."

출판사에서 걱정한 부분도 바로 세스였다. 그들은 세스의 중요성을 축소하고, 성공적으로 끝난 다른 실험들에 초점을 맞춘다면 책이 더 잘 팔릴 거라고 말했다. 다른 실험들이란 일상적인 예측이나 꿈 회상법인데 후자를 통해선 예지몽의 효과를 체험할 수도 있었다. 롭과 나는 미래, 특히 며칠 후를 예측하는 훈련을 했다. 마음속에서 온갖 잡념을 지우고, 미래의 일이 떠오를 때마다 무엇이든 기록했다. 의식적인 생각을 하지 않고, 직관적 자아를 해방시키려 했다. 그 결과 깜짝 놀랄 정도의 성과를 거두었고, 사람들이 스스로 예측하는 것보다 훨씬 많은 미래를 알고 있다고 확신하게 되었다.

대부분의 사람들은 특정한 사건에 대해 미리 대응하곤 하는데 이 점에 대해선 나중에 추가로 설명하려 한다. 우리는 세스로부터 그런 정보를 감지하는 방법을 배웠고, 단순히 책을 출판하기 위해 그의 중요성을 깎아내릴 수는 없었다. 우리 입장에서는 세스와의 교신 자료가 있었기에 그 모든 일이 가능했기 때문이다.

결국 출판사는 ESP 원고를 거부했다. 나는 그 사건으로 인해 크게 실망했다. 생각하다 못해 세스의 글을 내 이름으로 출판하는 것도 고려했다. 하지만 아무래도 마음에 걸려 그 방법도 포기하고 말았다. 게다가 나는 교신 상황 자체가 심리학적으로 아주 매혹적인 체험이며 답을 이끌어낸 질문과 배경을 설명해준다고 생각했다. 그래서 원고를 다른 출판사들에 보내고 답이 오길 기다렸다 덕분에 ESP 원고 집필을 거의 1년 가까이 중단하고 단편 소설을 여러 잡지에 발표하며 시간을 보냈다.

세스는 전지전능한 존재가 아니다

우리는 다른 전문가에게 편지를 보내보기로 했다. 미국심령학회의 칼리스 오시스 박사라면 우리처럼 이 분야에 경험이 있을 거라고 생각했다. 그래서 1964년 3월, 그에게 편지 한 통을 보냈다. 박사는 답장을 통해 몇 차례 교신 시범을 보여줄 것과 뉴욕의 자기 사무실을 세스의 투시력으로 묘사해볼 것을 요구했다. 하지만 오시스 박사에게 내가 과연 무엇을 기대하는지 잘 몰랐다. 과연 세스가 그 일을 해낼지 자신할 수도 없었다. 세스는 실험에 응하겠다고 말했지만 나는 망설였다. 나는 눈물을 흘리면서 롭에게 말했다.

"이젠 정말 이판사판이야. 우리가 그동안 허무맹랑한 얘기를 들어온 게 아니라면 당신이나 세스가 벽을 뚫고 다녀와야 할 판이라고!"

"하지만 세스는 할 수 있다고 말했잖아."

만약 세스가 하지 못하면 어떻게 될까? 이제껏 우리는 잠재의식의 사기꾼에게 놀아난 꼴이 되는 것일까? 세스는 내가 겁에 질려 있다는 것을 알면서 왜 그 제의를 수락했을까?

"당신은 테스트받는 것을 걱정하고 있어. 내 생각에 그건 아무 문제도 될 수 없어. 지나친 걱정은 삼가는 게 좋아."

"내가 실수하는 건 괜찮아. 하지만 세스가 실패하면 어떻게 하지? 세스가 제대로 해내지 못하면 어떻게 하냐고!"

롭은 빙그레 웃으면서 되물었다.

"우리가 언제 그를 전지전능한 존재로 생각했었나?"

"물론 그렇지 않지만 그가 그런 존재라면 많은 도움이 될 거야."

나는 또 다른 슬럼프에 빠진 셈이었다. 아직도 사후에 인격이 유지된다는 것에 대해 확신이 서지 않았다. 죽음 이후에 인격이 유지되지 않는다면 대체 우리는 어디서 메시지를 받은 것일까? 내 잠재의식? 종종 그런 해석을 마음에 담곤 했지만 그렇다고 해서 완전히 믿는 것도 아니었다. 내 잠재의식은 굳이 별도의 인격을 만들어내지 않고도 이미 단편 소설이나 시를 통해 충분히 자신을 표현해왔으니까. 제2의 퍼스낼리티라고? 물론 그런 가능성도 있다. 하지만 세스는 이제껏 읽어온 제2의 퍼스낼리티 사례들에 전혀 부합되지 않았다.

내가 실험을 망설이는 동안 롭은 오시스 박사에게 세스의 자료 중 일부를 보냈다. 오시스 박사는 자료 자체는 그의 경험주의적인 심리학 영역에 포함될 수 없기 때문에 흥미를 느끼지 않는다고 잘라 말하면서 ESP 실험 결과가 들어가지 않은 자료는 보낼 필요도 없다는 답장을 보냈다. 또한 그는 세스의 ESP 능력을 테스트하는 데 관심을 표명하고 투시력 실험에 응해달라고 재차 요청했다.

그때가 1964년 3월이었다. 세스와의 교신은 지난해 12월에 시작되었고 우리가 체험한 ESP 사례도 물리적 효과 이외에는 별다른 게 없었다. 나는 세스나 나 자신을 시험대 위에 올려놓을 준비가 전혀 되어 있지 않았다. 그렇게 했다가 세스의 투시력이 롭이나 나의 잠재의식의 속임수라는 게 들통날까 두려웠다.

만약 속임수가 아니라면 어떻게 될까? 그러한 사태 역시 감당할 만한 준비가 되어 있지 않았다! 아직 나의 체험을 완전히 받아들일 수 없었다. 게다가 테스트란 말은 왠지 엄격하고 완고한 실험 방식을 떠올리게 했다. 내가 볼 때 세스는 진짜든 가짜든 둘 중 하나일 뿐이었다. ESP 연구에서의 적중률에 대해서는 전혀 몰랐다. 영매에게 어떤 내적인 메커니즘이 작용하는지도 잘 몰랐기 때문에 그러한 상태로는 일관된 실험 결과를 도출한다는 것이 힘들다고 생각했다.

다른 한편으로는 증거나 기적을 바라는 오시스 박사에게 화가 났다. 물론 그의 편지에 대한 나의 일방적인 해석에 불과했지만. 그 사이에 트랜스 상태에도 변화가 일기 시작했다. 첫해에 난 눈을 휘둥그렇게 뜬 채 방 안을 끊임없이 서성대며 세스의 말을 전했다. 하지만 1964년 12월 116회째 교신을 했을 때는 처음으로 의자에 앉아 눈을 감고 말했다. 롭은 현명하게도 교신이 끝나기 전까진 그 점에 대해 전혀 언급하지 않았다. 세스는 실험 과정일 뿐이며 내가 전적으로 동의하지 않는다면 지속되지도 않을 거라고 말했다.

지금 돌이켜보면 서성대는 일을 멈추고 눈을 감기까지 116회의 교신이 필요했다는 것은 우스꽝스러운 사실이다. 이러한 트랜스 변화가 일어나기 전까지 나는 최초로 유체 이탈을 경험했고, 세스의 가르침에 따라 일상생활 중에 투시 체험을 하고 있었다. 하지만 그런 활동이 내 통제 하에 놓여 있고, 교신 기간 중의 활동이 세스의 통제 하에 있다는 것은 중요한 차이점이었다. 새로운 트랜스 상태에 동의했지만 예외가 아닌 일반적인 상태로 받아들이기까지는 시간이 필요했다. 트랜스 수준은 더욱 높아졌고 세스의 메시지는 훨씬 더 복잡한 주제들을 다루기 시작했다. 바로 이 시기에 세스는 말하기 전, 내 안경을 벗어 던지기 시작했다.

(트랜스 상태의 또 다른 변화는 1966년 1월에 일어났다. 눈을 감고 1년 정도 메시지를 전한 후, 갑자기 다시 눈을 뜨고 얘기를 전했는데 트랜스 상태는 이전보다 훨씬 더 향상된 수준을 유지했다. 근육이 움직이는 형태라든

가 표정에 있어서도 두드러진 변화가 일어났다. 전반적인 퍼스낼리티의 변화라고 할 수 있다. 눈빛만 평소 나와 달라진 게 아니었다. 세스는 성공적으로 내 육체 안에 안주하기 시작한 것이다. 그는 말을 할 때, 롭이나 다른 상대방을 똑바로 쳐다보곤 했다.)

오시스 박사에게 편지를 띄웠던 1964년도에는 아직 트랜스 상태가 그 단계에 이르진 못했고, 기껏해야 앉아서 메시지를 전하는 정도였다. 1965년 초엔 프레더릭 펠과 ESP 책에 관한 계약을 맺었고, 마감 시간까지 원고를 넘겨야 했다. 그래서 그 해엔 매주 두 차례씩 꼬박꼬박 세스와 교신하며 자료를 계속 쌓아놓았다. 동시에 ESP 실험이 여전히 두렵긴 했지만 서서히 그것의 불가피성을 인식하고 있었다.

✳

인스트림 박사와 세스의 만남

1965년 봄, 오시스 박사에게 편지를 보낸 지 1년 정도 지난 후, 롭은 뉴욕주 북부에 있는 모 대학의 인스트림 박사에게 편지를 띄웠다. 인스트림 박사는 당대 최고의 심리학자로 수많은 영매를 조사해 온 경험을 갖고 있었다. 적어도 세스가 제2의 퍼스낼리티라면 그는 바로 알아차릴 거라 생각했다. 이번에도 편지에 교신 자료를 일부 동봉했다. 그러자 인스트림 박사는 관심을 표명하면서 1965년 7월에 열릴 전국 최면학 심포지엄에 참석해보라고 권유했다.

그즈음 우리는 연령 퇴행과 전생에 관한 최면 실험을 하고 있었다. 나와 롭은 각각 최면술사와 피험자의 역할을 맡았다. 하지만 세스와의 교신 중에는 트랜스 상태를 유도하기 위해 최면을 사용한 적은 없었다. 인스트림 박사는 내게 최면을 걸고 싶었던 것일까? 그렇다면 나는 그의 의도에 동의할 수 없었다. 유명한 영매 아일린 가렛 여사가 겪은 최면 테스트 얘기를 읽은 후엔 결코 그런 일을 겪고 싶지 않았기 때문이다(자기 최면이라면 얘기가 다르다. 나는 지금도 건강을 위해 나 자신에게 종종 최면을 걸곤 한다).

인스트림 박사를 만나는 일은 좋았지만 심포지엄 참석비나 여행비를 마련하기 위해 지갑을 탈탈 털어야만 했다. 당시 롭은 아침에는 연하장을 민드는 회사의 미술부에서 일했고, 오후에는 그림을 그렸는데 여행하기 위해선 휴가를 앞당겨 사용해야 했다. 결과적으로 그 일은 우리가 보낸 바캉스 중 가장 짜증나고 가장 어리석은 휴가가 되었다.

심포지엄이 시작되자 연사가 나와 최면 시범을 보여주었다. 당시 참석자들은 우리를 비롯한 몇몇 학생들을 제외하곤 모두 심리학자나 의사들뿐이었다. 연사 역시 최면 활동으로 널리 알려진 심리학자였다. 연사는 청중들이 대부분 최면 기법을 전문적으로 사용하는 사람들이므로 최면에 걸린다는 것이 어떤 것인지 알고 있어야 한다고 주장했다.

그의 강연이 시작될 즈음, 나는 롭과 인스트림 박사 가운데 앉아 있었다. 최면에 걸리지 않겠노라고 작정한 후 혼자 튀지 않기 위해 눈을 살짝 감았다. 청중 대부분이 의무적으로 최면에 들어갔을 때, 그러니까 모두들 날개를 고이 접은 비둘기처럼 숨죽이고 있을 때, 살며시 고개를 들어 인스트림 박사가 어떻게 하고 있는지 살펴보니 그는 뒤를 돌아보고 있었고, 롭은 빙그레 웃으면서 나와 박사를 살피고 있었다. 인스트림 박사는 무척 즐거워했다.

심포지엄이 끝난 후 레스토랑에서 그 선량한 박사와 대화를 나눌 때, 돌연 세스의 존재를 느꼈다. 그러나 우린 집이 아닌 곳에선 교신을 해본 적이 없었다. 나는 롭에게 신호를 보내기 위해 애를 썼다. 마침내 롭과 눈을 마주쳤고, 그는 내 마음을 읽고 익살스럽게 어깨를 으쓱거렸다.

"음, 말을 어떻게 꺼내야 할지 모르겠지만 지금 세스와 대화하고 싶으시다면 그렇게 하실 수 있습니다. 지금 곁에 와 있군요."

박사는 우리를 자신의 사무실로 데리고 갔다. 거기서 세스와 교신을 했는데 내가 너무 빨리 트랜스 상태에서 빠져나와 세스와 내가 동시에 대화에 참여한 최초의 교신이기도 했다. 세스는 박사와 인사를 나눈 후 이렇게 말했다.

—내 활동 영역은 교육이며, 주 관심사는 퍼스낼리티의 능력들을 이해하고 연구하는 것입니다. 왜냐하면 그 능력들은 사실상 부자연스러운 것이 아니라 인간에게 선천적으로 깃들어 있는 것이기 때문이죠. 나는 한밤중에 나타나서 눈물을 흘리는 유령이 아닙니다. 단지 더 이상 여러분의 물리적인 법칙에 구속받지 않는 지적인 존재일 뿐입니다.

그러면서 세스는 인스트림 박사가 앞서서 제시한 ESP 테스트에 대해 언급했다.

—때때로 루버트의 완고한 마음가짐을 다루는 데 어려움을 겪고 있죠. 하지만 우리는 그 점을 잘 참작해야만 합니다. 그래야…… 주어진 환경 속에서 내가 할 수 있는 일을 하기 위해 열심히 노력할 것입니다. 시작이 반이란 말도 있듯이 일단 해보는 거죠. 정규적인 교신 시간 중에 나는 가능한 테스트 방법에 대해 얘기할 것입니다. 우린 많은 것을 해낼 수 있습니다. 물론 할 수 없는 일도 많죠. 하지만 우리는 잠재력과 제약을 모두 이해하고 있으므로 주어진 여건을 최대한 활용할 수 있습니다.

그때 나와 인스트림 박사, 세스, 롭이 차례차례 얘기를 돌아가면서 했다. 세스는 박사의 이름을 불렀는데 둘은 마치 오랜 친구처럼 얘기를 나눴다. 그 상황에 대해 나는 약간 당황했다. 여하튼 인스트림 박사는 아주 훌륭한 신사였다. 롭은 미친 듯이 손을 놀리며 할 수 있는 한 모든 대화 내용을 기록했다.

—자연스러움을 허용해야 합니다. 그렇게 될 때, 당신이 원하는 증거도 얻을 수 있죠. 그렇지 않고 성과에 지나치게 매달리면 자연스러움이 사라지죠. 그땐 에고가 작용할 것이며, 우린 실패하게 됩니다.

인스트림 박사도 맞장구를 쳤다.

"지당하신 말씀입니다. 테스트는 강제성이 전혀 없이 조심스럽게 진행돼야 하죠. 하지만 세스, 이건 현재의 내 능력으론 잘 이해할 수 없는 현상입니다. 자연스러움도 중요하지만……."

—자연스러움은 우리의 교신 통로입니다. 만일 증거가 나와야 한다면

자연스러움이야말로 그것이 나올 문이죠.

"맞습니다. 하지만 인간적인 제약이란 것이 있죠. 이 세상을 사는 사람들에겐 방법론이란 것도 중요합니다. 다른 사람들의 귀를 빌리고 싶다면 말이죠."

—물론 정규적인 교신 시간 중에 우리는 그 점에 대해 생각해볼 것입니다. 인간적인 제약 조건 안에서 작업을 해나갈 것이며, 무엇을 해낼 수 있는지 알아볼 작정이죠. 하지만 그런 한계가 존재하는 이유가 단지 여러분이 그것을 받아들였기 때문이란 사실을 이해할 때, 훨씬 큰 이익이 있을 것입니다. 인간의 퍼스낼리티는 원래 제약이 없습니다. 내가 종종 말했듯이 여러분이 아는 각성 상태는 사실은 트랜스 상태와 비슷합니다. 교신 중에 우린 단지 초점을 맞추는, 의식의 채널을 바꿀 뿐이죠. 트랜스 상태에서 접할 수 있는 온갖 의식 상태를 생각해보십시오. 의식이란 자아가 주의력을 쏟는 방향입니다. 당신과 나는 공통 관심사가 아주 많습니다. 퍼스낼리티는 근본적으로 행동 패턴으로 이해해야만 합니다. 퍼스낼리티의 다양한 수준에 함부로 손을 대다 보면 그러한 조사 활동 자체로 퍼스낼리티에 변화를 줄 수 있죠. 그건 마치 달걀 속을 조사하기 위해 달걀을 깨는 것과 같습니다. 달걀을 깨지 않고도 속을 조사할 수 있죠. 또한 달걀 껍질을 깬다 하더라도 굳이 망치를 동원할 필요는 없습니다.

세스는 이 말을 끝내면서 환한 미소를 지었다. 곧이어 인스트림 박사가 말했다.

"그 부분은 좀 깊이 생각해볼 필요가 있겠군요. 여하튼 나는 인간입니다. 배워야 할 것이 있고, 증거도 필요하죠."

—그러한 마음가짐이라면 뭔가 성과가 있을 것입니다. 하지만 마음의 문을 닫은 사람들은 결코 만족스러운 증거를 얻지 못하죠.

"우리에겐 부인할 수 없는 증거도 중요하지만 그런 것들을 방법론적으로 연구하는 것도 중요하답니다."

—그것이 바로 우리가 교령회적인 분위기를 원치 않는 이유 중 하나입니다. 내가 사람들에게 뭔가를 보여주는 것을 피하는 이유이기도 하죠.

"다시 말하지만 이건 내 이해력을 뛰어넘는 일입니다. 우리가 무엇을 할 수 있을지, 또한 당신의 사상이 어떠한 것인지 생각해보는 데 시간이 필요하죠."

—나 역시 루버트의 수용력을 그런 쪽으로 개발하는 데 시간이 걸리겠지만 어려움은 없을 것입니다.

박사는 마치 손윗사람을 대하듯이 예의를 갖춰 세스와 얘기를 나누었다. 하지만 당시 그의 의도가 좀 미심쩍었다. 나 자신도 세스가 누구이며, 과연 무엇인지에 대해 확신이 들지 않았으니까. 솔직히 박사가 내게서 자신감을 이끌어내기 위해 그런 태도를 보이는 게 아닌가 하는 생각도 들었다. 정신과 의사들이 환자의 환상을 믿는 척하는 것처럼 말이다. 그런데 헤어지기 전, 박사는 우리에게 세스가 '엄청난 지성'을 갖고 있으며 분명 제2의 퍼스낼리티처럼 보이진 않는다고 귀띔했다. 덧붙여서 내가 정서적으로나 심리적으로 아주 건강하다는 기쁜 소식을 들려주었다.

그러나 불행히도 심포지엄과 관련된 비공식적인 사교 행사에서 우리 나이 또래의 또 다른 심리학자를 만나 대화를 나눴다. 그는 우리가 의료계에 종사하는 사람이 아니라는 사실을 알아내고는 심포지엄에 왜 참석했느냐고 물었다. 우리는 처음부터 사실대로 얘기해 주었다. 자연히 세스를 언급하지 않을 수 없었고, 교신 기록 중 일부를 보여주기도 했다. 그런데 그는 얘기를 시작한 지 한 시간도 채 되지 않아 내가 교신이란 것을 이용하여 롭을 지배하고 있는 정신분열증 환자라고 단정했다. 그는 교신 기록을 받아들더니 마치 분노의 신이라도 된 듯이 씩씩거리며 내게 다가와 말했다.

"당신은 정말 이 모든 걸 기록해야 한다고 생각하는 겁니까?"

나는 가까스로 대답할 기회를 얻었다.

"우린 필요했어요. 롭이 받아 적었죠."

"오, 세상에!" 그는 고함을 치기 시작했다.

"그게 바로 정신분열 증상 중 하나라고요!"

"하지만 기록을 하자고 한 것은 롭이었어요."

내 말은 아무 소용이 없었다. 내가 뭔가 얘기하려고 할 때마다 그는 더욱 기세등등하게 고함을 질러댔다.

"거봐요! 지금 하는 말을 들어보라고! 당신은 지금 자신을 변호하고 싶은 거지?"

그 사건은 우리가 인스트림 박사와 두 번째 만남을 가지기 전에 벌어졌다. 그 심리학자와 헤어진 후, 우리는 잠시 짬을 내어 황량한 대학 시가지로 차를 몰다가 작은 주점에 들렀다. 그때처럼 나 자신에 대한 의심으로 가득 찼던 적은 없었다. 그 심리학자는 내 두려움을 최대한 확대 포장하여 떠들어댔으니까. 롭은 나를 위로했다.

"여보, 그 작자와는 고작 30여 분 동안 대화를 나눴을 뿐이야."

"그 사람의 말이 옳다면 어떡하지? 이후의 일은 알고 싶지도 않아. 정말 끔찍한 일일 거야. 우리 둘 다 알려고 하지 않을 거고, 또한 인정하지도 않겠지만."

"누구든 일상생활에서 감정적으로 상처를 입으면 그렇게 반응할 수 있어."

"하지만 교신은? 우리에게 그토록 많은 통찰력과 지혜를 준 교신 자료들은 어떻게 되냐고! 정말 모든 게 정신분열의 산물일까?"

대학 건물을 지나치면서 굉장히 깔끔하게 지어졌다고 생각했다. 우리 인생도 이처럼 깔끔하고 확연하면 얼마나 좋을까? 인스트림 박사의 사무실에 디디랐을 때도 롭은 나를 위로하기 위해 애를 썼다.

나는 남편을 지배하기 위해 온갖 술수를 부리는, 말 많고 지배적인 여성에 불과한 것일까? 고개를 돌려 롭을 살펴봤다. 그는 말없이 단호한 표정을 짓고 있었다.

인스트림 박사는 그 심리학자의 행동이 예전부터 초심리학자들을 열받게 만든 일반 심리학자들의 전형적인 태도라고 지적했다. 그러면서 내게서는 병적인 증세를 전혀 발견할 수 없다고 덧붙였다.

"그는 임상적인 경험을 전혀 해보지 못한 친구입니다. 그저 그 방면의 교과서들만 읽었을 뿐이죠."

그러면서 비록 안 좋은 경험이긴 하지만 그런 경험을 해보는 것도 괜찮다고 격려했다. 학계에선 영매들을 그런 식으로 좋지 않게 본다고도 했다. 나는 그런 비판을 훌훌 털어버리기로 했다.

결국 어느 정도 시간이 흐른 후에 다시 나 자신을 믿고 일을 추진할 수 있었다. 언제까지나 머뭇거릴 수는 없다고 느꼈다. 세스가 할 수 있는 일과 할 수 없는 일을 알아봐야만 했다.

인스트림 박사는 ESP 실험에 관한 초심리학자의 관점을 설명하면서 자신이 집중하는 물건을 세스가 투시력으로 알아맞히면 어떻겠냐고 제안했다. 우리는 당분간 교신이 있을 때마다 시도해보기로 했다. 매주 월요일과 수요일 저녁 10시, 박사는 자신의 서재에서 어떤 물건에 집중하기로 했다. 그와 동시에 세스는 그 물건을 알아맞히고, 투시 내용을 매주 박사에게 우편으로 보내주기로 합의했다. 나와 세스 모두 동의했다.

그런데 집에 돌아오던 중, 롭이 또 다른 아이디어를 내놓았다. 우리끼리 독자적으로 실험을 해보자는 것이었다. 박사와 관련한 실험을 진행하는 동시에, 이중으로 봉인된 봉투 속 내용물을 알아맞히는 실험이었다. 귀가 솔깃했다. 세스가 자신의 말대로 그런 일들을 과연 해낼 수 있는지 알아보고 싶었다. 인스트림 박사가 원하는 과학적 증거를 우리 역시 절실히 바랐던 것이다. 그 결과, 1965년 8월과 1966년 10월 사이에 정신을 차릴 수 없을 정도로 수많은 승리와 좌절을 경험했다. 다음 장에서 흥미로우면서도 당혹스러웠던 그해의 일들을 얘기할 것이다.

PART 7

몸은 집에 있는데
택시를 타다

The Seth Material

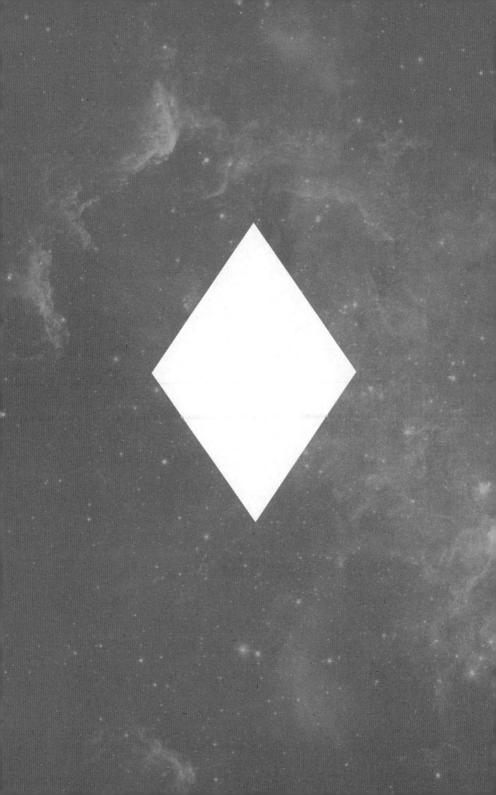

1965년 8월부터 시작됐다. 10월에 내 첫 번째 ESP 책이 나온 후, 엘미라 〈스타 가제트〉 기자인 페그 갈라거와의 인터뷰를 계기로, 같은 잡지사에서 광고 담당 차장으로 일하는 페그의 남편 빌과 좋은 친구가 되었다. 그들이 푸에르토리코로 휴가를 떠나게 됐을 때 드디어 실험을 해보기로 했다. 봉투 실험을 그들 부부로 대체한 것이다.

갈라거 부부와 연락을 끊은 채 세스에게 휴가 중인 갈라거 부부에게 주파수를 맞춰보라고 요구했다. 우리는 푸에르토리코에 가본 적도 없고 페그와 빌이 사후아으로 간다는 거밖에 몰랐다.

세스는 교신 도중에 갈라거 부부의 여행에 대해 직관한 내용을 얘기해주었다. 흔들의자에 앉아 세스로서 얘기하던 어느 순간, 택시 뒷좌석에 앉아 있는 나 자신을 발견했다. 갑자기 택시가 오른쪽으로 급회전하는 바람에 택시의 한쪽 구석으로 급격하게 몸이 쏠렸다. 겁이 덜컥 났다. 집에 편안히 앉아 있던 내가 갑자기 택시 뒷자석에 앉아 있다니!

뒤에서는 운전사의 짧고 굵은 목밖에 볼 수 없었다. 내가 급회전을 하는 자동차 안에서 한쪽 구석으로 내동댕이쳐지는 경험을 하는 동안 내 몸은 흔들의자에 앉아 세스의 얘기를 전하고 있었다.

—택시를 타고 있군요. 우리의 고양이 애호가(고양이를 싫어하는 페그에게 세스가 붙인 별명)가 웃고 있습니다. 택시비 3달러가 너무 비싸다고 생각하네요. 조금 나이 들어 보이는 택시 운전사는 짧고 굵은 목을 갖고 있습니다. 오른쪽으로 돌면 목적지가 있죠.

갈라거 부부가 휴가에서 돌아왔을 때, 우리는 세스가 전해준 정보가 아주 정확했음을 깨달았다. 그들은 실제로 공항에서 모텔로 가기 위해 택시비를 3달러나 지불했다. 거기에 대해 페그는 화가 단단히 나 있었다. 불과 2년 전만 하더라도 똑같은 코스를 가는 데 2달러도 안 들었기 때문이다. 또한 택시는 실제로 오른쪽으로 급회전했다. 페그와 빌이 그 일을 생생하게 기억하는 까닭은 운전사가 교통신호를 무시하면서 우회전을 했기 때문이다. 너무 위험할 정도로 급하게 돌았기 때문에 잔뜩 화가 났던 것이다. 하지만 택시 운전사는 나이 든 사람이 아니었다. 페그 말로는 뒤에서 보면 짧고 굵은 목이 거칠고 반점이 많기 때문에 나이 든 사람처럼 보였다고 했다.

모든 사실을 확인하고 무척 기뻤다. 택시에 탄 것처럼 상황을 목격했는데도 페그와 빌은 나의 존재를 전혀 알아차리지 못했으니까.

그 사건은 여러 가지로 흥미로운 의미를 함축하고 있었다. 우선 내가 육체 밖으로 나갔고, 세스는 내가 본 것을 정확히 설명했다. 그의 목소리와 퍼스낼리티가 내 몸을 통제하는 동안, 내 의식은 상당히 멀리 떨어진 곳까지 갔던 것이다.

하지만 세스는 내가 택시의 한쪽 구석으로 몸이 쏠렸을 때 느낀 기분에 대해서는 전혀 언급하지 않았다. 그는 느끼지 못했던 걸까?

아니면 내가 그 사건을 기억하리란 걸 알고 있었기 때문일까? 그리고 한 가지 더 궁금한 게 있었다. 내 의식이 엘미라에서 푸에르토리코까지 이동한 것이라면 시간은 어떻게 설명해야 할까? 교신은 1965년 10월 25일에 진행했지만 갈라거 부부가 택시를 탄 시각은 일주일 전인 10월 17일이었다. 그런데도 나는 마치 엘미라에서 푸에르토리코로 순간 이동을 한 것처럼 생생히 경험했다.

✳ 유체 이탈을 경험하다

다음 에피소드는 세스로부터 지시받은 대로 내적 감각을 사용했다는 점을 제외하곤 그와 직접적으로 관련되어 있지 않은 사건이다. 역시 갈라거 부부가 휴가 중이던 시기에 그들의 여행을 직관해보기로 했다. 그래서 침대에 누워 눈을 감고 페그와 빌을 발견하리라고 나 자신에게 암시를 걸었다.

다음 순간 이동 징후를 전혀 느끼지 못했는데, 불현듯 낮은 난간에 둘러싸인 좁다란 포치 위로 천천히 내려가는 나를 발견했다. 내 몸은 분명 침대 위에 누워 있었지만 이번에도 그것을 전혀 느낄 수 없었고, 내 의식은 전혀 엉뚱한 곳에 가 있었다. 주의를 돌아보니 그곳은 2층짜리 모텔의 베란다였다.

건물은 조금 특이한 방식으로 지어져 있었다. 난간 너머로 냇물이 흐르고, 그 너머엔 바다가 펼쳐져 있었다. 여기가 푸에르토리코일까? 알 수 없었다. 실내로 통하는 문은 활짝 열려 있었고, 모텔의 2층 전경이 끝에서 끝까지 펼쳐져 있었다. 그 모텔이 갈라거 부부가 묵고 있는 곳인지 궁금했다. 그 순간 내 생각이 맞았으며 복도 중앙의 문이 그들의 방으로 통한다는 사실을 직감했다. 하지만 페그와 빌의 모습은 보이지 않았다.

오전 11시에 실험을 시작하면서 11시 30분에 알람이 울리도록 시계를 맞춰 놓았다. 알람이 울리는 순간, 내 의식은 머리가 어질어질할 정도로 신속하게 몸으로 돌아왔다. 더 많은 사실을 알아내지 못한 게 너무 아쉬웠다. 모텔 간판이나 그 외 정확한 지명 같은 것을 알아냈어야 했는데 말이다.

자신할 수 없었지만 알람을 다시 30분 후로 맞춰 놓고 침대에 누워 아까의 장소로 되돌아간다고 암시를 걸었다. 이번에도 짧지만 분명한 이동 감각이 느껴졌다. 산과 하늘을 순식간에 지나쳐 다시 그 모텔의 상공에 떠 있었다. 너무 높이 떠 있어서 자세히 살필 수 없었기에 모텔 가까이 내려가보기로 했다. 아무 어려움 없이 밑으로 내려갔지만 여전히 땅에 내려서진 않았다. 한 남자가 바로 내 밑에서 약간 앞서서 걸어가고 있었다. 양복 정장에 모자까지 쓰고 서류가방을 들고 있었다. 그는 아스팔트 길을 가로질러 인도로 올라서더니 모텔 옆에 서 있는 거대한 건물로 들어갔다. 휴양지에서 그런 비즈니스 정장 차림을 하고 있다니. 그 순간 알람이 울리면서 몸으로 다시 돌아와야 했다.

흥분한 상태에서 모텔과 주변 전경을 그렸다. 나중에 갈라거 부부가 휴가에서 돌아왔을 때, 모텔과 인근 지역을 그려보게 했더니 내 그림과 정확히 일치했다! 모텔 구조나 그들의 방으로 이어지는 중앙에 있는 문까지 모든 게 말이다. 모텔의 이름은 세인트 토머스였고, 푸에르토리코 인근 섬에 있는 곳이었다. 페그와 빌은 내가 실험한 바로 그날과 그 다음 날, 그곳에 묵었다. 뿐만 아니라 내가 목격한 사내는 옷차림 때문에 그날과 그 다음 날 아침에도 빌의 관심을 끌었다. 사내가 들어간 건물은 우체국이었다.

이런 일련의 현상에 나는 깊이 매료되고 말았다. 정말 배울 게 너무 많았다. 택시 사건에서는 내가 직접 현장을 목격하는 동안 세스가 모든 것을 정확히 모사했다. 반면 모텔의 경우는 기록하고 그림을 그리기 위해서는 의식이 몸으로 돌아와야만 했다.

두 사건이 모두 진실하다고 나 자신을 납득할 만한 충분한 증거가 되었다. 이 사건들을 계기로 유체 이탈 실험을 본격적으로 하게 되었다. 지금도 그 과정을 통해 수많은 의문들의 해답을 찾고 있다. 세스도 나중에 그 방면에 대한 본격적인 가르침을 주기 시작했다. 이 책을 쓰면서 롭과 나는 세스가 가르쳐준 방법으로 유체 투영 실험을 시작했다. 그중 첫 번째 성과들은 세스와 나의 능력에 대한 자신감을 크게 향상시켜주었다.

이런 실험들은 인스트림 테스트보다 훨씬 더 재미있었다. 심지어 봉투 실험조차도 앞서 실험에 비하면 지루하고 무미건조했다. 우리는 유체 이탈 실험 자료의 사본을 인스트림 박사에게 우편으로 보냈다. 나는 모든 결과에 무척 흥분했고 빨리 박사의 답변을 받고 싶었다. 박사가 우리의 과학적인 증거 능력을 순순히 인정하진 않겠지만 그래도 정확성이 확인된 그림과 투시 기록을 제시했다는 것에 안심이 되었다. 나는 롭에게 말했다.

"아마 박사는 이 결과가 과학적으로 충분한 근거가 된다고 보진 않을 거야. 하지만 최소한 투시가 이뤄졌다는 사실은 인정하겠지."

우리는 1965년 8월부터 1966년 9월까지 75회의 인스트림 테스트와 83회의 봉투 테스트를 했다. 심령적인 활동 경력이 없는 대부분의 사람들처럼 나는 완전한 결과를 기대했다. 이제껏 세스가 자신에 대해 해온 말들이 모두 사실이라면 시간과 공간을 초월해 마치 우리가 방 안의 사물을 똑똑히 바라보듯 밀봉된 봉투 속 내용물을 쉽사리 확인할 수 있어야 한다고 말이다.

하지만 그 일이 그에게 자유를 주고자 하는 내 의지와 트랜스 상태의 깊이에 좌우된다는 사실은 미처 깨닫지 못했다. 다시 말해 다른 차원에서 흘러드는 정보를 차단하지 않는 법을 터득해야 했던 것이다. 또한 나는 사람들이 ESP는 물론, 정상적인 감각에 대해서도 잘 모르며, 그 어떤 영매도 100퍼센트 정확성을 보일 수 없다는 사실도 미처 알지 못했다. 실수가 없는 인간은 있을 수 없으니까.

그런데도 세스는 테스트를 이용해 자신의 투시력을 보여주었고, 그 과정을 통해 나를 교육했다. 그는 테스트 중에 트랜스 상태의 깊이를 자유자재로 변화시켜 나로 하여금 의식의 다양한 단계를 느끼게 했다. 더 나아가 연상 과정을 이용하여 특정한 자료를 얻는 방법을 가르쳐주었다. 테스트를 이용하여 ESP 능력을 발휘하게 했을 뿐만 아니라 의식의 초점을 변화시키는 훈련을 지속하면서 제반 설명까지 들려주었다.

평소 교신에는 롭과 나만 참석하기 때문에 봉투 테스트를 과학적인 조사 활동이라고 하기 힘들었다. 애당초 과학자들이나 심리학자들을 설득하기 위해 시작한 일도 아니었다. 교신 중에 가능한 일과 불가능한 일을 알아보고 싶었다. 우리가 제대로 해나가고 있는지 확인하고 싶었기 때문이다.

롭은 교신이 시작되기 직전이나 한두 시간 전에 봉투 테스트물을 준비했다. 테스트 물품으로는 온갖 종류의 물건이 사용됐다. 그중에는 내가 봤던 것도 있었지만 전혀 보지 못한 물건도 포함되어 있었다. 미처 읽기 못한 편지나 여러 해 전에 받은 계산서, 물건 등이다. 심지어 친구가 준비해준 봉투의 내용물은 롭도 알지 못했다. 우리는 세스가 어떤 경우에 목표물을 더 잘 인지할 수 있는지 알아보고자 했다.

물건이 들어 있는 봉투를 빛이 투과할 수 없는 판지로 감싼 다음, 다시 큰 봉투에 넣어서 봉해두었다. 나는 그 테스트가 언제 이뤄질지 몰랐고, 교신 전에는 봉투 자체를 볼 수도 없었다. 롭은 교신 중간에 내게 봉투를 전달했다. 트랜스 상태에 들어가 눈을 꼭 감고 있을 때 말이다. 그러면 나는 봉투를 이마에 갖다 대고 모습을 묘사했고, 교신이 끝난 후 내용물을 확인했다.

내 기분은 날마다 시소를 탔다! 세스가 잘 맞히면 몸이 깃털처럼 가벼워져서 금방이라도 하늘로 날아 올라갈 것 같았다. 그러나 만족스러운 결과가 나오지 않으면 매 시간 몸무게가 1파운드씩 불어서 금세 수백 파운드로 불어난 것처럼 몸이 무거워졌다. 나는 세스가 완벽한 결과를 보여주지 못한다면 그의 독립적인 존재에 대해 의심을 품을 수밖에 없다고 생각했다.

우리의 독자적인 테스트는 자신감을 길러주고, 나중에 교신 중에 이뤄질 유체 이탈을 준비해줬다는 측면에서 귀중한 가치가 있었다. 테스트와 세스의 조언은 내적 지각 작용에 대한 깊은 통찰력을 제공해주었다.

세스가 트랜스의 깊이를 변화시키는 동안 그와 나의 의식 흐름을 파악하고, 내 개인적인 연상 작용이 도움이 될 때와 장애가 될 때를 어느 정도 분간할 수 있었다. 깊은 트랜스 상태에 빠져든 영매라도 그런 내적 과정까지 알 수는 없다. 대다수 영매들은 워낙 자동적으로 돌아가는 메커니즘에 익숙해 있어서, 관련한 내적 활동들에 대해서는 잘 모른다. 세스는 그런 점에서 우리가 그들보다 훨씬 유리하다고 말했다.

세스는 교신 자료 속에 슬그머니 들어오는 내 인상을 자신의 인상과 구별하고, 내 개인적인 연상 작용의 근원을 파헤침으로써 그것들이 타당한지 아닌지를 말해주었다. 그래서 교신 중에도 수면 상태처럼 내가 의식을 완전히 잃는 경우는 거의 없었다. 상황이 어떻게 돌아가는지 알고는 있지만 순식간에 그 내용을 잊어버릴 뿐이었다. 경우에 따라 몇 초 간격으로 트랜스 상태를 들락날락거리며 세스와 번갈아 대화를 나누기도 했다. 어떤 때는 세스와 합쳐져서 내 감정과 반응이 아닌 그의 감정과 반응을 느끼기도 했다. 이런 경우, 내 자아는 뒷전에 물러나 앉아 졸면서 희미한 의식을 유지했다. 드문 경우긴 하지만 내가 전면에 나서고 세스가 뒤에서 할 말을 지시해줄 때도 있었다.

우리의 테스트는 나의 수행 능력과 세스의 수행 능력을 비교 측정하는 기준을 제공하면서 정확성을 즉각적으로 체크해 일반적인 것들에서 구체적인 것들로 초점을 맞출 수 있게 해주었다. 이 모든 훈련은 세스로부터 자료를 받는 것과 관련해 상당히 중요한 의미를 지니고 있었다. 세스는 종종 의사소통 중에 불가피하게 일어나는 의미 왜곡에 대해 언급하며 자신의 자료가 전달 과정 중에 가능한 한 변질되지 않길 바랐다.

앞서 언급한 두 가지 유체 이탈 사건들 덕분에 희망에 부풀어 1965년 가을을 맞이했다. 그 일들에 관한 인스트림 박사의 반응을 기대했다. 비록 우리의 실험이 그의 실험과 관련이 없는 것이라 하더라도 상황이 상당히 고무적이란 사실을 인정할 거라고 확신했다.

그와 관련된 테스트 결과를 매주 보냈다. 하지만 아직 거기에 대해 연락을 받은 적은 없었다. 하루라도 빨리 테스트에 대한 그의 평가를 듣고 싶었다. 인스트림 테스트 결과가 유체 이탈 실험의 절반 정도만 인정받는다 하더라도 출발이 아주 좋은 편이라고 생각할 작정이었다.

그 와중에 나는 화랑 일을 그만두고 전업 작가가 되었다. 동시에 모 유명잡지사의 문을 두드리기 시작했다. 그곳의 편집자는 내 소설에 번번이 퇴짜를 놓으면서 가능성은 있다는 말로 나를 위로하곤 했다. 결국 우편물에 내 삶을 걸 수밖에 없었다. 잡지사에서 날아올 승낙 편지나 인스트림 박사가 보내올 평가 보고서들을 기다리면서 말이다.

자칭 '콧대 센 심리학자'에게 텔레파시와 투시의 실체를 증명하고, 국내 최고의 잡지사에 소설을 팔기 위해 애쓰며, 교신 중에 독자적인 테스트를 수행하는 것은 한 해에 동시에 진행하기 조금 벅찬 일들이었다.

PART 8

1년간의 테스트

The Seth Material

그 후 11개월간, 세스는 교신 중에 주로 테스트 자료들을 다뤘다. 그는 아침 9시엔 점차 흥미진진해지는 이론들로 교신을 시작했고 저녁 10시가 되면 인스트림 박사를 위해 투시를 했다. 봉투가 준비되어 있다면 봉투 테스트에도 응했다. 독자적인 테스트까지 마치고 교신을 끝낸 후, 잠시 대화 시간을 가질 때면 테스트 결과를 평가해보려 노력했다. 그러다 보면 자정을 넘기기 일쑤였다.

앞서 두 번의 유체 이탈 사건으로 인해 자신감이 생기긴 했지만 다른 한편으로는 그런 상황들이 세스와 내게 부담을 주고 있다는 생각도 들었다. 봉투 테스트가 언제 진행될지 몰랐으며 테스트 성과가 미약할까 봐 교신 자체가 꺼려질 정도였다(성과가 없었던 적은 없었다). 그 시절엔 세스가 과연 어떤 성과를 보여줄지 믿음이 가지 않았지만 대개의 경우 그는 기대 이상으로 아주 잘해주었다.

한번은 롭이 텔레파시보다 투시에 관한 테스트를 하려고 했다. 그런데 그 테스트에서도 놀라운 결과가 나왔다. 다음 기록은 롭이 테스트 대상을 고르고 준비한 과정이다.

롭이 기록한 봉투 테스트 과정

내 작업실에는 한 무더기의 헌 신문지가 있다. 대부분이 〈뉴욕타임스〉 평일판과 주말판이다. 교신이 시작되기 직전, 신문 꾸러미를 정리하다가 내용도 보지 않고 한 페이지를 찢었다. 그런 다음 등 뒤로 손을 돌려 이중 판지와 이중 봉투 안에 들어갈 정도로 신문을 접었다. 나는 계속 딴 곳을 쳐다본 채 잽싸게 신문을 봉투 안에 넣고 뚜껑을 단단히 붙여서 봉했다. 눈을 감은 채 손을 더듬어가며 본래 신문을 내 눈에도 잘 보이지 않을 만큼 높은 책꽂이 위에 올려놓았다. 이번 물건이 〈뉴욕 타임스〉의 일부분이란 것을 제외하곤 구체적인 날짜나 내용은 전혀 몰랐다. 실험이 끝난 후, 세인이 봉투를 열어 신문 쪼가리를 꺼냈고, 나 역시 작업실로 돌아가 원래 신문을 가져왔다. 내가 찢어낸 부분은 1966년 11월 6일자 일요일판 1번 섹션의 11페이지와 12페이지였다.

세스는 그 물건에 대해 39가지 인상을 제시했다. 그중 대부분은 신문에 직접적으로 적용할 수 있는 표현들이었다.

―조금 거친 재질의 종이 제품이군요.

(신문은 조악한 재질의 종이를 사용한다.)

―회색빛 전경.

(페이지 양쪽으로 모두 회색 톤 사진이 들어가 있었다.)

―대폭적인 베풂.

(그 페이지엔 '대폭적인 할인'이란 문구가 있었다.)

―전화나 통화와 관련되어 있음.

(페이지 한쪽엔 '우편이나 전화 주문은 사절'이란 말이, 다른 쪽엔 '우편이나 전화 주문접수란 말과 함께 일련의 긴 전화번호 리스트가 있었다.)

―하나가 다른 하나와 똑같다는군요…… 두 개가 말이죠.

(페이지에는 '트윈'이란 말이 있었다. 세일 중인 담요의 크기를 가리키는 말이었다. 처음엔 그 말이 봉투가 또 다른 비슷한 봉투에 들어가 있다는 얘긴 줄 알았다.)

묘사가 모두 분명하게 테스트 대상을 가리키고 있었다. 세스는 이런 말도 남겼다.

―처분 방식…… 자국의 뭔가…… 주시자.

(원래 '주시자'가 아닌 주지사란 말을 한 것인데 평소처럼 제인이 트랜스 상태에서 한 부정확한 발음을 그대로 기록했다.)

여기까지가 롭의 기록이다. 테스트 결과를 살펴보다 이 부분에서 고민에 빠졌다. 그러다 신문을 읽어보고 의미를 깨달았다.

"와! 처분 방식이라! 그건 분명 세일즈를 말하는 거야. 참으로 기가 막힌 표현이지만!"

롭은 내 말을 듣고 신문 한쪽 구석을 가리켰다.

"이것 봐. 신문 양쪽 페이지 상단에 검고 굵은 큰 표제어로 '선거일 세일즈'란 글자가 인쇄되어 있잖아! 주지사란 말은 뉴욕주지사 선거일이 11월 9일이기 때문에 나온 단어야. 또한 '선거일 세일즈'

는 분명 '자국' 내에서 치러지지."

나는 뾰로통한 어조로 물었다.

"어째서 세스는 '세일즈'란 말을 하지 않은 걸까?"

롭은 웃으면서 말했다.

"들어봐, 우린 데이터가 나오는 방식을 이해해야만 해……."

이는 ESP가 이뤄지는 방식에 대한 훌륭한 사례다. 세일즈는 일종의 '처분 방식'이다. 그다지 간결한 표현법은 아니지만 여기엔 간결성 외에도 생각할 요소들이 많이 관련되어 있다. 세스의 표현은 해묵은 사물, 즉 관념들을 새로우면서도 실질적인 방식으로 생각하게 해주었는데 이 부분은 이번 장 말미에서 설명하겠다.

이번 테스트에서는 이 외에도 놀랄 만한 일들이 많이 일어났다. 세스는 봉투에 들어 있던 내용물을 훌륭하게 투시했을 뿐만 아니라 원래 신문에 관한 인상까지 얘기했다. 봉투에 넣지 않은 신문에는 네 가지 중요한 기사가 실려 있었는데 그중 세 가지 기사에 대한 인상을 언급했다.

―예견치 못한 결과를 수반한 사명…… 1943년…… 일리아 그리고 F와 R…… 기념행사 같은 것이 다시 벌어집니다. 목초지 같은 것과 관련돼 있으며…… 아이…… 재누아리우스.

이상의 내용은 1943년 포르투갈의 알데이아노바에 설립된 도미니코 수도회 신학교와 관련된 기사를 가리키는 것이었다. 여기서 일리아는 알데이아를 말하려고 했던 듯하다. 날짜는 정확했다.

기사는 페르난데스라는 젊은 신부(여기서 FR은 신부의 약자다)가

신학교를 현대화시킬 사명을 띠고 기금을 모으고 있다는 내용이었다. 또한 기사에 따르면 신부는 신학교에서 불과 10마일 거리에 있는 파티마에서 열릴 열다섯 번째 연례 기념제에 참가할 순례단을 조직 중이었다. 그 밖에 신학교 부지에는 농장과 포도원, 밭, 과수원 등이 있었는데 '목초지 같은 것'이란 바로 이런 땅들을 가리키는 말이었다. 마지막으로 재누아리우스는 이 일과 전혀 무관한 말 같지만 실상 개인적으로는 매우 중요한 종교적 의미를 함축하고 있었다. 초등학교 시절 내가 무척이나 좋아했던 선생님이 바로 재누아리우스 수녀님이었기 때문이다. 또 다른 인상들은 '포르투갈 죄수들의 열악한 사정'이란 제목의 기사와 관련된 것이었다. 그 기사는 크고 노후된 감옥들의 시급한 현대화를 주장하면서 포르투갈의 높은 범죄율과 유럽에서 가장 낮은 국민 소득률을 설명하고 있었다. 여기서도 세스는 탁월한 투시력을 발휘했다

테스트 결과는 내 마음속에 여러 가지 의문을 불러일으켰다. 봉투에는 신문의 일부분만 들어 있었는데 세스는 어떻게 신문 전체에서 정보를 끄집어냈을까? 내 의식의 일부가 자기 투영을 통해 이 일에 개입한 것은 아닐까?

세스는 처음에는 봉투 속 신문 섹션에 대해 별다른 인상을 전해주지 못하다가 신문 전체 내용을 들고나온 것이다. 마치 동시에 그 둘을 보듯이 인상을 전해주었다. 어째서 봉투 속 자료 내용만 투시하지 않았을까?

나중에 의문점들에 관해 세스에게 물었고 몇 가지 아주 흥미로운

대답을 얻을 수 있었다.

—일부는 언제나 그것이 소속된 전체와 연결돼 있죠. 찢겨진 섹션은 전체 신문과 연결되기 때문에 일부분을 토대로 전체를 읽을 수 있는 겁니다. 루버트가 나의 메신저로서 충분한 자유를 누리며 훈련을 잘 받았다면 신문 한 조각으로도 <뉴욕타임스> 전체 내용을 빠짐없이 전할 수 있습니다. 물론 자기 투영과는 상관없는 일입니다.

여기엔 루버트의 특성과 관련된 문제점도 있습니다. 일반적으로 말해서 감정적인 속성을 지닌 자료들은 훨씬 강한 생명력을 지니고, 보다 쉽게 인지될 수 있죠. 하지만 루버트는 자잘한 내용들을 좋아하지 않습니다(이 부분에서 세스는 미소를 지었다). 단지 그것들을 단서로 삼아서 원하는 내용을 이끌어내곤 하죠.

루버트는 신문 내용을 상세히 전달하는 데 만족할 수 없습니다. 그의 무의식적이며 습관적인 성향이죠. 나는 교신의 다른 분야…… 테스트에서 이를 유익하게 사용하고 있습니다. 피할 수 없기 때문에 활용하려고 애쓰고 있죠. 루버트의 능력은 내 능력 외에도 사용하고 거쳐야만 하는 소재입니다. 그래서 우리(세스와 루버트)는 그림을 확대시켜 상세한 내용을 끄집어내는 데 그 성향을 활용했습니다. 루버트에겐 훨씬 더 자연스런 방식이니까요.

테스트와 관련하여 세스는 이렇게 말했다.

—루버트를 가르치고 있기 때문에 그의 자연적인 관심사와 성향을 다룰 수밖에 없습니다. 그가 테스트에 대해 품고 있는 적대감은 테스트 자체보다는 상세한 내용에 집중하는 데 대한 반발심에서 나오고 있죠. 다

시 말해 상세한 내용에 집중하는 테스트를 할 땐 그의 반발을 사게 된다는 것입니다. ESP에서도 보통의 감각과 마찬가지로 퍼스낼리티의 선천적인 성향에 따라 얻는 정보의 종류가 달라지죠.

그다지 관심이 가지 않는 분야들도 있게 마련입니다. 그 방면의 지식들을 얻는 데는 초감각적 지각 능력 뿐만 아니라 정상적인 지각 능력을 사용하려고 하지 않죠. 나는 루버트가 보다 넓은 분야에 초점을 맞출 수 있도록 이끌어주고 있습니다. 내적으로 주의력을 돌리도록 그의 에너지를 변화시키는 데 도움을 주고 있죠. 그에 따라 내가 그를 정보와 연결하면 그는 자신의 기본 특성에 따라 그 정보를 활용하는 것입니다.

이번 테스트는 전혀 다른 관점에서 우리에게 많은 사실을 시사해주었다. 우리는 그것을 통해 원래의 ESP가 마치 넓은 지역을 전체적으로 살피는 것처럼 일반적인 양식으로 이뤄진다는 사실을 확신할 수 있었다. 좀 더 구체적으로 초점을 맞추고 싶다면 범위를 좁히는 과정이 필요한 것이다.

콧대 센 심리학자를 납득시킬 만한 증거

나중에 세스는 그 작업을 멋지게 해냄으로써 또 한 번 우리를 놀라게 했다. 교신은 1966년 8월 1일에 진행했는데 봉투 속 물건은 1966년 7월 15일 우리가 제제소에서 받은 영수증이었다.

롭은 거기서 폭 4피트에 길이 8피트짜리 메소나이트^{masonite}(압착 목질 섬유판) 두 판과 롤러 팬을 샀다. 판매원은 롭이 메소나이트에 그림을 그리려 한다는 사실을 알고 말이 많았다. 제2차 세계대전에 참전했을 때, 유럽의 화가가 자신의 초상화를 그려줬다는 얘기도 했다. 실제로는 한쪽 눈을 다쳤는데도 그림에서는 얼굴을 정상적으로 그려졌다고 했다. 판매원은 안경을 쓰고 있었다.

이와 관련해 세스는 다음과 같은 인상을 받았다.

─1피트짜리 정사각형.

(이 인상에 대해 후한 점수를 줬다. 롭이 차에 실을 수 있게 두 개의 메소나이트를 4피트짜리 정사각형 두 개로 양분했기 때문에 정사각형 판은 모두 네 개였던 셈이다.)

─하단 왼쪽 구석에 작은 글자나 인쇄문이 수평으로 찍혀 있습니다. 뒤에도 뭐가가 있군요.

(모두 맞는 얘기였다. 다만 작은 인쇄문은 왼쪽 구석이 아니라 그냥 왼편에 찍혀 있었다.)

─1966년…… 청구됨.

(영수증에는 발행 날짜와 1966년이라고 적혀 있었다. 그리고 그 밑에는 청구액이란 말이 인쇄돼 있었다.)

─사진 비슷한 물건과 관련돼 있음.

(우린 초상화를 언급한다고 생각했다.)

─달걀 모양이나 눈 모양, 그러니까 눈동자 같은 것이 직사각형이나 삼각형 안에 있습니다.

(판매원은 초상화나 안경과 관련하여 자신의 눈에 대해 특별히 언급했다.)

─운송과 물과의 연관성.

(운송은 우리가 웰스버그까지 10마일 정도 자동차 여행한 것을 묘사한 방식이다. 웰은 우물이란 뜻을 갖고 있는데 '웰스버그'란 지명이 영수증에 나온다. 그러니까 얼떨결에 그 단어에 대한 나의 인상이 들어간 것이다.)

─m으로 시작되는 단어 그리고 또 다른 M이 어떤 이름의 머리글자로 나옵니다.

(롭은 메소나이트를 구입했지만 판매원은 영수증에 '압착목재'란 품명을 써넣었다. 대문자 M은 영수증에 기재된 가게 이름Glenn M. Schuyler에 들어가 있었다.)

─검은색, 어쩌면 검푸른색을 띤 직사각형 물건.

(영수증은 직사각형이었고 뒷면은 검은색을 띠고 있었다.)

세스는 이와 관련하여 모두 24가지 인상을 얘기했다. 개개의 인상들은 모두 테스트 물건과 관련된 표현이었지만 일부는 관련성이 희박했다.

─죽음을 상징하는 검은색 그리고 다시 상징적으로 칼싸움과 같은 대회와의 연관성.

우리가 보기에 이 말은 판매원이 초상화를 얻은 제2차 세계대전을 가리키는 표현이었다. 이런 비슷한 인상으로 '숫자들⋯⋯ 01913'이란 표현이 있었다. 영수증의 번호는 0으로 시작되는 일련번호를 갖고 있었지만 0109가 아닌 09로 시작했다. 그리고 마지막 숫자인 1과 3은 영수증 앞면 하단에 찍혀 있었다.

이 인상들은 내가 전혀 개입하지 않은 상태에서 흘러나온 말들이다. 당시 나는 깊은 트랜스 상태에 빠져 있었다.

—물건의 상단, 위에 걸쳐져 있는 느낌.

이 표현을 전하면서 어떻게 해석해야 할지 난감했다. 세스는 내가 스스로 범위를 좁히길 바랐던 것이다. 일종의 훈련이었다.

그 말을 전할 때, 뭔가 무거운 것이 위에 걸쳐져 있다는 느낌을 받았다. 사물로 해석해야 했을까? 머리 위 지붕 같은 걸로 말이다. 아니면 날 덮치는 감정 같은 것으로 해석해야 했을까? 그 시점에선 정확히 판단을 내릴 수 없었다. 그러다 세스가 또 다른 단서를 주었다.

—위에 걸쳐 있는 부분 밑의 밝고 작은 것.

그는 다시 한번 내가 판단력을 키우길 바랐지만 나는 구체적인 자료를 찾아낼 수 없었다. 세스는 '지붕'이란 말을 이끌어내기 위해 애를 썼던 것이다. 바로 영수증 상단 제목 첫머리에 나오는 말이다. 세스는 '물건 상단의, 위에 걸쳐져 있는 느낌'이란 표현으로 정확하면서도 모호한 인상을 전해주었다.

내가 퍼즐을 완성해야 했던 두 번째 인상('위에 걸쳐져 있는 부분 밑의 밝고 작은 것')은 '롤러 팬'이란 말을 가리키는 표현이었다. 그날 롭이 산 롤러 팬은 환한 알루미늄 색을 띤 작고, 밝고, 빛나는 물건이었다.

세스는 마치 영수증의 단어들이 각기 생명을 띠고 살아 움직이는 물체들인 양 직설적으로 표현했다. 나중에 그의 인상을 해석하는데 아주 능숙해지기까지 귀중한 훈련이 되었다. 그러한 훈련을 통해 세

138

스의 의도대로 지각의 본질을 학습할 수 있었다. 테스트를 통해 우리는 ESP든 보통 감각이든 다른 모든 감각에서 비롯된 인상은 원래 비언어적이고 비시각적인 것이라는 사실을 깨달았다. 그것들은 원래 순수한 느낌으로 발생해 감각적인 방식으로 해석되는 것이다.

우리는 온갖 방법을 다 동원해 봉투 테스트를 진행했다. 〈뉴욕타임스〉 테스트에서 롭은 앞서 말한 대로 신문의 내용을 전혀 알지 못했다. 이처럼 그는 테스트 물건의 내용에 대해 알려고 하지 않았고, 심지어 테스트 시기에 대해서조차 계획하지 않았다. 친구들이 갑자기 교신 시간에 찾아와 준비해온 봉투 테스트물을 내놓기도 했다.

때때로 이런 좋은 결과를 가지고도 낙담하곤 했다. 어떤 테스트 결과는 처음엔 아주 만족스러웠다. 1966년 3월 2일, 237호 교신에서 시행했던 37번째 테스트 결과였다. 테스트 물건은 롭이 나와 함께 수상학 관련 책들을 읽고, 일주일 전 직접 뜬 손바닥 자국이었다. 이에 대한 세스의 인상은 더할 나위 없이 간결했다. 하지만 어느 날 설거지를 하다 불현듯 테스트의 문제점이 생각났다. 곧바로 거실에 앉아 있는 롭에게 가서 말했다.

"인스트림 박사는 이번 테스트 결과를 인정하지 않을 거야. 우리 둘이 수상학을 공부했다는 이유로 말이야."

"그럴지도 모르지. 하지만 우린 수많은 편지들을 테스트 소재로 이용할 수도 있었어. 게다가 필적 분석도 했잖아? 그중 한 샘플을 테스트 소재로 이용할 수도 있었다고, 아니면 당신보다 더 오래된 물건을 이용할 수도 있었지. 당신 논리대로 따지자면 우리가 무엇을 이용하든 세스가 얻는 인상 속에는 한 가지 공통점이 들어갈 수 있다고. 바로 내 손바닥에 대한 인상이지."

그의 말에 동의했지만 그 일 이후, 롭은 동시에 여러 개의 테스트를 준비해서 섞어 두었다가 교신 직전에 하나를 선택하곤 했다.

인스트림 테스트는 어떻게 된 것일까? 무엇보다도 두 가지 유체 이탈 경험에 대한 박사의 견해를 듣고 싶었다. 그러나 그는 거기에 대해 전혀 언급하지 않았다. 과학적이든 아니든 우리는 성의껏 테스트에 응했는데, 그런 결과들조차 그의 성에 차지 않는다면 어떻게 해야 그에게 인정받을 수 있을지 막막했다. 그러나 봉투 테스트의 전반적인 결과에 힘을 얻어 세스가 인스트림 테스트에서도 좋은 성과를 거두고 있으리라고 기대했다. 그래서 더 열정적으로 테스트에 임했다.

1년간 매주 두 번씩 세스는 인스트림 박사의 활동에 대한 자신의 인상을 전해주었다. 그 자료에는 이름, 날짜, 글자, 지명 등에 대한 구체적인 정보들이 들어 있었다. 그중 일부는 분명 진위를 쉽게 확인할 수 있는 것들이었다. 인스트림 박사는 자신이 의식을 집중하는 특정한 사물이 무엇인지 알아맞히길 원했다. 하지만 투시에는 감정적인 요소가 중요한 역할을 차지한다. 다시 말해 감정적인 활동에 대한 인상은 감정이 깃들어 있지 않은 사물에 대한 인상보다 훨씬 명확하게 전달된다. 그래서 세스는 특정한 사물에 대한 투시 자료도 전해주었지만 그보다는 인스트림 박사의 사생활에 대한 구체적인 정보를 더욱 쉽게 알아내는 경향이 있었다.

그 해 우리의 주된 화제는 언제쯤 인스트림 박사의 견해를 들어볼 수 있을까, 하는 것이었다. 몇 달을 기다렸지만 끝내 아무 얘기도 들을 수 없었다. 그러다 보니 혹시 실험이 끝날 때까지 아무 평가도 내리지 않으려는 게 아닌가, 하는 의심도 들었다.

도대체 왜 우리에게 얘기해주지 않는 것일까? 의구심에 시달리던 끝에 큰맘 먹고 박사에게 편지를 보냈다. 우리가 제대로 맞히고 있는지 아니면 헛다리를 짚고 있는지 알고 싶다고 말이다. 하지만 박사는 지속적으로 관심을 쏟고 있으니 테스트를 계속 진행하라고 격려하면서 불운하게도 아직 '콧대 센 심리학자를 납득시킬 만한' 증거를 발견하지 못했다며 답장을 보냈다. 그게 전부였다. 세스가 제시한 무수한 이름과 날짜, 방문객, 편지에 대해서는 언급도 하지 않았다. 모두 틀렸기 때문일까? 부분적으로라도 맞지 않았을까? 전혀 알 수 없었다. 박사는 얘기해주지 않았다.

매번 교신이 이뤄질 때마다 박사가 주파수를 맞추고 있다는 사실은 엄청난 부담이 되었다. 월요일과 수요일 저녁에 반드시 교신해야 한다는 것은 분명히 의무였다. 우리 부부끼리만 교신할 때도 더 이상 사적인 행사가 아니었다. 보이지는 않지만 인스트림 박사가 항상 참석하고 있었으니까. 인스트림 테스트를 하기 전에는 의도적으로 교신을 거부한다는 건 생각지도 못했던 일이다. 하지만 이젠 교신을 빼먹고 밖에 나가 시원한 맥주라도 마시며 박사가 그날 밤 선택한 물건을 혼자서 노려보게 만들면 통쾌하겠다 생각했다.

물론 테스트 초기부터 그랬던 것은 아니다. 그가 테스트 결과에 대해 알려주지 않자 무척 화가 났다. 우리가 쏟은 그 모든 수고와 시간이 낭비되는 것만 같았다. 어느 날 밤엔 정말 머리끝까지 화가 치밀어서 롭과 함께 근처 술집에 갔다가 교신 시간 직전에 마음을 돌려 집으로 부리나케 돌아온 적도 있었다. 결과를 알 수 없으니 인스트림 박사가 무엇에 집중하든 내 알바 아니라는 심정이었다. 결국 다른 귀중한 정보를 얻을 수 있는 시간만 빼앗긴 꼴이었다. 그러다 다시 박사에게 편지를 썼다. 우리의 데이터가 틀렸다면 더 이상 뜸들이지 말고 솔직히 얘기해달라고 말이다. 서로 시간을 낭비하지 말자고 썼다. 그러자 그는 다시 지속적인 관심을 표명하며 테스트를 계속 하자고 부탁했다. 물론 이번에도 우리가 잘했는지 못했는지 전혀 언급하지 않았다.

사실 그는 텔레파시와 투시에 대한 통계학적인 증거를 얻는 데 집착해 있었고, 우리가 그런 결과를 가져다주길 바랐다. 처음에는 나도 그 실험에 참가하게 된 것에 엄청난 흥분을 느꼈다. 하지만 테스트가 진행될수록 흥분은 당혹감으로 바뀌었다. 우리가 아는 한, 텔레파시와 투시력은 듀크대학교의 J.B. 라인 박사를 통해 거듭거듭 과학적으로 입증되었다. 네덜란드 위트레흐트대학교의 윌렘 텐하프 교수와 영매 크로이젯 같은 사람들도 유감없이 그 능력들을 실연한 적이 있었다. 해롤드 셔먼과 같은 영매들의 작업들도 여러 가지 정황으로 보아 보탬이 되었다. 그런데도 인스트림 박사는 초심리학 실험의 결과로 나온 무수한 증거와 성과 들을 모두 무가치한 것으로 도외시하는 것일까?

분명 그랬다. 게다가 우리의 테스트 결과 역시 난관에 봉착했다. 박사가 통계학적으로 평가할 방법을 찾지 못하겠다고 털어놓은 것이다. 투시의 적중이 과학적으로 인정을 받으려면 실패할 확률을 알아야 하는데 세스가 한 말들로 틀릴 확률을 계산하는 것은 거의 불가능한 일이었다.

세스는 연말 안에 박사가 미드웨스턴대학교로 자리를 옮기게 될 거라고 예견했다. 사전에 박사가 그런 조짐을 보였는지는 잘 모르겠지만 분명 그는 세스가 말한 시기에 그 대학교로 적을 옮겼다.

이런 종류의 정확한 인상들이 얼마나 확인됐는지도 알 수 없었다. 자료가 충분히 모였다면 뭔가 중요한 성과를 이룰 수도 있었을 텐데 말이다. 그렇다면 통계를 내든 안 내든 구체적인 이름이나 날짜 등의 적중률도 상당히 높았을 것이다.

우리는 1966년 갈라거 부부가 유사를 띠냈을 때도 걸까 또간은 종류의 투시력 실험을 해보기로 했다. 페그와 빌은 나소(서인도 제도, 바하마 연방의 수도)를 휴양지로 선택했는데 이번에도 카드나 편지는 물론 어떠한 수단으로도 전혀 연락하지 않았다. 그런데도 세스는 그들이 묵고 있는 곳을 알고 있었다. 1966년 10월 17일 밤, 그들이 묵고 있는 호텔을 정확히 묘사했다.

―좁고 긴 건물. 기둥들이 지붕을 받치고 있습니다. 지붕 역시 좁고 길쭉합니다. 바닥은 돌이나 시멘트로 돼 있군요. 색깔은 모래 빛입니다. 문밖엔 베란다가 있고, 모래가 가득 찬 큰 들통이 있습니다. 베란다 밑과 그 너머 그리고 해안에는 암석들이 널려 있군요. 그 바위들이 해안가에

서 급류가 흐르는 환상의 만을 형성하고 있습니다. 만이 있는 지역에는 모래가 없지만 그 좌우로는 비교적 큰 모래사장이 펼쳐져 있군요.

모두 정확했다. 갈라거 부부가 돌아왔을 때 자료의 정확성을 확인했다. 게다가 세스는 갈라거 부부가 방문한 나이트클럽을 정확히 묘사하더니 거기서 불쾌한 일이 있었다고 언급했다. 그에 대해 빌과 페그는 이구동성으로 맞장구를 쳤다. 고래고래 소리를 지르던 영국인 여행자들 때문에 갈라거 부부뿐만 아니라 다른 여행자들까지 꽤 짜증스러웠던 것이다.

─꽃들이 원형으로 둘러싼 한가운데에 계단으로 올라가는 분수대가 있군요. 왼편에는 사람들이 붐비는 오래된 2층짜리 건물들이 늘어서 있습니다.

세스는 이상하게도 페그와 빌이 방문한 곳을 구체적으로 설명하면서 표현상 실수를 하기도 했다. 모든 것이 정확했지만 꽃들 한가운데 있었던 것은 분수대가 아니라 급수탑이었다.

갈라거 부부가 나소에 가 있는 동안 모두 세 차례 교신했고, 40여 가지의 정확한 인상을 끌어낼 수 있었다. 엄밀히 말하면 한 가지 인상이 여러 가지 측면으로 이뤄져 있으므로 40여 가지보다 훨씬 더 많았다고 볼 수도 있다. 참으로 손이 많이 가는 일이었다! 기억은 오류에 빠지기 쉽기 때문에 우리는 언제나 참가자에게 나중에 확인해볼 수 있도록 신뢰할 만한 상황을 정확히 기록해달라고 요청했다.

우리는 갈라거 부부의 푸에르토리코 여행과 나소 여행을 각각 테스트 기간의 시작과 끝으로 간주하고 있다. 우리가 아는 한 세스는 자신을 충분히 증명했다.

그렇게 1년여의 작업 끝에 우리는 인스트림 박사에게 테스트 종료를 선언하면서 이유를 설명했다. 봉투 테스트도 몇 번 더 해보고 중단했다. 사실 그토록 많은 시간을 소비한 점에 대해 별로 유감스럽지는 않았지만 이제라도 테스트를 끝낸다는 것이 기뻤다.

지난 1년여 동안엔 마치 적의 공격을 받는다는 마음가짐으로 일주일에 두 번씩 테스트에 임했는데, 상당히 불편한 일이었다. 머리로는 테스트의 필요성을 인정했지만 가슴으로는 싫었다. 세스는 개의치 않았다고 해도 나는 마땅히 해야 한다는 생각에서 억지로 테스트를 진행한 것이다. 뭔가를 입증하기 위해 의식적으로 노력할 때가 아닌 자연스런 상황에 따라 혹은 누군가의 필요에 응할 때, 최고의 ESP 사례를 얻을 수 있다는 것은 분명한 사실이었다. 물론 인스트림 박사로부터 검증을 받지 못했다는 점도 실망스러웠다. 한편으로는 우리 자신도 더 이상 그런 것을 원치 않았다. 마음이 너무 상해서 테스트 결과에 더 이상 신경을 쓰지 않게 되었다.

이제 우리는 세스의 교신 자료에 온전히 집중할 수 있게 되었다. 테스트로부터 자유로워진 후로 교신도 차차 제자리를 찾아갔다. 수많은 놀라운 일들이 우리를 기다리고 있었다. 처음부터 세스와 내 능력을 믿었다면 훨씬 수월하게 넘어갔을 일들이었다. 사실 ESP 실험을 하는 동안에도 많은 사건들이 일어났다.

교신을 시작한 지 얼마 되지 않았을 때, 롭이 환시나 이미지 들을 보기 시작했다. 그중 일부는 주관적인 것이었지만 3차원적이며 객관적인 것들도 많았다. 그 속에서 본 사람들을 롭은 그림의 모델로 삼기 시작했다. 덕분에 이제 거실은 모르는 사람들의 초상화로 가득 차게 되었다. 세스에 따르면 그중 일부는 전생의 우리 모습이었다. 이 책에 실린 세스의 모습 역시 롭이 환시 체험을 한 후 그린 것이다(그 후 친구들과 수강생들이 종종 그림 속 모습으로 세스를 보곤 했다).

롭은 기억력이 아주 좋았다. 무엇이든 일단 한 번 보면 똑똑히 기억하고 있다가 자신이 원할 때 그 이미지를 되살려낼 수 있었다. 그에 비해 내 기억력이나 시력은 형편없었다. 롭은 직업적인 화가이며 탁월한 삽화가이자 디자이너다. 그럼에도 세스는 교신 중에 롭에게 미술 기법과 철학에 대해 훌륭한 조언과 정보를 제공했다. 나 역시 취미 삼아 그림을 그리긴 했지만 미술을 제대로 공부한 적이 없어서 원근법도 모르는 유치한 수준에 머물러 있었다. 롭은 내게 원근법을 가르치려 했지만 결코 쉬운 게 아니었다. 반면에 세스는 롭에게 안료를 섞고 사용하는 방법을 가르칠 정도였다.

어떤 교신에서 롭은 세스의 조언에 따라 근사한 그림을 그렸다. 역시 롭의 '사람 시리즈', 즉 모르는 사람들의 초상화 시리즈에 포함되는 그림이었다. 롭은 교신이 끝나고 며칠 후에 갑자기 영감을 받아 세스가 가르쳐준 기법을 사용해 그림을 그렸다.

─초상화를 그릴 땐 그 사람을 뭇 생명의 중심으로 상상하십시오. 그러면 그림이 완성됐을 때, 자동적으로 그 사람이 일부분으로 속해 있는 전체 우주가 나타날 것입니다. 그 무엇도 따로 떨어져서 존재할 수 없습니

다. 바로 옛 대가들이 잘 알고 있던 비밀이죠.

그들은 아주 작은 부분을 통해 그것들이 속해 있는 전체, 즉 우주 에너지를 전하는 영적 우주의 실상을 표현할 수 있었습니다. 당신에겐 엄청난 재능이 잠재돼 있습니다. 이를 최대한 사용하십시오.

오일은 땅을 암시합니다. 어떠한 대상을 그리든 그것으로 영속성의 물리적 양상 혹은 인체의 육체적 지속성을 나타내십시오. 또한 투명 유화물감으로는 언제나 끊임없이 새롭게 솟아나는 무형의 에너지를 표현하십시오. 당신이 그린 내 초상화는 내 말을 듣고 있는 듯한 무형의 청중들을 암시한다는 점에서 흡인력을 갖고 있습니다. 그들은 인류를 나타내죠. 그림 속 인물은 전체 인류와 그들을 지탱하는 세계를 암시합니다. 비록 그림 속에 잘 나타나지는 않았지만 말이죠.

이러한 기법과 철학은 약간 밝은 보랏빛이 감도는 황갈색 안료로 피부를 표현했던 화가로부터 나온 것입니다. 그는 투명한 황토색 위로아 색조가 약한 녹색 안료를 솜씨 있게 덧바르곤 했죠. 그가 표현한 얼굴색은 마치 바람이 휩쓸고 지나간 것처럼 가벼운 톤을 갖고 있습니다.

교신이 끝난 후, 롭은 그런 지식은 결코 자신의 것이 아니라고 말했다. 그의 마음은 그런 쪽으로 작용하지 않는다는 것이었다. 롭은 초상화에 색조를 그런 식으로 덧바르는 기법을 사용한 적이 없다가 교신이 끝나고 며칠 후 다시 '생각나' 그림에 응용했다. 나중에 세스는 그에 관한 정보를 추가로 전해주었다. 우리는 이런 식으로 아직도 미술, 미학, 화법에 관한 자료들을 축적하고 있다.

세스는 화가의 정체에 대해 약간의 힌트를 주기도 했다. 지금까지 그가 한 말에 따르면 그 화가는 14세기 덴마크나 노르웨이 사람이며, 가정의 일상적인 그림이나 정물화로 잘 알려져 있다고 한다. 우리는 다른 교신에서 그의 이름뿐만 아니라 미술에 대한 다른 정보가 나오리라는 얘기를 들었다. 세스는 롭이 현재도 새로운 화법으로 그 화가의 초상화를 그리고 있을 뿐만 아니라 앞으로도 그와 그의 환경을 화폭에 담을 거라고 말했다.

그동안 롭은 전생에 자신과 개인적으로 연관된 인물들을 초상화의 모델로 삼아왔다. 그중 일부는 아직도 신원이 밝혀지지 않았지만 모델들의 범위가 점차 확대되고 있는 것은 분명하다. 우리는 최근에 그린 초상화 속 젊은이가 누구인지 알지 못하고 있었다. 그러다가 수강생인 조지가 초상화를 보고, 그 모델이 자동 기술을 통해 자신과 교신해온 베가라고 주장했다. 세스는 그 사실을 확인해주면서 베가는 또 다른 현실 차원에 있는 그의 학생이라고 밝혔다.

이처럼 교신은 평소대로 지속했지만 우리는 세스와의 교신을 통해 전과는 다른 체험(롭의 환시 같은 것)을 하기 시작했다. 세스는 우리가 새로운 자유를 만끽하면서 자신감과 훈련의 수준을 높일 수 있도록 교신 중에 나를 캘리포니아로 보낸 적도 있다. 그와 롭이 뉴욕의 엘미라에 있는 아파트 거실에서 대화를 나누는 동안 말이다! 봉투 속 내용물을 알아맞히는 것보다 훨씬 재미있었다! 이번엔 전혀 낯선 사람들이 증거를 찾는 나의 끝없는 갈망을 충족시켜줄 체험에 참여했다.

PART 9

심리학자와 세스, 존재에 대해 논하다

The Seth Material

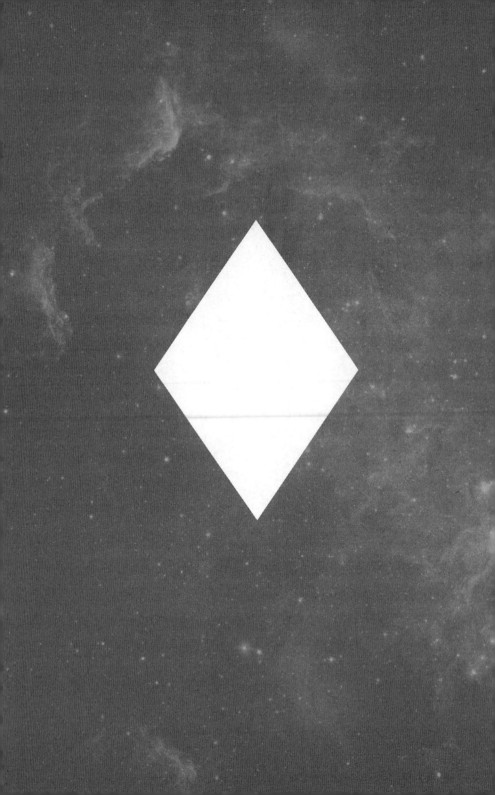

우리가 아직 테스트에 전전긍긍하고 있던 어느 날, 어떤 신문기사를 읽고 깜짝 놀랐다. 당시 노스캐롤라이나주립대학교에서 강의를 하는 유진 버나드 심리학 박사가 유체 투사astral projection를 긍정적으로 생각한다고 공식적으로 발표했기 때문이다. 그는 자신의 의식을 육체 밖으로 투사했으며 결코 환각이 아니었다고 주장했다. 그 기사는 초심리학 분야에서 그가 추진해온 연구 활동에 대해서도 자세히 설명하고 있었다.

스스로 유체 여행 실험을 하는 심리학자가 있다는 사실에 무척 고무되어 곧바로 편지를 써서 보냈다. 버나드 박사는 한동안 우리와 편지를 주고받다가 1966년 11월에는 아내와 함께 우리를 찾아왔다. 그와는 정말 얘기가 잘 통했다. 그에게는 뭔가를 증명할 필요가 없었다. 그는 그것이 얼마나 어려운 문제인지 잘 알고 있었고 오히려 세스의 진실성에 대해 확신을 얻고 싶어 했다.

우리는 장시간에 걸쳐 아주 매혹적인 교신을 했다. 버나드 박사는 세스에게 여러 가지 전문적인 지식에 대해 질문을 던졌는데, 그때 자주 언급했던 동양의 비의적인 이론들은 나에게 굉장히 생소한 분야였다. 그는 영국 리즈대학교에서 철학박사 학위를 땄고, 케임브리지대학교에서 심리학을 전공했다. 그는 동양 철학과 종교에 대해 해박한 지식을 갖고 있었다. 그런데도 세스는 그에게 전혀 밀리지 않았을 뿐만 아니라 오히려 박사의 전공 분야 용어까지 사용하며 유쾌하고 우아하게 승리를 거두었다.

버나드 박사와 세스의 교신 분량은 14장 정도다. 하지만 배경지식을 자세히 설명하지 않고 내용만 소개하는 것은 거의 무의미하다. 그래서 여기에는 교신 끝부분만 맛보기로 실어놓았다.

✳

생각과 현실의 연관성을 이해하는 것이 중요하다

버나드 박사는 세스와 이야기를 나누던 중 존재 자체가 아름답고 거대한 농담이라고 언급했다. 그러자 세스는 이렇게 말했다.

—농담이 아닙니다. 그것은 전체Whole가 자신을 알아내는 수단이죠. 하지만 농담이란 말은 참으로 적절한 표현입니다. 육체적 세계가 환상이란 사실을 깨달으면 감각적인 데이터를 경험하지 않게 되죠.

"스스로 만들어낸 환상을 경험할 수 없단 말인가요?"

—물론 환상을 경험할 수 있습니다. 하지만 환상이 더 이상 환상이 아니게 되죠. 항상 자신보다 앞서서 달려가는 셈이니까요.

"하지만 갈 데는 없습니다."

—갈 데를 모르는 것뿐이죠. 당신은 자신이 존재하는 자리에 가지 못한다고 생각하는 것입니다.

"달리 갈 데가 있단 뜻입니까?"

─없으면서도 있죠.

"달리 환상이 아닌 다른 곳이 있단 말인가요?"

─있습니다.

"어떻게 그 차이를 알 수 있죠? 마음으로 창조한 것이 아닌 현실과 환상을 구별할 수 있는 방법이 있습니까?"

─지금 당신은 방법을 모를 뿐입니다. 어느 단계에 도달하면 당신의 의지에 따라 '현실과 환상'을 경험할 수 있습니다. 다만 '현실과 환상'을 경험하는 자아 자체가 실체임을 압니다. 그것이 유일한 현실이고 자신의 환경을 스스로 창조하기 때문에 더 이상 갈 곳은 존재하지 않죠.

"그건 내가 지금 여기에 존재한다는 얘기로군요."

─그건 당신의 관점입니다.

"당신의 관점이기도 하죠."

─내 마지막 말을 주의 깊게 잘 생각해보십시오.

"원점으로 다시 돌아온 셈입니다. 나는 자신이 창조한 현실 속에 있습니다. 달리 갈 곳도 없이 말이죠."

─그럼에도 여전히 이러한 환상 중 어느 하나라도 경험할 수 있어야 하고, 그것이 환상이라는 것을 알면서, 환상의 본질에 대해 속속들이 파악하고, 기본적인 실체가 자기 자신임을 알아야 합니다. 달리 갈 곳은 없습니다. 왜냐하면 그런 식으로 말하자면 당신 자신이야말로 모든 '갈 곳'이기 때문입니다. 내가 오늘 저녁에 한 말 중에서 가장 중요한 말은 그 농담이 적절하다는 말이었죠. 당신은 자신의 세계 속에서 모든 살아

있는 것들의 본질과 경험을 탐구할 수 있을 만큼 자유로워야 합니다. 그것이 바로 자기 자신임을 깨닫고, 마침내 그 세계를 떠나는 것입니다. 반드시 직접적인 체험이어야 하죠.

"하지만 난 모든 세계에 동시에 있으므로 세계를 떠난다는 것은 불가능합니다."

─난 지금 당신의 육체적인 조건에서 얘기하고 있습니다. 하지만 그런 조건에서조차 당신은 여전히 다른 세계들을 상대하고 있죠.

"선택의 여지가 없으니까요."

─설명하기 쉽게 연속성의 관점을 사용하자면 먼저 적응 기간이 있습니다. 그 기간이 지나면 당신은 다른 세계는 전혀 존재하지 않는 듯이 주어진 세계에 완전히 몰입하게 되죠. 일반적으로 가치 성취는 이런 식으로 이뤄집니다. 물론 몰입한다고 해서 당신이 다른 세계들에 동시에 존재하지 않는 것은 아닙니다. 다만 환상의 깊이를 철저히 탐구해야 한다는 뜻이죠.

"환상에 깊이란 없습니다."

─깊이는 스스로 창조하는 것입니다.

"맞습니다. 그렇게 창조하는 과정을 통해 탐구가 이뤄지죠. 결국 원래 탐구할 것은 없다는 얘기입니다."

─탐구는 필요하죠. 어떤 게임들은 필요하며 언제나 타당합니다.

"게임의 목적은 노는 것이지 창조하거나 탐구하는 게 아니지 않습니까?"

─그런 식으로 말하자면 당신 자신이 바로 게임입니다.

"다른 식으로 말해도 그렇죠."

―당신은 자신의 한계를 창조하고 있습니다.

"정말로 하나 이상의 관점이 존재한단 말입니까?"

―그렇습니다. 당신은 다양성을 인정하지 않고 있지만.

"동일한 것의 다양한 환상이라면 기꺼이 인정할 수 있습니다. 이를테면 당신과 나와 같은…… 모두가 하나죠."

―자기 배반이란 있을 수 없습니다.

"맞습니다. 다른 사람에 대한 배반도 불가능하죠."

―하지만 자기 배반에 대한 생각은 왜곡을 초래할 수 있습니다.

"그런 왜곡도 시바 신의 게임 중 일부분이죠."

―난 그것을 사랑의 노력이라 부르고 싶군요.

"물론입니다. 짓이겨진 아기의 시신 위에 서 있는 시바 신의 조각상을 생각해보십시오. 비극의 환상 속에 사랑으로 참여한 것이죠. 심지어 자기기만의 환상 속에 말입니다."

―당신은 스스로 많은 단계를 단축시키려 하고 있군요.

"하지만 본래 단계란 존재하지 않잖습니까?"

―지금의 당신에겐 단계들이 존재합니다.

"그것들은 환상이 아닌가요?"

―분명히 환상이죠.

"그것들이 스스로 창조한 인위적인 장애물들이라면 분명 없애버릴 수도 있습니다."

―이론적으론 그렇죠. 하지만 실제적으론 자신의 발밑을 조심해야 합

니다.

"맞습니다. 그건 내면의 부처가 할 일이죠."

—앞서의 장애물들은 우리가 쉽게 해줘야 할 연약한 어린아이들이기도 합니다. 그들이 소똥이라 하더라도 동정해야 하죠.

"우리가 그들을 사랑해야 하는 이유는 그들이 바로 우리 자신이기 때문입니다."

—더도 덜도 아닌 자기 자신만큼만 사랑할 수 있는 법이죠.

"그러기 위해서는 눈을 크게 뜨고 짧은 한 걸음밖에 남지 않았다는 사실을 깨닫는 것입니다."

—당신은 지금 게임을 벌이고 있습니다.

"물론이죠. 그건 당신도 마찬가지죠. 시바 신은 게임을 벌이고 있습니다. 하지만 시바 신이 자기 자신 외에 누구겠습니까?"

—당신은 진정 자기 자신과 게임을 벌이고 있습니다. 하지만 그것은 부적절한 게임일 수도 있죠. 공경하는 마음가짐으로 임해야 할 것입니다.

"누구를 공경해야 한다는 거죠?"

—자기 자신이죠.

"좋습니다. 적어도 우리는 상반된 목적을 갖고 있진 않군요."

—성스런 불경과 경솔한 불경이 있습니다. 당신은 지금 하나의 게임을 벌이고 있죠. 그 둘은 하나입니다. 이 사실을 철저히 알아두는 것이 좋죠.

버나드 박사는 친절하게도 출판사에 편지를 보내 교신(303호 교신)에 대한 자신의 의견을 들려주었다. 더 나아가 가명 뒤에 숨지 않

고 자신의 실명을 사용하도록 허락해주었다. 그는 편지에서 이렇게
말했다.

당시 나는 내가 그간 상당히 많은 관심을 쏟아온 반면, 세스로선
그나마 관심을 가질 만하고, 제인에겐 전혀 생소한 분야의 주제를
선택했죠. 제인이 날 우롱할 수 없을 정도로, 그러니까 무의식적으
로라도 자신의 지식과 정신적 활동을 세스의 것으로 내세울 수 없
을 정도로, 복잡하고 어렵게 대화를 이끌어갔던 것입니다.

그날 저녁 일을 요약한다면 나보다 훨씬 우월한 지성, 지식 그리
고 재치를 지닌 퍼스낼리티 혹은 지성체와 즐거운 대화를 나눴다
고 말할 수 있죠. 서구식 과학적 전통에 따른 심리학자의 관점에서
본다 하더라도 제인 로버츠와 세스가 동일 인물 혹은 동일한 퍼스
낼리티, 즉 똑같은 인격체의 각기 다른 측면들이라고는 믿을 수 없
습니다.

교신이 끝난 후에도 롭과 나, 버나드는 유체 이탈 경험을 얘기하
며 즐거운 시간을 보냈다.

그가 떠나고 얼마 후 《당신의 ESP 능력을 개발하는 법》이 출간
되었다. 비록 폭발적인 반응은 아니지만 독자들의 편지도 날아들기
시작했다. 바로 그런 초기 편지 중 하나가 또 다른 유체 이탈을 일
으킨 원인이 되었다.

✳
초의식의 상징이 일으키는 변화들

1967년 5월 3일, 페그와 빌은 월요일 저녁 교신 시간에 우리 집에 들렀다. 그들과 함께 잡담을 나누다 재미있으면서도 도전적인 편지에 대한 얘기를 꺼냈다.

"발신인은 캘리포니아에 사는 형제죠. 그들은 세스가 자신들에 대해 투시력을 발휘할 수 있는지 알고 싶어 해요."

"답장을 보낼 거예요?" 페그가 물었다.

"간단한 엽서를 보내서 관심을 가져준 데 대해 감사할 거예요. 세스는 원하는 일만 하죠. 이번 일로 그가 뭔가를 보여주리라곤 생각지 않아요."

하지만 세스의 반응을 예측할 때면 종종 그랬듯이 이번에도 뜻밖의 결과가 나를 기다리고 있었다. 339호 교신이 시작되자마자 곧바로 별 감각을 느끼지도 못한 채 몸을 떠났다. 그리고 어느새 남부 캘리포니아로 보이는 어떤 지역의 상공을 떠다니고 있었다. 그때 세스는 우리 집 거실에서 내가 보는 장면을 묘사하고 있었지만 그의 목소리는 내게 희미하게만 들렸다. 마치 통화감이 좋지 않은 장거리 전화를 받고 있는 것처럼.

세스가 메시지를 전하고 있었기 때문에 롭에게 내가 유체 이탈을 했다는 사실을 어떻게 알릴지 난감했다. 나는 세스가 묘사하고 있는 장소를 내려다보고 있었다. 다행히 그곳을 더 잘 볼 수 있는 위치로 몸을 움직일 수 있었다. 하지만 거실에 앉아 있는 내 몸과는 완전히 단절돼 있었다.

—그 형제 집 마당에 레몬 나무들이 자라고 있습니다. 그리 새집 같지는 않군요. 벽은 연분홍색이고 침실이 두 개가 있습니다. 형제는 부엌에서 위저보드를 사용하곤 합니다. 집은 동네의 오른쪽에 자리 잡고 있죠. 근처에 개천이 흐릅니다. 수풀이 우거졌고, 목제 기둥과 전선이 보입니다.

이쯤에서 롭은 정보가 너무 구체적이기 때문에 혹시 유체 이탈이 이뤄진 것이 아닌지 의심하기 시작했다.

"지금 그곳에 가 있는 겁니까?"

—어느 정도는 그렇습니다. 모래 언덕 같은 것들이 있네요. 이제 위치를 바꿔보겠습니다. 자, 이제 집을 정면으로 바라보고 있군요. 오른쪽으로 차고 비슷한 건물이 있고, 그 뒤로 개천으로 이어지는 다른 건물들이 있습니다. 개천 건너편엔 모래 언덕과 해변이 펼쳐져 있죠. 지금은 밀물 때입니다.

그 순간 나는 공중에서 위치를 바꾸고 있었다. 내가 아는 한, 현장에 나와 있는 사람은 세스가 아니라 나였다.

"그곳은 지금 몇 시인 것 같습니까?"

그때 엘마라는 저녁 9시였다.

—초저녁입니다. 목제 기둥은 폭이 좁고 지붕 정도 되는 높이에 꼭대기가 직사각형이죠.

세스는 몸짓으로 롭에게 기둥의 모양과 크기를 설명했다. 그 사이에 나는 기둥들 위를 떠다니며 살펴보았다. 하지만 도대체 그 기둥이나 직사각형 상단의 용도가 무엇인지 알 수 없었다.

─왼쪽으로 만이 형성되어 있습니다. 여기서 굽어 들어가면서 만곡부를 이루다가 다시 돌출해 나옵니다.

세스는 이 말을 하면서 다시금 몸짓으로 해안선을 설명했다. 그는 또한 그들 가족의 이름이 외국계 같지 않지만 사실은 외국과 강한 연관성을 가졌다고 지적하면서 가족의 역사와 구성원들에 대해 언급했다.

나중에 롭은 교신 내용의 사본을 형제에게 보내주었다. 형제는 거기에 대한 평가를 녹음해 우리에게 보냈고, 나중엔 서류에 서명까지 했다. 그들의 집에 대한 세스가 알려준 정보는 각 건물 위치나 해안선 모양 등 모든 점에서 사실과 완전히 일치했다.

그 형제는 내가 전혀 가본 적이 없는 출라 비스타에 살고 있었다. 내가 본대로 그들은 침실 두 개가 있는 분홍색 집에 살고 있었고, 샌디에이고 만에서 반 마일 정도 떨어진 곳이었다. 인근에 펼쳐진 수많은 모래 둔덕 곳곳에는 목제 기둥들이 세워져 있었다.

그들 가족은 호주에서 왔으며 다시 그곳에 돌아가고 싶어 했다. 이 책에 언급하지 않은 다른 많은 인상 중엔 사실과 일치하는 정보도 있었지만 틀린 것도 있었다. 이를테면 세스는 그들의 어머니가 죽었다고 했지만 살아 있었다. 다만 그녀는 다른 가족들과 감정적으로는 단절돼 있었고 집에 잘 있지도 않았다.

이 체험은 유체 이탈 중 나와 세스의 관계에 대한 갖가지 의문을 불러일으켰다. 어떻게 보면 그는 내 육체에 있었고, 나는 밖에 나가 있었다. 하지만 이는 사실을 지나치게 단순화시킨 논리라고 확신한다. 우리는 아직도 그런 의문들에 대한 교신과 연구를 통해 정보를 축적하고 있다.

나는 사물의 본질에 대한 다른 사람들의 말을 쉽게 받아들이는 편이 아니다. 언제나 사실을 스스로 파헤치고 싶었다. 자신의 체험에 대해 그 누구도 나만큼 비판적일 수는 없을 것이다. 앞서의 사건 이후에도 나는 종종 육체 밖으로 나갔고, 그때마다 사실을 확인했다. 세스는 이 일에 관해 어떻게 나를 도와주는 것일까? 내 의식이 대륙을 횡단하는 동안 그는 어떻게 해서 내가 지각하는 사실들을 알 수 있을까? 그런 궁금증들은 내 흥미를 더욱더 불러일으켰다.

한 가지 분명한 사실은 그가 장난을 잘 친다는 점이다. 예고도 없이 나를 '밖'으로 내보내는 식으로 말이다. 다만 나는 테스트 받는 것 같다거나 결과를 예측할 겨를도 없었기에 일을 훨씬 잘 해낼 수 있었다(그런 면에서 그는 훌륭한 심리학자다!).

이러한 체험과 새로운 자신감은 나중에 다른 발전들을 가능하게 했다. 그 시절엔 낯선 사람들이 편지를 보내 이런저런 일로 급하게 도움을 요청했다. 세스는 몇몇 사람들에게 탁월한 투시력을 발휘해 훌륭한 조언을 했다. 가끔 한두 명 손님이 들르긴 했지만 월요일과 수요일의 교신은 세스로부터 이론적인 자료를 얻는 사적인 모임이 되었다. 또한 그는 때때로 내 ESP 학생들에 대한 교신을 열어 실제적인 측면들을 다루기도 했다.

필립은 우리의 사적인 교신에 거의 정기적으로 참석해 세스로부터 사업상 조언이나 정보를 얻곤 했다. 그는 세스의 조언을 통해 특정 주식의 동향 같은 것을 정확히 예측하면서 세스의 적중률을 기록했다. 그런 예측 범위 중 어떤 것은 몇 년에 걸친 것도 있지만 필립이 아는 한 세스는 많은 항목에서 정확한 정보를 제시했다. 물론 그렇다고 해서 세스가 점쟁이처럼 원하는 사람들에게 마구잡이로 조언을 제공한 것은 아니다. 그는 언제나 각자 스스로 판단을 내려야 한다고 말했다.

우리는 교신 중에 무슨 일이 벌어질지 정확히 알 수 없으며, 세스는 그런 우리를 자주 깜짝 놀라게 만들었다. 그날 밤도 필립은 언제나처럼 연락도 없이 불쑥 찾아왔다. 그는 월급이 올랐다며 즐거워했다. 교신이 시작되자 세스는 곧바로 싱글거리면서 인상된 액수를 정확히 밝혔다. 그리고 필립이 술집에서 들었던 이상한 목소리에 대해 아는 것이 없냐고 물었다.

―남성의 목소리가 아니었나요?

"그렇습니다."

―그런데도 목소리의 주인공이 누구인지 몰랐단 말입니까?

"당신의 목소리였단 말인가요? 너무 엉겁결에 들어서 생각할 시간도 없었다고요."

필립이 빙그레 미소를 지으며 대꾸하자 세스 역시 유쾌한 표정으로 고개를 끄덕였다.

첫 번째 휴식 시간 중에 필립은 상황을 설명해주었다. 한 달 전, 그는 동네 술집에서 젊은 여자와 대화를 나누고 있었는데 갑자기 그의 귓전에 크고 분명한 남성의 목소리가 들렸다.

─안 돼요. 안 됩니다.

목소리는 아주 단호했고, 마치 필립의 머릿속에서 나오는 것 같았다. 전에는 결코 겪어본 적 없는 일이기에 필립은 깜짝 놀라서 여자에게 적당히 구실을 대고 황급히 술집을 나왔다. 세스는 자신의 목소리였다는 사실을 인정한 것이다.

─그 여자는 자신과 접촉하는 모든 사람들에게 재앙을 미칠 정도로 소유욕이 강한 사람입니다. 당신을 위하는 척하면서 실상은 자신과 다른 남자 사이에 당신을 이용하려고 했고, 결국 불쾌한 상황이 초래됐을 것입니다. 다행히 당신이 내 말을 들었기 때문에 미래가 바뀐 것이죠.

그런 다음 세스는 그 여자에게 자식이 하나 있고, 깊은 관계를 맺고 있는 남자가 따로 있다는 얘기도 들려주었다. 세스에 따르면 그 남자는 기계와 관련이 있고, 여자는 가톨릭 신자라고 했다. 그리고 필립이 물어보지도 않았는데 세스는 그 여자의 주소까지 알려주었다.

─그녀는…… 도시 북동부 지역의 빈민가…… 한가운데의 서너 번째 주택에 살고 있는데…… 그곳은 그녀를 만난 술집에서 서쪽으로…….

필립은 그 여자의 이름 외엔 아무것도 몰랐다. 이튿날 필립은 술집에 들러 그 여자에 대해 물었다. 바텐더로부터 알아낸 주소로 찾아가보니 세스의 정보가 모두 사실이란 걸 확인할 수 있었다. 북동부 지역 빈민가, 끝에서 세 번째 집, 가톨릭 신자, 자식이 하나 있고 기계공은 아니지만 자동차 세일즈맨과의 깊은 관계까지.

필립은 다시는 그 술집에 가지 않았다. 롭과 나는 이 사건을 어떻게 해석해야 할지 난감했다. 분명 세스의 독립적인 존재성에 대한 증거가 아니고 무엇이겠는가? 필립의 환청을 세스가 이용한 것이 아니라면 말이다. 그러나 사실이 그렇다 하더라도 세스는 필립도 전혀 모르고 있던 그 여자에 대한 자세한 정보를 알고 있어야 했다. 이는 미래를 바꿀 수 있다는 말이다.

— 사건은 결코 예정되어 있지 않습니다. 여러분은 매 순간 미래를 바꿀 수 있죠. 여러분의 모든 행위가 다른 모든 행위를 바꿉니다. 나는 다른 차원에서 상황을 폭넓게 바라볼 수는 있지만 여전히 가능성만을 볼 수 있을 뿐이죠. 필립이 술집에서 여자와 대화를 나누고 있을 때, 난 그다지 바람직하지 않은, 변화가 가능한 미래를 보았던 것입니다. 그래서 여러분과 내가 그 미래를 바꾼 것이죠.

여러 사람들이 세스가 자동 기술을 통해 자신들과 교신하고 있다고 말했지만 세스는 자료의 완전성을 지키기 위해 교신 대상은 나로 한정하고 있다고 부인했다. 하지만 그는 때때로 친구들이 어떻게 지내는지 들여다보곤 한다는 말도 빼놓지 않았다.

ESP 강의에 참석한 적이 있는 브라이언 부인은 신문에서 내 책에 대한 기사를 읽는 순간, 심한 두통을 느꼈다. 기사에는 교신 내용의 일부와 세스의 초상화가 실려 있었는데, 그것을 본 순간 세스가 마치 곁에 와 있는 듯한 느낌을 받았다고 한다. 동시에 세스의 것으로 추정되는 내면의 목소리가 자신에게 너무 의기소침해 있다면서 자리에서 일어나 산보라도 나가라고 말했다. 그렇게 한다면 당장 몸이 좋아질 거라면서 말이다.

브라이언 부인은 깜짝 놀라서 목소리의 조언을 따랐다. 그러자 곧바로 두통이 사라졌다고 한다. 이튿날부터 몸은 지난 6개월간보다 훨씬 더 좋아졌다. 걷기 시작하면서 다시 젊음을 되찾은 느낌이 들었다. 그 얘기를 들었을 때, 나는 그저 고개를 끄덕이며 미소를 지었다. 솔직히 달리 무슨 말을 해야 할지 몰랐다.

우리는 세스에게 브라이언 부인에 대해 물어봤다. 그러자 그는 브라이언 부인이 자신을 그의 내적 자아의 상징으로 이용한 것이라고 말했다. 조언을 들려줄 뿐만 아니라 도움과 치료의 영향력을 전달하는 초의식의 상징으로 말이다. 부인은 그 체험을 통해 자신의 능력을 자유롭게 사용할 수 있었다. 세스에 대한 관념이 치유력을 발동시킨 것이다. 세스는 다른 사람들이 자신에 대한 생각을 통해 그런 식으로 영감을 얻고, 창조력을 발휘한다는 얘기를 들을 때마다 무척 기뻐했다.

그러면서도 사람들이 자신을 무조건 의지하려는 것을 경계하며, 교신 자료 자체가 그들이 스스로를 더욱 잘 이해하고 현실을 재평가하며 바꾸는 데 쓰일 수 있는 유익한 수단이라고 주장했다. 그래서 때때로 사람들이 교신을 통해 도움을 얻고, ESP를 체험하긴 했지만 교신의 주된 초점은 어디까지나 교신 내용 자체에 맞춰져 있었다. 우리도 교신의 진정한 의미가 바로 거기에 있다고 생각했다.

다시 말해 ESP 능력을 발휘하는 것보다는 교신 내용에 훨씬 많은 관심을 쏟고 있었다. 우리는 그것이 ESP나 다른 지각 작용에 대해 훌륭한 설명을 제공하고 있으며, 그것이야말로 핵심이라고 생각했다. 세스는 현실의 본질과 그 속에서의 인류의 위치에 대한 중요한 메시지를 전하고 있었다. 다차원적 퍼스낼리티에 대한 그의 이론은 지적으로뿐만 아니라 감정적으로도 큰 자극과 흥미를 불러일으켰다. 개인의 정체성과 목적에 대한 시각을 넓힐 수 있는 기회를 제공하기 때문이다.

ESP 능력에 대한 시범에는 언제나 분명한 목적이 있었다. 자신감을 높이고, 능력을 향상하거나 교신을 설명해준다든지, 필요한 사람에게 필요한 정보를 제공해주는 식으로 말이다. 덕분에 세스가 자신의 존재를 입증해야만 한다고 느꼈던 초기의 강박 관념은 쉽게 잊어버릴 수 있었다. 팬시리 나의 감각까지 부정하는 것이 과학적 사고방식이라고 믿고, 스스로 증거를 찾아내겠다고 기염을 토하던 의식적인 노력을 잊어버릴 수 있었다.

교신을 시작할 당시에는 관련 저서를 거의 읽어본 적이 없어 모든 것이 새로웠다. 그러다 우리는 세스의 메시지 중에는 수천 년 전까지 거슬러 올라가는 비의적인 문서 상의 개념들도 포함돼 있다는 사실을 알게 됐다. 하지만 세스에 대한 이해가 깊어지면서 우리는 일부 결정적인 분야에서 세스의 사상이 형이상학계나 심령학계의 일반적인 사상과 뚜렷이 구별된다는 사실을 직시해야 했다.

이를테면 세스는 그리스도 영혼의 정통성을 인정하면서도 역사적인 그리스도의 존재에 대해선 동의하지 않았다. 또한 윤회를 사실로 취급하면서도 기존의 시간관과는 전혀 다른 시각을 유지하고, 그것을 '동시적인' 시간관과 융합시켰다. 그리고 전생을 전체적인 발전의 자그마한 일부분으로 보며, 다른 중요한 삶들이 비육체적인 차원에서 동시에 전개된다고 보았다.

이 모든 사상은 퍼스낼리티가 행위로 구성된다는 사상과 긴밀히 연결돼 있었다. 또한 정체성의 토대를 이루는 세 가지 창조적인 딜레마에 대한 세스의 사상은 굉장히 독창적이며 시사하는 바가 많았다. 신에 대한 그의 생각은 그런 사상들을 자연스러우면서도 매혹적으로 확장시킨 이론이었다.

우리가 아는 한, 세월을 거슬러 올라가는 그의 시간관과 가능성으로 가득 찬 세계론은 세스만의 독창적인 사상이다. 또한 세스의 고통관 역시 현대의 형이상학적 조류와도 상당히 거리가 있다. 그는 고통을 의식의 속성이자 생명력의 표시로 보았는데 이는 죽음을 종말로 보고 두려워하는 사람들에겐 참으로 당혹스러운 관점일 것이다.

이제 1967년 3월에 있었던 329호 교신의 일부 내용으로 이번 장을 끝맺는다. 학교 선생인 친구가 데려온 고등학교 학생들을 대상으로 한 말이지만 우리 개개인에게도 깊은 의미를 던진다.

─여러분은 자신의 믿음과 기대에 따라 자신의 현실을 창조합니다. 그러므로 자신의 믿음과 기대를 주의 깊게 점검하는 것은 그럴 만한 가치가 있습니다. 자신의 세계가 마음에 들지 않는다면 자신이 기대하는 것들을 점검하십시오. 여러분의 모든 생각은 여러분 자신을 통해 물질적으로 나타나게 되어 있죠.

주변 세계는 자신이 품고 있는 생각의 충실한 복사판입니다. 개개인이 잠재의식적으로 의식하는, 소위 근원적 가정들이란 텔레파시적 조언들이 존재합니다. 여러분은 이런 상태들을 이용하여 사물과 위치, 치수에 대한 일반적인 합의가 이뤄질 정도로 응집력 있는 물리적 환경을 조성하죠. 어떤 면에서 모두 환상이지만 여러분에겐 분명한 현실입니다.

여러분이 자신의 존재를 하찮게 본다면 '난 갖가지 시간과 공간의 제약 속에서 살고 있는 생물이다'라고 말하겠죠. 반면에 자신을 싸구려로 만들 생각이 없다면 이렇게 말할 것입니다.

'나는 존재한다. 나는 스스로 물질적 환경을 만든다. 나는 나의 세상을 만들고 변화시킨다. 나는 시간과 공간으로부터 자유롭다. 나는 존재하는 모든 것의 일부분이다. 내 안에는 오직 창조력만이 존재한다.'

PART 10

현실은 내면이
물질화된 결과다

The Seth Material

물질적인 우주를 어떻게 생각하는가? 아마 이 질문에 대해 생각해본 적이 없을지도 모른다. 우리 모두는 각자 자신만의 의견을 갖고 있고, 의식하든 의식하지 못하든 그에 따라 일상적인 행동을 결정한다. 여기서 언급하는 '물질적인 우주'는 별, 의자, 사건, 돌, 꽃 등과 같이 우리가 경험하는 모든 것을 일컫는다. 대부분의 경우 이런 사물들에 대한 여러분의 믿음이 행동을 유발하는 셈이다. 바꿔 말해 자신의 현실관에 따라 안전하거나 두렵다고 느끼고, 행복해하거나 슬퍼한다.

　어떤 사람들은 자신이 끈끈이 종이에 붙은 물질처럼 육체적 현실에 붙잡혀 있어서 어떤 행동을 하든지 더욱 악화되어 파멸을 가속화시킬 뿐이라고 생각하기도 한다. 또 어떤 이들은 우주란 우리가 탄생했을 때 등장했다가 죽음과 동시에 영원히 떠나게 되는 무대라고 생각한다. 이러한 생각을 가진 사람들은 새로운 하루 하루를 잠재적인 위협으로 인식하고, 기쁨을 미심쩍은 눈길로 바라본다. 왜냐하면 그 모든 것이 육체의 죽음으로 이어진다고 생각하기 때문이다.

　나도 예전엔 이런 식으로 생각했다. 롭과 사랑에 빠졌을 때, 비극적인 상실감 역시 한층 더 늘어났다. 삶이 소중해질수록 죽음에 더욱더 철저히 조롱당할 게 뻔하기 때문이다. 하루하루가 지날수록 존재의 소멸로 더욱 가까이 다가서는 느낌이었다.

물론 수많은 사람들이 죽음을 새로운 시작으로 바라보고 있지만 아직도 대다수 사람들은 물질적 환경이 자신을 만들었고, 구속한다고 생각한다. 또한 많은 사람들이 좋거나 나쁜 일이 보상이나 징벌 차원에서 일어난다고 믿는다. 자신이 불가항력적인 운명에 휘둘리는 신세라고 생각하기도 한다.

'물질'이란 주제를 제일 먼저 다루는 이유는 세스의 이론을 이해하는 데 기본적인 토대가 되기 때문이다. 세스는 우리가 마치 숨을 쉬듯 자의식이 없는 상태에서 물질 우주를 만들고 있다고 말한다. 물질 우주는 우리가 언젠가는 탈출해야 할 감옥이라거나 탈출 불가능한 사형 집행장이 아니다. 우리는 3차원의 현실에서 작용하며, 자신의 능력을 키우고, 다른 사람들을 돕기 위해 육체적 물질을 만든다.

육체적 물질은 우리 자신의 욕망을 위해 만들고 조형할 수 있는 플라스틱과 같다. 의식은 한번 쏟아부으면 변화가 불가능한 콘크리트가 아니다. 우리는 이러한 사실을 깨닫지 못한 채 자신의 관념을 물질적 현실에 투사하고 있다. 육체는 자신에 대한 생각들이 물질화된 것에 불과하다.

우리는 모두 창조자이며 이 세상은 합동 창조물이다. 우리는 상황에 끌려다니지 않는다. 우리 스스로 상황을 만들고, 거기에 반응하는 것이다. 여러분은 어린 시절 환경이나 성장 배경에 좌우되지 않는다. 그렇게 되리라고 믿지 않는 이상 말이다.

이 간단한 메시지는 일상생활을 제약하는 온갖 선입관에서 롭과 나를 해방시켰다.

✳ 우리는 모두 창조자다

세스는 우리가 살아 있을 때뿐만 아니라, 죽은 후에도 스스로 자신의 현실을 만들기 때문에 생각과 현실의 연관성을 이해하는 것이 매우 중요하다고 말한다. 그는 우리가 생각을 물질적 현실로 전환하는 과정을 정확히 설명하고 있는데 그러한 이론 역시 세스의 독창적 사상 중 하나다.

우리가 스스로 물질을 창조한다고 가정해보니 자연히 수많은 의문이 일었다. 세스는 우리기 테이블과 의자도 창소했다고 말하는 것일까? 환자는 스스로 그 병을 만든 것일까? 애당초 우리가 현실을 창조했다면 나중에라도 변화시킬 수 있지 않을까?

세스는 이런 질문들 외에도 우리가 미처 생각하지 못한 수많은 의문에 대한 해답을 제시했다. 그리고 68호 교신(1964년 7월 6일)에서처럼 우리 집 거실 한복판에서 상상도 못했던 사례를 보여주기도 했다. 당시 세스는 빌 맥도넬에게 기대와 지각의 밀접한 관계를 설명하고 있었다. 교신 내용을 밝히기 전에, 교신 직전에 받은 자료 중 일부를 소개할 필요가 있겠다.

― 우주의 내적 생명력을 사용해 육체라는 물질을 창조한다고 해서 우주의 창조자가 되는 것은 아닙니다. 여러분은 단지 자신이 아는 물질적 세상의 창조자일 뿐이죠. 화학 성분들 자체가 의식이나 생명을 만들어낼 수는 없습니다. 과학자들은 의식이 먼저 생겼고, 그 후 형상을 진화시켰다는 사실을 직시해야만 합니다. 육체의 모든 세포는 개별적인 의식을 갖고 있죠. 체내 모든 장기 사이에는 의식적인 협조가 이뤄지고 있습니다.

분자와 원자, 심지어 그보다 더 작은 입자들도 응축된 의식을 갖고 있고, 이들이 합쳐져 세포를 형성하면 개체적인 세포 의식이 만들어집니다. 그러한 결합은 원자와 분자가 단독으로 얻을 수 있는 것보다 훨씬 많은 경험과 성취를 얻게 해주죠. 이 과정이 무한히 이어져 결국 육체적 메커니즘을 이룹니다. 그러므로 아무리 작은 입자라도 나중에 수백만 배로 증폭될 개인성과 능력을 갖고 있습니다.

물질은 정신 에너지를 건축용 블록처럼 이용 가능도록 조작하고 변환할 수 있는 매체입니다. 육체적 물질은 여러분의 차원에서만 겉모양을 유지하는 것처럼 보일 정도로, 즉 그 차원에서만 지속적으로 지각될 정도의 응집력만 갖추고 있을 뿐이죠.

물질은 지속적으로 창조되고 있지만 그 어떤 사물도 그 자체로 지속성을 지닐 수는 없습니다. 이를테면 물체의 상태가 세월이 지나면서 안 좋아진다는 것은 잘못된 생각이죠. 대신 물체의 패턴을 이루는 심령 에너지가 지속적으로 재창조를 이룸으로써 겉모양을 더욱 확고하게 혹은 취약하게 구성합니다.

그 어떤 물체도 세월의 흐름과 함께 변화할 만큼 오랫동안 존재할 수 없습니다. 배후의 에너지가 약화되면 물체의 패턴은 희미해질 수밖에 없죠. 일정 시점이 지나면 각각의 재창조는 처음보다 불완전하게 이뤄집니다. 그러다 변화로 지각되는 차이점이 나타나죠. 물체를 구성하는 성분들은 이미 오래전에 사라졌고, 그 형태는 수없이 새로운 성분으로 가득 찹니다.

의식은 육체적 물질을 통해 3차원적 현실 안에서 사용 가능한 상태가 됩니다. 개인화된 에너지가 여러분의 영역에 들어오면 그 안에서 제 능력을 최대한 발휘할 수 있는 상태로 자신을 표현합니다. 에너지가 생기면 가소성 있는 형태로 물질이 창조되죠. 이러한 창조는 마치 빛이 끊임없이 이어지는 것과 같은 과정입니다. 처음엔 약한 빛으로 시작됐다가 빛줄기가 강렬해지고, 이후 다시 서서히 빛이 약해지는 것처럼 말입니다. 하지만 물질 자체는 결코 지속적이지 않으며, 결코 성장하거나 낡을 수 없죠.

68호 교신은 아주 무더운 저녁에 모든 창문을 열어놓고 아이스커피를 마시며 시작했다. 그때는 아직 세스의 메시지를 전할 때 눈을 부릅뜬 채 방 안을 서성거리던 시기였다. 보통 때처럼 세스는 우리를 세속의 이름이 아닌 존재의 이름으로, 그러니까 루버트, 조셉, 마크(빌 맥도넬)로 불렀다.

교신이 시작된 지 얼마 지나지 않아서 세스는 탁자 위에 내려놓았던 안경을 롭과 빌이 볼 수 있도록 높이 쳐들었다. 동시에 그의 목소리는 더욱 굵고 강해졌다. 그러면서 그는 안경을 교육 도구로 삼아 이야기했다.

─지금 여러분이 보는 안경은 사실상 각기 다른 안경입니다. 여러분은 각기 다른 개인적인 시각으로 자신만의 안경을 창조하고 있습니다. 세 개의 안경이 각기 전혀 다른 공간 연속체 속에 존재하는 것이죠.

이때 세스의 목소리는 쩌렁쩌렁 울렸고, 빌은 방 한가운데 흔들 의자에 앉아 세스의 말을 받아 적고 있었다.

─마크 당신은 조셉의 안경을 볼 수 없으며, 그 역시 당신의 안경을 볼 수 없습니다. 이는 수학적으로 입증할 수 있고 과학자들도 이미 여기에 손을 대고 있죠. 물론 배후 원리까지 이해하진 못했지만 말입니다. 그런데 마크의 관점과 루버트의 관점이 중복되는 극소점이 있습니다. 이론적으로 말해서 여러분이 그 극소점을 인지할 수 있다면 다른 두 개의 안경까지 볼 수 있죠.

물체는 분명한 전망과 공간 연속체 안에서만 존재할 수 있다. 그래서 개개인은 자신만의 공간 연속체를 창조한다. 개개인은 각기 전혀 다른 물체를 창조하고, 자신의 감각으로 이를 받아들이고 있다.

─오늘 밤에는 아주 반가운 손님이 찾아왔으니 이제껏 토론해온 관점에서 그를 느껴보기로 합시다. 일종의 실험 대상으로서 말입니다.

이때는 그 누구도 세스의 마지막 말에 신경 쓰지 않았다. 롭은 세스의 말을 정확히 받아 적는 데 여념이 없었고, 나는 무슨 말을 하는지 전혀 의식할 수 없었다. 당시 상황에 대해 롭은 이렇게 적었다.

제인은 방 안을 빠르게 왔다갔다 하며 쉼 없이 말했다. 제인의 목소리는 평상시보다 훨씬 강하고 깊었지만 일부러 그러는 것은 아니었다. 내가 기록하기 위해 사용하는 테이블은 욕실 오른쪽에 있었고, 흔들의자는 욕실 정면에 있었기 때문에 흔들의자에 앉아 있는 빌을 쳐다보기 쉬웠다. 제인이 계속 메시지를 전하는 동안, 빌이 문이 열려 있는 욕실을 뚫어지게 쳐다보는 모습을 발견했지만 별로 신경 쓰지 않았다. 빌을 실험 대상으로 이용하려 한다는 세스의 말을, 그를 그저 대화의 소재로 삼겠다는 뜻으로만 받아들였다.

—조셉, 의자에 앉아 있는 마크를 보십시오. 그는 자신의 공간 연속체와 개인적인 전망 속에서 만들어낸 자신의 의자에 앉아 있습니다. 당신과 루버트는 마크를 지각하고 있지만 그 '마크'들은 마크가 만들어낸 마크가 아니죠. 마크는 의자에 앉아 있으면서 끊임없이 자신의 육체적 이미지를 창조하고 있습니다. 자신의 심령 에너지와, 특정한 원자와 분자들을 이용해서 말이죠. 하지만 이는 마크가 만들어낸 마크일 뿐이며, 오늘 밤이 가기 전에 여러분은 다른 수많은 마크가 있다는 사실에 깜짝 놀랄 것입니다.

잠시 쉬기로 하죠. 그리고 마크, 내 말을 주의해서 들으십시오. 당신은 자신이 생각하는 것 이상의 존재입니다. 오늘 밤 교신엔 좀 더 특별히 주의를 기울이세요. 왜냐하면 이번 자료는 그만큼 중요한 가치를 지니고 있기 때문이죠.

휴식 시간이 되자마자 빌은 욕실 문 옆에서 뭔가를 봤다고 주장했다. 화가이자 학교 선생인 그는 종이를 달라고 하더니 곧바로 자신이 본 것을 그리기 시작했다.

제인은 교신을 시작할 때는 기분이 우울했지만 이제 많이 나아졌다고 말했다. 윌리(고양이)가 활발히 움직이고 있었다. 아파트를 살금살금 걸어 다니며 울어댔다. 바닥에 벌레가 기어다니거나 이상한 소리가 들리는 것도 아닌데 윌리는 사방을 두리번거리며 겁먹은 듯한 태도를 보였다.

빌에게서 어떤 형상을 보았다는 얘기를 듣자마자 제인과 함께 욕실 문 쪽을 쳐다보았지만 아무것도 볼 수 없었다. 빌의 말에 따르면 쉬는 시간이 되자 사라졌다고 했다.

잠시 후, 제인은 굵고 나지막하며 힘찬 목소리로 메시지를 전했다. 빌은 아까 그린 그림이 만족스럽지 않다면서 다시 그림을 그렸다.

─아까 빌이 보았다는 환영에 대해 말해둘 것이 있습니다. 여러분 눈에 보이지 않겠지만 마크가 자신의 물질적 형상을 창조하는 동안에도 이 방에는 모두 세 명이 마크가 존재합니다.

이때 세스로서의 제인은 흔들의자에 앉아 두 번째 그림을 그리고 있는 빌을 가리키더니 방향을 돌려 나를 가리켰다. 빌은 계속 욕실 쪽만 바라봤다. 나 역시 그곳을 살펴봤지만 테이블 위치상 그쪽을 제대로 볼 수 없었다. 열려 있는 문이 내 시야를 가로막고 있던 것이다. 정확한 기록을 위해 움직일 수 없었다.

─여기에 마크가 창조한 마크가 있습니다. 그리고 저기엔 조셉, 당신이 창조한 마크가 있죠. 물론 그 외에도 루버트와 고양이 윌리가 창조한 마크들이 있답니다. 이 방에 다른 사람이 들어오면 또 다른 마크가 생깁니다. 지금 이곳엔 네 명의 루버트, 네 명의 조셉, 네 마리의 고양이 그리고

네 개의 방이 있는 것이죠.

순간 작업실에서 윌리의 울음소리가 들렸다.

─다른 차원의 육체적 영역 속에 나타난 구조물들을 지각할 수 있는 마크는 훌륭한 증인이라고 할 수 있습니다. 다만 그가 주의력을 집중할 수 있는 시간은 아주 짧죠. 나는 문가에 잠시 서 있었습니다만…….

이쯤에서 제인은 빌의 곁에 멈춰서서 그가 그린 첫 번째 스케치를 집어 들었다.

─난 여기에 모사된 것보다 훨씬 유쾌한 표정의 존재입니다. 여기 광대뼈 부분을 좀 더 짙게 그려야 할 것 같군요. 나를 좀 더 가까이서 관찰한다면 더욱 분명하게 그릴 수 있을 겁니다.

제인이 빌에게 스케치를 돌려주는 동안에도 빌은 여전히 욕실 문가만 뚫어지게 쳐다보았다.

─내가 교신 중에 이런 식으로 나타나는 것은 처음 있는 일입니다. 여러분이 날 시각하고, 나 역시 내 관점으로 여러분을 바라보는 것은 정말 즐거운 일이죠. 욕실 문 옆에 나타난 것은 내 형상이지만 마크는 왜곡된 방식으로 나를 지각하게 되어 있습니다. 그는 먼저 내적 감각을 통해 나를 지각하고, 그 정보를 육체적인 형태로 전환하죠.

이쯤에서 제인은 빌의 뒤에 서서 그가 그림을 그리는 모습을 내려다보았다.

─입술 선에 잘난 척하는 기색이 역력하군요. 정말 좋아요. 아주 만족스러워요. 이 모습은 내가 창조한 것입니다. 여러분의 차원 안에 모습을 드러내기 위해서는 원자나 분자로 구성돼야 하죠. 동작과 속도 면에서

정상적인 형태와는 차이가 있습니다. 이번 경우에 나는 루버트를 통해 말하면서도 그의 육체 안에 서서 그가 말하는 모습을 지켜보고 있죠. 나중에는 내가 만든 형태 안에서 얘기할 수도 있을 것입니다.

제인은 빌의 손에서 두 번째 스케치를 집어 들고 방 안을 왔다 갔다 하면서 훑어보았다. 제인이 그림을 내 쪽으로 살짝 흔드는 사이에 그림을 얼핏 살펴볼 수 있었다.

—여러분의 시각에서 보면 난 전혀 아름답지 않을 수도 있지만 그렇다고 해서 아주 추악하게 생긴 것도 아닙니다. 이제 잠시 쉬기로 하죠. 실험에 참가해준 마크에게 감사하고 싶군요.

세스는 빌에게 웃음을 지어 보이며 메시지를 끝냈다. 나는 빌에게 정확히 무엇을 봤냐고 물었다. 그는 어두컴컴한 욕실 문 주위가 안개가 낀 것처럼 하얗게 변했다고 말했다. 그러더니 세스의 환영이 안개를 배경으로 나타났다는 것이다. 마치 실루엣 같았으며 세세하게 모습을 갖춘 것은 아니지만 얼굴이 잘 나타났고, 전반적으로 사진의 음화와 같은 인상을 받았다고 했다. 빌은 환영의 키가 1미터 80센티미터 정도 되었다고 덧붙였다.

여기까지가 롭의 기록이다. 나는 빌의 기록을 보고 적잖이 당황했다. 빌은 한 시간 가까이 세스의 환영을 봤다며 맹세까지 했다. 세스도 그 점에 대해 말하긴 했지만 나는 아무것도 보지 못한 상태였다. 롭 역시 일어날 수 없었기에 보지 못한 건 마찬가지였다.

"빌, 난 당신이 아무것도 보지 못했다고 확신해요. 당신은 우리가 당신 말을 철썩같이 믿게 한 후에 깔깔거리면서 사실은 모두 당신이 만든……."

이쯤에서 빌은 화를 냈다.

"나 참 기가 막혀서! 말을 한 게 후회가 되는군."

나는 확신이 없는 목소리로 다시 물었다.

"당신의 상상이 아닐까요?"

"물론 난 누구에게도 뒤지지 않을 정도로 훌륭한 상상력을 지니고 있소. 하지만 그런 환영을 항상 보는 것은 아니오."

그때 롭이 말했다.

"당신은 왜 빌의 말을 있는 그대로 받아들이지 못해?"

나는 욕실 문으로 다가가 웃음을 터뜨리면서 말했다.

"좋아요, 좋아. 자, 빌! 환영은 정확히 어느 곳에 서 있었죠?"

나는 욕실 문 주위를 돌아다니며 지껄였다

"여기요? 아니면 여긴가?"

그런데 갑자기 빌과 롭의 표정이 바뀌었다. 방금 전까지 방 한가운데 서서 나를 보며 웃었지만 이젠 상황이 달라졌다. 빌은 입까지 벌리고서 내 쪽을 뚫어지게 쳐다보았다.

"뭐가 잘못됐나요?"

롭이 재빨리 말했다.

"움직이지 마!"

나는 뭔가가 느껴지긴 했지만 아무것도 볼 수 없었다. 다만 롭과 빌의 반응으로 보아 뭔가 이상한 일이 진행되고 있다는 것은 느껴졌다. 롭의 말대로 가만히 서 있었다.

여기서 다시 롭의 기록을 인용한다.

빌과 나는 제인의 모습이 변하는 걸 동시에 지켜보았다. 제인이 말하는 사이에 그의 턱은 기다란 검은 머리를 배경으로 더욱 각지게 변했고, 코는 커졌으며, 입은 두텁고 넓어졌고, 목은 굵어졌다. 하지만 눈이나 이마는 아무런 변화가 없는 것 같았다.

우리의 요청에 따라 제인은 제자리에 서 있었다. 그 현상은 1, 2분가량 지속됐는데 그동안에도 거실은 환하게 밝혀져 있었다. 제인의 변화는 제인보다 1인치 정도 앞에서 일어나는 듯했고 일종의 영사막 위에 드리워진 것 같았다. 다시 말해 변화 속에서도 원래의 제인을 볼 수 있었다.

앞으로 조금 나와 보라는 롭의 말대로 하자 기이한 현상은 사라졌다. 우리는 곧바로 교신을 재개해 온갖 의문을 풀어놓았다. 빌은 계속 세스의 환영을 감지하고 있다고 주장했다. 빌은 두 장의 스케치를 계속해서 수정했다. 교신은 9시에 시작해 자정이 넘도록 계속되었다. 낮고 굵직한 남성의 목소리는 교신 내내 지속됐고 더욱 강해지는 듯했다.

교신이 재개됐을 때, 세스는 빌의 두 번째 스케치를 집어 들고 말했다.

─이 그림은 마크가 내적 감각으로 감지한 물체를 정확히 그려내려고

한 시도입니다. 내가 물질적인 차원과 긴밀히 연결될 때 나타내는 능력들의 표현이죠. 모든 차원에서 이런 모습을 나타내는 것은 아니지만 첫 번째 표현치고는 마음에 쏙 드는군요.

여러분은 아마도 이런 실험에서 암시가 어떤 역할을 차지하는지 궁금할 것입니다. 대체적으로 소위 암시란 것이 없다면 그 어떤 육체적 사물이나 행위도 이뤄지거나 행해질 수 없습니다. 내적인 동의와 의지가 없다면 외적인 행위나 사물을 감지할 수 없는 것이죠. 그러므로 모든 행위와 사물 배후에는 그런 것들을 성립시킨 암시가 있죠. 암시란 특정한 행위가 일어나도록 허락하는 내적인 의지이자 동의 이상도, 그 이하도 아닙니다. 이러한 동의는 내적인 데이터로 물질적인 현실을 구성하는 잠재의식적인 메커니즘을 발동시키는 방아쇠죠.

문가에 나타난 내 모습이 암시에서 비롯됐다는 말은 이 방과 그 안의 모든 것이 암시에서 비롯됐다는 말과 같습니다. 여러분은 물질적인 우주의 관점에서 생각하면 관념의 오류에 빠지기 쉽다는 사실을 이해해야 합니다. 여러분은 이 순간에도 네 개의 형상 속에 존재하죠.

세스는 자신의 환영이 빌의 관념에 의해 왜곡된다는 점을 설명했다. 이를테면 높은 이마는 세스의 엄청난 지성에 대한 빌의 해석을 나타낸다. 실제 세스가 어떻든지 간에 높은 이마를 가진 세스의 모습이 바로 빌이 본 세스였다.

당시 롭과 나는 아파트를 구입할 생각을 하고 있었다. 그런데 그 집을 다시 보러 갔을 때, 뒷문이 활짝 열린 것을 보고 깜짝 놀랐다. 세스는 그 사건과 관련해 우리가 스스로 심령 에너지를 이용하여

문을 열었다고 설명하면서 마음이 물질에 영향을 미치는 하나의 사례에 불과하다고 말했다.

당시 나는 세스의 설명에 대해 어떻게 생각해야 할지 판단이 서지 않았다. 하지만 그날의 세스와의 교신 내용은 그야말로 정신을 쏙 빼놓았다. 롭은 질문할 것이 너무 많아서 어디서부터 시작해야 할지 감이 잡히지 않을 정도였다. 우리는 정신적인 에너지를 갖고 어떤 방식으로 사건들을 만들고 있는 것일까? 눈앞에서 벌어지는 사건에 우리가 어떻게 동의했다는 것일까?

다음은 관념을 투사하여 사건과 사물을 만드는 과정에 대한 세스의 설명 중 일부다. 세스는 텔레파시가 끊임없이 작용함으로써 모든 감각 자료를 뒷받침하는 내적인 커뮤니케이션을 성립시킨다고 말했다.

✳

12월 21일 302호 교신 내용

현실로 드러나는 사물이나 사건은 자신의 감정, 에너지, 정신적 환경이 물질화된 결과다.

─객관적인 세상은 내적인 작용의 결과입니다. 여러분은 내면을 통해 객관적인 세상을 조작할 수 있습니다. 생각과 이미지는 물질적 현실을 이루고, 물질적 사실이 됩니다. 거기에는 화학적인 과정이 관련돼 있죠.

생각은 에너지입니다. 착상된 순간부터 물질적으로 자신을 만들기 시작하죠. 정신적인 효소는 송과선과 관련돼 있습니다. 여러분은 화학 성분을 물질적인 것으로 알고 있지만 그것들은 사실 생각 에너지의 추진체로서 관념이나 이미지를 물질적인 현실로 전환하는 데 필요한, 암호화된 데이터를 간직하고 있죠. 또한 육체가 내적인 이미지를 재생산하도록 유도합니다. 말하자면 변형이 일어나도록 만드는 불똥들이죠. 피부와 모공 조직에서 나오는 화학물질들은 눈에 보이지 않지만 분명한 의사물질적인 조직을 갖고 있죠. 그런 조직을 통해 이뤄지는 육체적 물질화는 원래의 생각이나 이미지가 얼마나 강렬하냐에 따라 빨라지거나 느려집니다. 그러므로 여러분의 육체적인 모습은 모두 여러분 자신이 창조한 것이죠.

최초의 생각이나 이미지는 정신적인 상태로 존재하다가 정신적인 효소에 의해 스파크를 일으키며 육체적으로 물질화됩니다. 일반적인 과정이죠. 그러나 모든 생각과 이미지들이 완벽하게 물질화되는 것은 아닙니다. 경우에 따라선 강도가 물질화에 미치지 못할 만큼 약할 수 있죠. 화학 반응은 피부 조직 내에 모종의 전하를 일으킵니다. 이때 고도로 암호화된 신호와 정보들이 포함된 방사선이 피부로부터 외부로 방사됩니다.

물질적 환경은 여러분의 몸과 마찬가지로 여러분의 일부분입니다. 여러분이 손톱을 창조하듯이 환경을 창조하며, 아주 효과적으로 통제하고 있습니다. 외부의 사물은 여러분의 육체적 이미지로부터 외부로 방사되는 것과 똑같은 의사물질로 이뤄져 있죠. 차이점이 있다면 밀집도가 높다는 것뿐입니다. 그 물질들이 충분히 모이면 여러분은 그것을 사물로 인식하죠. 그러나 밀집도가 저조한 상태에선 여러분의 눈앞에 나타날 수 없습니다.

몸 안의 모든 신경과 섬유세포들은 내적 자아를 물질적 현실과 연결함으로써 환경을 만들어나간다는 내적 목적을 갖고 있죠. 그러므로 어떤 면에선 전체적 자아의 핵심으로부터 육체도 나오고, 외부의 사물도 나왔다고 말할 수 있습니다.

이 자료는 우리가 아직 인스트림 테스트를 시행하고 있을 때 받은 것이다. 나중에 우리가 이 문제에 대해 질문을 던졌을 때, 세스는 더 자세한 답변을 들려주었다. 롭은 몸의 어떤 부분이 물질 창조에 관여하는지 알고 싶어 했다. 다음은 거기에 대한 세스의 답변 중 일부다.

─신경 자극은 몸 안에서와 똑같은 방식으로, 눈에 보이지 않는 신경통로를 따라 몸으로부터 외부로 전달됩니다. 그 통로들은 자아의 텔레파시적인 사념, 충동, 욕망을 외부로 운반하면서 객관적인 사건을 변화시키죠. 실제적인 의미에서 사건이나 사물은, 고도 전하를 띤 심령 충동이 육체적으로 인지될 수 있는 대상으로 전환되는, 즉 물질로의 대약진이 이뤄지는 의식 집중점입니다. 고도의 전하를 띤 충동들이 교차하거나 일치할 때 물질이 만들어지는 것이죠. 그런 물질로의 폭발이 일어나는 배후의 현실은 물질 자체와는 전혀 무관합니다. 격발에 필요한 적절한 (충동들이 교차하거나 일치하는) 좌표가 성립되면 동일하거나 유사한 패턴이 언제든지 반복해서 나타날 수 있죠.

예부터 수많은 사람들이 마음과 물질이 상관관계에 있다고 주장했다. 하지만 세스와의 교신 자료는 마음이 현실로 전환되는 과정과 방법을 아주 구체적으로 제시하고 있다. 가령 물질의 극소 단위를 이루는 힘은 정확히 무엇일까? 물질로의 대약진은 어떻게 발생할까? 이 문제들을 제대로 다루기 위해 부록에서 별도로 이 부분을 설명해놓았다.

이 모든 얘기의 핵심은 무엇일까?

—여러분은 자신의 현실 세계에서 정신 에너지가 무엇이며, 그것을 어떻게 사용하는지를 배우고 있습니다. 사념과 감정들을 끊임없이 물질화시킴으로써 그렇게 하고 있는 것이죠. 그러므로 주변 환경을 살펴봄으로써 자신의 내적 발전도를 분명하게 파악할 수 있습니다. 자신과는 별개로 존재하는 듯한 외부의 사물이나 사건은 실상 자신의 감정, 에너지, 정신적 환경이 물질화된 결과죠.

우리는 지금의 삶이나 사후의 삶에서뿐만 아니라 최소한 여러 가지 삶을 통해 자신의 물질적 현실을 만들며 에너지와 관념을, 경험으로 전환하는 법을 터득한다. 지금의 환경뿐만 아니라 부모와 성장 환경까지도 스스로 선택한 것이다. 다음 두 장을 읽어보면 내가 이제껏 반대해온 윤회론을 받아들인 이유를 조금이나마 알게 될 것이다.

PART 11

인간은 스스로 선택해
다시 태어난다

The Seth Material

세스에 따르면 우리는 모두 윤회를 한다. 지구에서의 삶이 끝나면 다른 현실 세계에서 삶을 지속한다. 우리는 이전에 자신이 선택한 삶의 조건을, 그러니까 자신의 필요와 능력에 맞게 재단된 환경과 도전을 만나는 것이다.

한번 생각해보자. 사람들은 아주 탁월하거나 모자라는 두뇌, 또는 완벽하고 아름다운 몸이나 불완전하고 추악한 몸을 갖고 태어난다. 어떤 사람은 다른 사람들이 상상도 하지 못할 호화찬란한 세계에서 사는 반면, 또 다른 이들은 상상하기 힘든 정도의 가난과 궁핍에 허덕인다. 왜 그럴까? 오직 윤회론만이 그 모든 상황을 하나의 논리적인 틀 속에 짜 맞출 수 있다. 세스에 따르면 모든 상황은 운명이 우리에게 떠안긴 것이 아니라 우리 스스로 선택한 것들이다.

그렇다면 왜 어떤 사람들은 질병이나 가난에 시달리는 삶을 선택했을까? 어려서 죽거나 전쟁 중에 살해당하는 아이들은? 세스가 윤회에 대해 말했을 때 이런 의문들이 마음속에서 꿈틀댔다. 앞서 말한 대로 교신이 시작됐을 때, 나는 전생은 물론 사후의 삶도 믿지 못했다. 전생이 있다 해도 기억하지 못한다면 무슨 소용이 있겠는가, 하고 말이다. 나는 롭에게 말했다.

"세스는 우리가 광대무변한 현재Spacious Present 속에 살고 있고 과
거, 현재, 미래란 존재하지 않는다고 말했어. 그렇다면 어떻게 전생
이 성립할 수 있지?"

이런 의문에 대한 답은 세스가 다른 사람들의 구체적인 문제들을
다루는 과정에서 언급하기도 했다. 지금까지 모은 윤회에 대한 투시
자료는 특정한 문제를 해결하고자 찾아온 수강생이나 친구, 그 외
사람들을 상대하는 과정 중에 나온 것들이다. 세스는 도움을 청한
사람이 그 문제에 직접 관련이 없으면 답해주지 않았다.

어째서 재능 있는 아이들이 일찍 죽는 걸까? 물론 이 문제를 일
괄적으로 설명해줄 수 있는 이론이나 해답이 존재하는 것은 아니다.
하지만 그런 경우와 관련한 두 가지 사례가 있어 소개한다.

✳

피터가 일찍 떠난 이유

첫 번째 에피소드는 나와 전혀 안면이 없는 부부(앤과 짐이라고 해
두자)가 어느 날 아침 내게 전화를 하면서 시작됐다. 앤의 말에 따르
면 몇 달 전, 아들 피터가 불과 세 살의 나이로 세상을 떠나 상심해
있던 차에 뉴욕의 초심리학자 레이 반 오버로부터 내게 전화를 해
보라는 권유를 받았다고 했다.

"레이라면 딱 한 번 만났습니다. 저는 사적인 연구 활동과 세스와

의 교신에만 전념한다고 말했을 텐데요?"

"물론 들었습니다. 하지만 이런 상황이라면 예외로 해주실 거라 생각했어요."

나는 그 말을 듣고 한참 생각했다.

"글쎄요, 정규 교신 시간에 오고 싶으시다면……."

"우리가 가겠습니다. 뉴욕에서 일하는 남편이 퇴근하면요."

그렇게 앤과 짐 부부를 그날 저녁 8시에 우리 아파트에서 만나기로 약속했다. 롭에게 말하니 내가 알아서 결정할 문제라고 말하면서도 탐탁치 않은 눈치였다.

"지난번에 무슨 일이 있었는지 기억 안 나? 이번엔 세스에게 맡기도록 해."

순간 그때 그 일이 바로 어제 일처럼 생생하게 되살아났다. 몇 달 전 어느 피곤한 토요일 오후, 칭크를 하고 있는데 한 수강생에게 전화가 왔다. 그는 어떤 문제로 고민하다 작고한 시어머니와 접촉하고 싶어 했다. ESP 강의에 몇 차례 나온 수강생이었는데, 나는 그의 시어머니가 플로리다에서 죽었다는 것 외에는 아무것도 몰랐다.

나는 그 수강생을 아파트로 불렀고, 교신이 이뤄졌을 때 나는 그의 죽은 시어머니가 되어 그가 남편과 해온 말다툼을 되풀이해야 했다. 내가 주먹을 흔들며 테이블을 세게 내리치는 바람에 롭은 내가 다칠까 봐 전전긍긍했다. 그 일이 있은 후, 우리는 이런 식의 교신을 무척 조심하게 되었다.

"너무 까탈 부리고 싶진 않아. 그들 부부는 단지 자신들의 죽은

아이에 대해 좀 더 알고 싶어 할 뿐이니까. 이번엔 세스에게 일을
맡길 거야."

물론 내 편에서도 자기방어는 필요하다는 롭의 말이 옳다는 걸
알고 있었다. 그 사건 외에도 나만의 힘으로 다른 사람들에 관한 인
상을 받아들였다가 감정적이며 소란스러운 사건을 겪기도 했다. 세
스로부터 훌륭한 정보를 얻을 수 있는 상황이었는데도 일이 그렇게
된 데에는 모두 내게 책임이 있었다. 앤과 짐이 우리 집에 오기로
한 날에도 마음 한편에서는 그런 복잡한 감정들이 일렁이고 있었다.

그날 오후 6시쯤 앤으로부터 전화가 와서 늦을 것 같다고 했다.
앤과 짐이 사는 브루클린(뉴욕시 5대 자치구 중 하나)에서 엘미라(뉴욕
주 남서부의 도시)까지는 꽤 거리가 있는데, 나를 적극적으로 추천받
았다며 늦게라도 만나고 싶다고 했다. 어리둥절한 상태에서 승낙하
고 수화기를 내려놓았다. 롭은 이런 상황이 내게 기기킨 부담으로
작용할까 봐 걱정했다. 나는 이미 앤에게 교신 결과에 대해 아무런
보장도 할 수 없다고 말해두었다.

앤과 짐은 저녁 10시가 되어서야 도착했다. 롭과 나는 첫눈에 그
들이 마음에 들었다. 그들은 20대 후반의 지적인 부부였고, 우리처
럼 격식을 따지지 않는 사람들이었다. 부부는 와인을 마시면서 아들
에 대해 얘기했다.

"피터는 아주 똑똑한 아이였어요. 우리 아들이라서 하는 얘기가
아니라 정말 특별한 아이였답니다. 언제나 비범하고 특별한 행동을
보여주었죠. 그러다 어느 날 밤 재생 불량성 빈혈로 죽고 말았답니

다. 그 애가 왜 그런 병에 걸렸는지 알 수 없었죠."

나는 그들의 절망을 느꼈고 돕고 싶었다. 하지만 죽음 이후의 삶을 증명한다는 것은 거의 불가능했다. 설령 내가 소년과 연결이 되어도 과연 그 부부에게 진정한 도움이 될 수 있을까? 오히려 아들의 죽음을 직시하지 못하게 해서 상황을 더 악화시키는 것은 아닐까?

내가 솔직하게 내 마음을 털어놓자 앤은 미소를 지으며 말했다.

"레이는 자신이 아는 영매 중 당신이 가장 객관적인 사람이라고 말했어요."

"사실 너무나 객관적이어서 탈이죠. 그로 인해 내 능력을 제대로 펼치지 못할 때도 있답니다."

이 말을 마지막으로 세스의 깊고 우렁찬 목소리가 내게서 울려 나왔다.

—소년을 자신이 이유로 인해 어려분과는 잠시만 함께했던 겁니다. 그는 여러분을 깨우쳐주기 위해 그렇게 한 것이죠. 여러분은 그를 전생부터 알고 있었습니다. 과거의 어떤 삶에서 그는 짐의 숙부이기도 했죠. 하지만 처음부터 이 세상에 오래 머무를 의도는 없었습니다. 그는 단지 여러분에게 삶의 가능성을 보여주고, 내적 현실을 이해시키기 위해 세상에 들어온 것이었죠. 그런 맥락에서 병은 피터 스스로 선택한 것이며, 운명이 그에게 강요한 것은 아닙니다. 그는 설정해둔 시간 이상으로 이 세상에 살고 싶지 않았기에 충분한 혈액을 만들어내지 않은 것입니다.

그는 여러분에게 자극을 주고 싶어 했고, 자신이 일찍 죽었을 경우 미치게 될 영향력이 이 세상에 계속 살았을 경우보다 더 엄청나리라는 것도 알고 있었습니다. 그는 여러분에게 빛이었으며, 그 빛은 아직 꺼지지 않았죠. 그 빛은 여러분을, 결코 알 수 없었던 지식으로 인도해줄 것입니다. 그는 이 사실을 너무 잘 알고 있었으며, 여러분이 순례를 떠나길 원했죠. 바로 자기 자신 속으로의 순례를 말입니다.

이쯤에서 세스는 짐을 정면으로 바라보았다. 앤과 짐은 그의 말을 열심히 받아 적었다.

─피터는 아틀란티스와 이집트에서 과학적인 활동에 참여했어요. 하지만 이제는 더 이상 그런 활동을 하고 싶어 하지 않습니다. 그는 그것들을 훨씬 초월해버렸죠. 당신(짐) 역시 지난 두 번의 전생에서 그와 인연을 맺었습니다. 당신들은 신관으로서 우주의 내적 작용에 관심을 보였죠.

세스는 짐이 어떤 면에서 낙오해 과거에 배운 것들을 잊어버렸다고 말했다.

─그때는 당신에게 그것들을 억지로 기억하도록 만들 수는 없었지만 주의를 환기시킬 수는 있었죠. 바로 이번 생애처럼 말입니다. 지금은 진리를 찾아 이곳저곳을 헤매며 돌아다닐 때가 아닙니다. 진리는 당신 속에 있죠. 여러분의 아들은 더 이상 세 살짜리 어린아이가 아닙니다. 그는 당신보다 더 오래된 영혼으로서 당신에게 가르쳐주기 위해 노력했습니다. 그는 돌아오지 않을 것이며, 자신의 능력을 더욱 유익하게 활용할 수 있는 다른 현실 세계에서 계속 살아갈 것입니다.

세스에 따르면 사실 피터의 윤회 주기는 이번에 태어나기 전에 완결됐다. 그리고 그는 앤과 짐이 지금 하는 질문들을 자신들 스스로에게 던질 수 있는 상황을 만들기 위해 그토록 어린 나이에 세상을 떠났다고 했다.

─분명히 말하지만 피터는 지금도 활기차게 존재하고 있습니다. 당신
은 전생에 언젠가 '그의 영혼을 구하는 데' 도움을 준 적이 있어요. 그가
권력을 쟁취하기 위해 자신의 능력을 사용하고, 사리사욕을 위해 신관
으로서의 지위를 이용하려 했을 때, 당신이 그를 막았습니다.

세스는 전생의 사건들과 연관된 짐의 현재 퍼스낼리티를 분석하
면서 직업에 대해서도 충고했다.

─그 누구도 당신에게 가야 할 길을 말해줄 수 없습니다. 해답은 당신
속에 있죠. 정해져 있는 어떤 해답을 제시하는 사람들을 경계하십시오.
난 지금 가능성의 관점에서 얘기하는 겁니다. 왜냐하면 미래는 바꿀 수
있기 때문이죠.

그는 짐에게 연기 활동은 그의 정체성에 혼란을 야기할 수 있기
때문에 그만두는 것이 좋다고 말했다. 하지만 방송계에는 계속 남아
있으라고 했다. 앞으로 라디오 쪽으로 직업을 구할 수 있으며, 다른
계통의 일과 연결될 거라고 말했다. 세스는 이후, 참석한 모든 사람
의 전생에 대해 이야기하며 이렇게 덧붙였다.

─나는 지금 아주 귀중한 정보를 얘기하고 있습니다. 여러분의 내적 자
아는 내가 한 말들을 소화할 것입니다.

그는 이후 피터의 질병이 상징하는 의미와 앤과 짐의 전생 관계
를 언급하면서 짐이 자신의 수학적 재능을 사용하고 있지 않다고
지적했다.

─그 재능은 당신이 신관으로서 행성들의 움직임을 계산하는 등 관련

활동에 깊이 관여해온 두 차례의 전생에서 비롯되었습니다. 듣는 것과 아는 것은 엄연히 다릅니다. 앎은 자신의 내면에서 나오죠. 알게 되면 더 이상 남의 말을 들을 필요가 없습니다. 나는 여러분이 그것을 발견할 수 있도록 기꺼이 도와드릴 것입니다. 하지만 그 누구도 여러분을 위해 대신 찾아줄 순 없죠.

세스와의 교신은 새벽 1시가 지나서야 끝났다. 앤과 짐은 아들의 죽음에 의미가 있으며, 자신들의 삶에도 목적이 있고, 설령 겉보기에 비극으로 끝난 일이라도 크게 보면 최선을 위한 일이었음을 확신하면서 집으로 돌아갔다. 나 역시 교신 전의 의구심에서 벗어날 수 있었다. 내가 제한된 사고방식으로 사고할 때, 직관적 자아는 나의 사고방식을 떨치고 일어나 에고의 차원을 초월한 많은 진실들을 밝혀주었다. 사실 나는 그런 직관적 능력들이 마치 나뭇가지 사이를 스쳐 지나가는 바람처럼 우리 인간들 사이로 흘러가고 있다고 생각한다. 앤은 얼마 후 편지를 보냈다. 세스와의 교신 덕분에 자신들을 짓누르던 슬픔의 멍에를 벗어버릴 수 있었다고.

이처럼 윤회론이 겉보기에는 무의미한 비극에서 의미를 찾아내고, 혼돈스럽고 불공정하게 여겨졌을 상황들의 내적 역학을 밝혀낸 경우를 목격할 수 있었다. 앤과 짐을 도울 수 있어 기뻤고 무엇보다 교신을 통해 나도 많은 도움을 받았다. 또한 세스에 대해서도 새롭게 인식하게 되었다. 그의 남을 돕는 능력, 인간 심리에 대한 깊은 통찰력, 교신 중 발휘되는 온갖 능력과 재주는 정말 어마어마했다.

세스에 따르면 우리는 태어나기 전에 자신의 탄생과 죽음에 관련된 환경과 질병을 선택한다고 한다. 사고로 다리가 부러지든 위궤양으로 고생하든 말이다. 그렇다고 해서 우리가 항상 의식적으로 선택하는 것은 아니다. 가령 "오늘 오후 3시, 란드의 약국 앞에서 다리를 부러뜨려야지"라는 식으로 선택하는 것은 아니다. 다만 우리의 일부분이 혼란스러운 상태에서 자신의 내적 상황을 표현하기 위한 방식으로 질병이나 사건을 선택하는 것이다.

이 부분은 건강을 다루는 장에서 추가로 설명할 예정이다.

✳

전생이 건강에 미치는 영향

그렇다면 숙명은 어떻게 펼쳐지는 걸까? 건게 그림에서 유힘는 어디쯤 위치해 있는 걸까? 우선 세스는 '벌'이란 단어를 사용하지 않는다. 과거 생에서의 '잘못' 때문에 다른 생에서 벌을 받는 일은 없다는 것이다. 다만 우리는 질병을 보다 원대한 계획의 일부로 혹은 자기 자신에게 중요한 진리를 가르치거나 모종의 능력을 개발하기 위한 수단으로 활용한다.

존(가명)은 2년 전, 첫 번째 책을 출판한 직후에 장거리 전화로 내게 연락한 독자다. 그의 아내 샐리(가명)는 다발성 경화증으로 살 날이 1년 정도밖에 남지 않은 시한부 환자였다. 존은 아내에게 도움이 될 만한 얘기를 들을 수 있을까 해서 세스를 찾아왔다. 나는 그들을 돕고 싶었지만 그때도 세스에 대해 강력하게 의심을 할 때였다. 세스가 제시한 치료법이나 약을 썼는데 오히려 샐리의 상태가 안 좋아지면 어쩌나, 하고 말이다.

"세스가 도움을 줄 수 있으리라 확신합니다. 여사의 책을 읽자마자 깨달았죠. 설령 샐리의 병을 고칠 수 없더라도 세스라면 그 원인에 대해 설명해줄 겁니다. 왜 샐리가 이런 병에 걸렸을까요? 평생 남에게 나쁜 짓이라곤 해본 적이 없는 사람인데."

이후 2년여에 걸쳐 우리는 존과 샐리를 위해 여러 차례 교신을 했다. 그리고 첫 번째 교신에서 세스는 병에 걸린 사람에게는 누구에게나 도움이 될 만한 아주 훌륭한 조언을 해주었다. 그는 전생 얘기를 꺼내기 전에 병실에서 이뤄지는 암시와 텔레파시의 중요한 역할을 강조했다.

—샐리의 문제와 관련될 모든 사람의 정신 지세기, 보다 바람직한 상태로 바뀌어야만 합니다. 샐리는 자신의 쾌유가 불가능하다고 믿는 사람들의 부정적인 사념을 포착하고 반응하고 있죠.

육체적인 질환을 고친다고 해서 원인을 치료할 수 있는 것은 아닙니다. 대신 영적 변화가 이뤄지면 육체적으로도 좋아지게 마련입니다. 샐리의 주변 사람들이 은연중에 절망적이며 부정적인 암시를 주는 태도를 버려야 합니다. 그러한 변화만으로도 건강을 어느 정도 회복할 수 있죠.

존은 우주의 에너지와 생명력이 아내를 건강하게 만드는 모습을 하루에 세 번씩 상상해야 합니다. 단순히 소원을 비는 수준이 아니라 샐리의 형상 자체가 우주의 에너지로 이뤄져 있음을 이해하려는 구체적이며 명확한 시도여야 하죠. 그런 노력을 통해 샐리가 에너지를 유용하게 사용하도록 도울 수 있습니다. 가능하다면 상상 훈련을 하는 동안 아내를 만져줘야 합니다. 아침, 저녁, 밤에 말이죠.

진심에서 우러나오지 않는 공허한 확신은 소용이 없습니다. 아내가 우주의 에너지로 만들어졌고, 또한 그것으로 가득 차 있는 모습을 진심으로 꾸준하게 마음속에 그리십시오. 지금 아내는 장애물에 가로막혀 에너지를 정상적이며 효과적으로 사용하지 못하고 있습니다. 당신은 자신의 마음가짐과 내가 가르쳐준 상상법을 통해 아내의 부족한 점을 메워줄 수 있죠. 만일 내 가르침을 완벽하게만 따른다면 단기간에 효과를 볼 수 있습니다. 그러나 샐리의 정신적 주변 환경에 바람직한 변화를 일으키지 못한다면 다른 그 어떤 충고나 약도 소용이 없을 것입니다.

또한 세스는 존에게 샐리가 기대심을 변화시킬 수 있는 의식 개혁 프로그램을 짜거나 공인된 최면 요법가의 긍정적인 암시를 통해 샐리에게 삶의 의지를 불어넣으라고 권유했다.

—당신의 집엔 햇볕이 잘 드는 작은 방이 있을 겁니다. 그 방은 샐리에게 유익한 의미를 지니고 있죠. 샐리를 그곳으로 옮기세요.

세스는 존도 모르는 샐리의 현재 삶에 대한 여러 가지 에피소드를 언급했다. 우리는 여기서 세스가 다른 얘기들을 꺼내기 전에 샐리의 남편인 존이나 그를 돌보는 사람들에 대한 조언을 제일 먼저 들려주었다는 사실에 주목해야 한다.

—물론 그 병은 전생과 연관된 것입니다. 하지만 지금으로서는 병과 전생의 관련성을 아는 것보다 내가 제시한 대로 실천하는 것이 훨씬 더 중

요한 일이죠.

존은 두 번째 교신이 있기 전에 세스의 지시를 따르고 있으며 덕분에 샐리가 나아지고 있다는 내용의 편지를 보냈다. 또한 그는 자신의 집에 정말로 세스가 말한 그런 방이 있으며, 샐리의 방을 그곳으로 바꿨다고 했다.

이후 두 번째 교신에서는 윤회의 영향력을 파헤치는 데 주력했다. 전생이 건강에 미치는 영향을 나타내는 훌륭한 사례. 그 교신은 전생과 현재 건강 간의 관계에 대한 일반적인 조언과 해답을 제시한다. 세스는, 카르마는 벌을 받기 위해 있는 것이 아니라는 말로 메시지를 시작했다.

—카르마는 발전을 위한 기회를 제공합니다. 개인이 카르마를 통해 경험적인 이해의 폭을 넓히며, 무지의 틈을 줄이고, 해야 할 일을 하게 됩니다. 거기엔 언제나 자유 의지가 개입되죠.

샐리의 전생은 무척 매혹적이었다. 그의 문제는 아주 오래전의 전생에서 싹이 터서 현생에 이르기 전까지 고스란히 '축적'된 문제였다.

—샐리는 전생에 이탈리아의 산간 마을에 사는 남자였습니다. 남자는 아내가 병으로 죽은 후, 심한 신경 마비 증세가 있는 딸을 오랜 세월 혼자 보살폈죠. 재혼하고 싶었지만 아픈 딸 때문에 아무도 그를 원치 않았습니다. 딸도 할 수 있는 한, 아버지를 무시하고 반항했답니다.

딸은 몸은 불편했지만 아주 아름다웠죠. 부녀에겐 작은 농장이 있었는데, 인근 마을의 홀아비가 농장에 일을 도와주러 왔다가 딸과 사랑에 빠져버렸죠. 홀아비는 그의 딸을 자신의 집으로 데려가버립니다. 이를 알게 된 남자는 몹시 분노했습니다. 딸이 그의 곁을 너무 늦게 떠났기에 이젠 재혼할 수도 없었고 그나마 있던 말동무마저 사라져버린 셈이었습니다. 남자는 늙은 아비를 헌신짝처럼 버린 배은망덕한 딸이라고 욕을 하며 딸을 더욱더 미워했죠.

샐리의 퍼스낼리티는 전생에서 미처 해결하지 못한 문제를 떠맡기로 결정했다.

─지금 이 퍼스낼리티는 남을 돌봐주기보다는 보살핌을 받고 있습니다. 육체적으로 완전히 남에게 의존하게 된 것이죠. 왜냐하면 이전 생애에서 딸의 환경이나 입장을 이해하려고 하지 않았고 그렇게 할 수도 없었기 때문입니다. 당시엔 개인적으로 내적인 실상을 관조할 수 있는 능력도 없었습니다. 그래서 샐리는 이번엔 그 역할을 떠맡아 완전히 그 속에 몰입하고 있는 겁니다.

존은 전생에 딸을 데리고 간 홀아비였죠. 이제 샐리는 전생에서와는 달리 그를 사랑하면서 그의 장점을 배우는 중입니다. 샐리는 이러한 역할 변화를 통해 자신이 과거에 저지른 실수들을 통찰할 뿐만 아니라 현재 남편이 좀 더 관조적으로 변하며, 달리 생각하지 못한 의문들에 대한 해답을 구하도록 돕고 있습니다. 다시 말해 자신의 인격에 남아 있는 중요한 흠을 제거하면서 남편의 발전을 돕고 있는 것입니다.

샐리의 질병과 같은 상황들이 모두 스스로 선택한 것이라 하더라도 개개인은 해결책을 스스로 찾아야 합니다. 개인의 완벽한 쾌유나 질병 혹은 어린 나이의 죽음 같은 것이 존재의 차원에, 즉 전체적인 자아의 차원에서 미리 예정되어 있는 것은 아니죠. 그런 일반적인 상황들은 깊은 내적 발전에 따라 설정될 뿐입니다.

애당초 그런 문제는 존재 자체가 자신의 일부분인 퍼스낼리티를 위해 설정해두는 도전 과제인 셈입니다. 하지만 결과는 해당되는 퍼스낼리티가 지게 되어 있습니다. 그리고 샐리의 퍼스낼리티에게 마지막 주요한 걸림돌이기도 하죠. 퍼스낼리티는 단순히 한 생애만을 보고 질병을 선택하는 것은 아닙니다. 이번 경우에도 퍼스낼리티는 전생의 행위들을 제대로 통찰하기 위해 남에게 완전히 의존하는 입장에 서고자 했던 것입니다.

세스는 겉보기에 비극적으로 보이는 상황에서도 퍼스낼리티가 완전히 버림받는 것은 아니라고 말했다.

—내적 자아는 잠재의식과는 달리 쉽사리 접근하기 힘든 의식의 경계에 있죠. 그런데 퍼스낼리티가 앞서와 같은 비극적인 상황에 처힐 경우, 내적 자아는 빈번한 내적 커뮤니케이션을 통해 다른 성공적인 역할들을 환기시키고, 다시 경험하게 함으로써 고통으로부터 벗어날 수 있게 해줍니다. 그래서 이런 경우엔 아주 생생한 꿈을 꾸게 되죠. 왜냐하면 그러한 체험은 퍼스낼리티에게 거대한 본질을 확신시켜주기 때문입니다. 그런 과정을 통해 퍼스낼리티는 자신이 한시적으로 선택한 자아 이상의 존재임을 알게 되는 것이죠.

하지만 샐리는 상태가 너무 안 좋았다. 눈은 안 보이고, 말도 못하며, 혼자 움직일 수도 없었다. 존은 편지를 통해 절규했다. 왜 하필 샐리는 그처럼 모질고 극단적인 상황을 선택했냐고 말이다. 죽음에 이르는 치명적인 병으로 한 번에 고통을 겪기보다는 그 고통을 세 번의 삶으로 나눠서 경험할 수도 있지 않았냐고.

—성급하면서도 용감한 것이 이 존재의 특성입니다. 현재 겪는 상황이야말로 그러한 특성을 잘 반영하고 있죠. 모든 약점이 극대화되었고 그만큼 위험해진 삶을 통해서 말입니다. 샐리의 존재는 자잘한 어려움을 차례차례 겪는 것보다는 한꺼번에 몰아쳐서 겪기를 원했죠. 그리고 존은 인내하며 참는 법을 배우기 위해 그러한 삶에 동의한 것입니다.

세스에 따르면 샐리는 직전의 전생에서 휴식 같은 삶을 살았다. 그 삶에서 최상의 환경을 즐기며 창조적 능력도 원 없이 발휘했다.

—샐리는 필요한 경험을 한 번의 생애에 압축해서 겪고 있죠. 여러 생애가 걸렸을 문제들을 한꺼번에 깊이 탐구하고, 대처하고 있는 것입니다. 오직 대담하고 용기 있는 인격체만이 그런 도전을 감행할 수 있죠.

그로부터 2년의 세월이 지난 오늘날, 샐리는 아직 살아 있다. 세스는 샐리가 스스로 정한 도전 과제들을 모두 완수했으며 심하게 손상된 육체를 버릴 때가 됐다고 말했다. 현재 샐리는 혼수상태에 빠져 있다. 존은 샐리에게 무슨 일이 일어나고 있는지 알고 싶어 했다.

"샐리는 다른 곳을 의식하고 있는 겁니까? 아니면 단순히 꿈을 꾸고 있을까요? 사후엔 대체 무슨 일이 벌어지는 겁니까?"

세스는 교신을 통해 이 의문들에 답했다. 대개 죽음에 관한 내용을 담고 있기 때문에 다음 장에서 그중 일부를 소개하면서 세스의 윤회에 대한 생각을 좀 더 철저히 파헤쳐볼 것이다.

PART 12

죽으면 어디로 갈까?

The Seth Material

지난주에 존에게서 전화가 왔다. 샐리는 심장 발작을 일으켜 잠시 심장 박동이 멈췄다가 가까스로 회복해 병원에 입원해 있었다. 당시 존은 샐리가 완치되길 기도하면서도 한편으로는 죽음을 통해 고통에서 해방되길 바랐다. 그래서 우리에게 그 문제에 대해 세스와 교신을 해달라고 요청했다.

세스의 말에 따르면 수명이 다했을 때는 어서 빨리 이 세상을 떠나고 싶다고 한다. 육체가 제 기능을 발휘하지 못하면 차라리 없애버리고 싶은 것이다. 내적 자아는 자신이 죽음을 초월한다는 사실을 잘 알기 때문에 생존본능은 문제되지 않는다.

사실 나는 존에게 그런 말을 하기가 싫었다. 이론적으로는 맞는 말이지만 그의 마음은 샐리가 살기를 원하고 있었으니까. 나는 존을 위해 세스와의 교신을 약속했고 나중에 백번 잘한 일이란 사실을 깨달았다. 당시의 교신은 존에게도 도움이 됐을 뿐만 아니라 무의식 상태나 혼수상태에 빠져 있는 사람들에게 벌어지는 일들, 즉 죽음 직전이나 직후에 이뤄지는 경험에 관한 훌륭한 정보를 제공했다.

우리가 세스와 교신할 때 샐리는 깊은 혼수상태에 빠져 있었다.

─샐리의 현실은 훨씬 더 원대합니다. 그는 마치 새집에 가구를 배치하

듯이 기억을 제자리에 갖다놓으려고 노력하고 있죠. 현재 그에게 있어서 여러분이 알고 있는 시간은 거의 의미가 없습니다. 여러분의 차원에선 사건들이 방 안에 질서정연하게 배치된 가구들과 같습니다. 방 안에 있을 때는 다양한 사건들-가구들 간의 길을 쉽게 찾을 수 있죠.

그런데 그보다 큰, 다른 방으로 옮기게 됐다고 가정해보십시오. 거기서는 가구들을 자신의 가슴에 담겨 있는 내용에 따라 어떤 형식으로든 재배치할 수 있죠. 이를테면 가구들을 색다르게 짜 맞추고 전과는 다른 용도로 사용할 수 있습니다. 이처럼 샐리는 마음속 가구들을 재배치하고 있어요. 새집에 이사 가면 갖고 간 가구들과 소유물들에 제자리를 찾아주듯 그는 현재 자신의 새로운 환경을 점검하고 있습니다.

샐리를 돕는 안내자들이 있습니다. 샐리는 집에 온 것처럼 너무나 편안한 기분이기 때문에 자신이 새로운 환경에 있다는 사실을 거의 눈치채지 무하고 있죠. 동시에 샐리는 병에 걸리기 이전의 시간들, 어린 시절 기억들을 떠올리고 거기에 빠져 있습니다. 다시 말해 과거의 일도 재창조할 수 있다는 사실을 배우고 있는 것이죠.

그렇다고 해서 그가 현재 자신을 어린아이로 생각한다는 뜻은 아닙니다. 사건을 재경험할 수 있는 자유를 만끽하고 있을 뿐입니다. 이는 질병을 더 이상 마음속에 품지 않게 하는 영적 치료법의 일종이죠.

얼마 후, 훈련이 시작됩니다. 그때는 샐리가 남을 돕고 그들에게 힘을 불어넣어야 할 차례가 되는 겁니다. 그는 이미 새로운 삶을 시작했습니다(물론 그가 또 다른 육체적 삶을 살기 시작했다는 뜻은 아닙니다). 아직 안내자들이 그를 모니터하고 있어요.

샐리는 성서 속 인물들로부터 종교적인 도움을 받고 있습니다. 그 퍼스낼리티들은 샐리가 알아들을 수 있는 용어로 그에게 현실의 본질을 얘기해주고 있죠. 다시 말하지만 샐리는 스스로 설정한 문제를 다 해결했으며, 남편에게도 그의 발전에 크게 도움이 될 자비와 이해심을 각성시켰습니다.

나는 샐리에게 아주 인자한 사도 요한으로 나타나 얘기를 나눠 왔죠. 이 방법은 속임수가 아니라 그가 받아들일 수 있는 방식으로 돕는 것뿐입니다. 남을 돕기 위해 상대가 받아들일 만한 편안한 형상이나 이미지를 취하는 것은 흔히 있는 일이죠.

(마지막 말은 환시를 통해 성인을 보았다는 수많은 사례들에 적용할 만한 지극히 자극적인 의미를 함축하고 있다. 우리는 세스가 이 문제를 나중에 더 자세히 다뤄주길 바랐다.)

쉬는 시간에 롭은 존이 물어봤을 만한 혹은 교신 기록을 읽는 중에 마음속에 떠오른 여러 가지 의문을 거론했다. 그중엔 샐리가 갖게 될 새로운 몸과 관련된 질문도 있었다.

―물론 그 몸은 결코 새로운 것이 아닙니다. 단지 육체적인 몸이 아닐 뿐이죠. 여러분은 이 세상에 살 때도 유체 투영을 할 때 그 몸을 사용합니다. 그 몸은 여러분이 아는 육체에 생명력과 힘을 제공해주는 몸이죠.

여러분의 육체는 지금 그 속에 파묻혀 있습니다. 육체를 떠났을 때, 그 몸이 육체로 느껴질 정도로 아주 실제적이면서도 훨씬 더 많은 자유를 누릴 수 있죠. 샐리는 기뻐하며 그 몸과 병든 육체를 비교하고 있습니다. 존은 샐리가 자신이 후에도 그의 곁에 남아 있어야 한다고 느끼지 않도록 즐거운 마음으로 자유롭게 떠나라고 말해줘야 합니다. 샐리는 언젠가는 존과 다시 만날 것이란 사실을 알고 있지만 존은 그 점을 제대로 의식하지 못한다는 사실을 알고 있습니다.

해답은 늘 자기 자신 안에 있다

세스와 교신한 지 며칠이 지나 은퇴한 목사 부부가 우리를 찾아왔다. 로웨 목사는 기독교의 심령적 요소를 다루는 전국적인 뉴스레터를 펴내는 분이었다. 우리는 몇 년간 편지는 주고받았지만 직접 만난 적은 없었다. 로웨 목사는 혼수 상태인 샐리에 대한 세스의 설명에 지대한 관심을 나타냈다.

로웨 목사 부부는 마침 저녁 ESP 강의 시간에 찾아왔기에 나는 그들을 수업에 참석시켰다. 나는 가능한 한 수업을 격의 없이 진행하려고 노력한다. 수강생들은 서로 이름을 부르며, 옷도 가장 편안하고 자연스럽게 입는다. 우리는 언제나 원하는 사람들에게 와인을 내놓았다. 로웨 목사가 그런 모습을 보고 어떻게 생각할지 궁금했다. 부디 기도회 같은 것을 기대하지 않았길 바랐다. 물론 우리는 나름대로의 창조적이면서도 비체계적이며 비전통적인 기도 방식을 갖고 있었다. 이를테면 로큰롤을 틀어놓고 시를 읊으면서 기도를 한다고 생각한다.

그날 밤 세스가 와줄지 확신할 수 없었다. 강의를 시작했을 때, 편안한 분위기를 위해 로웨 목사를 로큰롤 밴드의 드럼 주자로 농담 삼아 소개했다. 사람들이 말을 별로 하지 않아서 누군가는 목사님이 참석해서 모두 조용한 것 같다고 지적했다. 그러자 갑자기 세스가 말하기 시작했다.

─난 나 때문에 여러분이 조신하게 있는 줄 알았습니다! 이제부터는 목사 겸 드럼 주자가 되는 법을 배워야 할 것 같군요.

이후 세스는 여러 회원들과 얘기를 나누고 나서 로웨 목사에게 질문이 있으면 하라고 했다.

"우리가 육체를 버리면 어디로 갑니까?"

모두 와인을 마시며 조용히 앉아 세스의 말에 귀를 기울였다.

─자신이 원하는 곳으로 갑니다. 평상시에도 각성 의식이 수면 상태로 가라앉을 때, 여러분은 다른 차원을 여행합니다. 여러분은 이미 다른 차원들을 경험하고 있죠. 지금도 여러분은 자신의 길을 준비하고 있습니다. 그래서 죽음 이후엔 자신이 미리 닦아놓은 길을 가는 것이죠. 개인에 따라 다양한 훈련 기간을 거칩니다. 그곳에서 자리를 잡기 위해선 현실의 본질을 제대로 이해해야 하죠. 물질적 현실 속에서 여러분은 자신의 사념이 바로 현실이며, 스스로 현실을 창조한다는 사실을 배웁니다.

그러다 세상을 떠난 후에는 그때까지 얻은 지식에 집중하죠. 그런 상태에서도 스스로 현실을 창조한다는 사실을 깨닫지 못하면 다시 지상에 돌아와 자신의 내적 현실이 객관화된 결과를 거듭 경험합니다. 여러분은 그 사실을 터득할 때까지 스스로 공부해야 하죠. 그러다 보면 자신의 의식을 슬기롭게 잘 다루는 법을 터득할 수 있습니다. 이후엔 남을 위해 이미지를 만들고, 그들을 지도하며 안내할 수 있죠. 그렇게 해서 이해력의 폭을 계속 넓혀나가는 것입니다.

"환생과 환생 사이의 시간은 어떻게 결정됩니까?"

—바로 자기 자신입니다. 만일 무척 피로한 상태라면 휴식을 취하겠죠. 또한 현명하다면 시간을 두고 자신이 얻은 지식을 소화하며 앞으로의 삶을 계획할 것입니다. 마치 작가가 다음 책을 구상하듯이 말이죠. 그러나 지상의 현실 속에서 너무 많은 인연을 맺었고, 너무 성급하거나 충분히 배우지 못했다면 일찍 환생할 수도 있습니다. 어디까지나 각자의 결정에 달려 있죠. 예정된 것은 없습니다. 지금도 그렇지만 해답은 늘 자기 자신 안에 있죠.

세스는 개인의 전체적인 발전과 직접적인 연관이 없는 한, 전생 정보를 밝히지 않는다. 그런데 이상하게도 ESP 강의 시간에 세스는 윤회전생을 믿지 않았던 세 명의 여대생에게는 전생 정보를 알려준 적이 있다. 그들은 강의에 처음 참석했고, 단지 ESP에 호기심을 느끼는 정도였다. 그들은 모두 지적이고 총명하며 신중했다. 이해하지 못할 얘기들을 덥석 받아들일 사람들이 아니었다. 다만 그들은 세스의 방법을 사용하면 안전하게 의식을 확장할 수 있다는 얘기에 지대한 관심을 가졌다. 그중 리디아는 가장 목소리를 높여 윤회론에 반대한 학생이었다.

—여러분은 믿든 안 믿든 윤회를 합니다.

세스는 리디아가 1832년경 메인주(뉴잉글랜드의 한 주)의 뱅거에서 보낸, 남성으로서의 전생을 비교적 상세히 묘사했다. 리디아로선 첫 번째 교신이었기에 세스가 전생과 관련한 이름, 날짜, 특별한 에피소드를 얘기하는 동안 연신 신경질적으로 몸을 흔들었다. 세스의 말이 끝나자 리디아는 이렇게 말했다.

"글쎄, 어떻게 말해야 할지 모르겠지만 이것만은 밝혀둬야 할 것 같군요. 저는 메인주 뱅거에서 어린 시절을 보냈기 때문에 뉴욕으로 이사를 온 후에도 결코 뉴욕을 고향으로 생각할 수 없었습니다. 세스는……."

리디아는 말을 멈추고 기록을 읽어보더니 흥분한 어조로 이렇게 덧붙였다.

"세스는 전생에서 우리 집안의 프랑스계 사람이 보스턴의 프랭클린 베이컨 가문 사람과 결혼한 적이 있다고 말했죠. 기막힌 것은 현재 우리 집안은 보스턴의 로저 베이컨 집안과 연결돼 있다는 사실입니다."

우리는 그 사실들을 더 자세히 논해볼 시간도 없었다. 왜냐하면 세스는 세 명의 여대생 중 영적으로 가장 많은 재능을 지닌 진의 전생을 들려주기 시작했기 때문이다.

─진은 메소포타미아가 메소포타미아로 불리기도 전에 그곳에 살았습니다. 그는 일련의 삶을 통해 자신의 능력들을 발휘하고, 무시했으며, 오용했습니다. 심령적으로 많은 재능을 타고 났지만 자신의 인격과 능력을 제대로 관리하지 못한 전형적인 경우죠.

중국과 이집트에서도 살았습니다. 다양한 종교적 포용력을 지녔지만 그에 따른 적절한 책임감이 없었죠. 불행하게도 오랜 세월에 걸쳐 지배계급으로서 기득권을 이용해왔습니다. 이런 이유에서 그의 능력들은 결실을 맺지 못했죠. 이제 겨우 현생에 이르러서야 이해를 얻고, 책임감을 갖게 됐답니다. 전생에서 영적인 능력을 잘못된 목적을 위해 사용했죠. 그래서 그 능력들은 제대로 개발되지 못했습니다. 불로써 죽은 두 번의 경험이 있군요.

세스는 진이 1524년에 아일랜드 사람으로서 보낸 전생도 상세히 설명하면서 매우 흥미로운 자료들을 제시했다. 세스가 두서없이 얘기를 꺼냈기 때문에 처음엔 내용이 조금 혼란스러웠지만 이 책에는 가능한 한 세스가 얘기한 대로 정확하게 실었다.

─차터러스, 아니면 차터리스에서 조금 떨어진 곳에 있는 작은 마을이었습니다. 당시 진의 성은 마누펠트였습니다. 아니면 맨아우펄트였습니다. 잔다르크와 아주 먼 친척이죠.

세스의 설명이 끝나자 진은 잠시 아무 말도 하지 못하다가 얼굴을 붉히면서 평소 불을 몹시 두려워했고, 고등학교 시절 자신의 별명이 잔다르크였다고 털어놓았다.

세스의 이야기는 이어졌다. 그는 또 다른 여학생인 코니의 전생을 얘기하면서 그가 덴마크에서 어린 소년으로 살다가 디프테리아에 걸려 죽은 적이 있다고 했다. 그 얘기야말로 대히트였다! 코니는 어린 시절부터 디프테리아를 몹시 두려워했는데 이유를 전혀 알 수 없었다고 해 모두를 깜짝 놀라게 했다.

세스는 단순히 전생 이야기뿐만 아니라 당사자를 제외하곤 그 누구도 알 수 없을 개인적이면서도 아주 중요한 정보들을 제시했다. 이러한 단편적인 정보들은 세 명의 학생들이 예전부터 당혹스럽게 생각해온, 사소하지만 설명하기 불가능한 태도들과 절묘하게 맞아떨어졌다. 결국 학생들은 윤회에 대해 깊은 관심을 갖게 됐고, 모든 것을 한꺼번에 알고 싶어 했다. 진은 말했다.

"세스는 모든 시간이 동시에 존재한다고 말했어요. 그렇다면 어떻게 삶이 순차적으로 이어지는 윤회전생을 얘기할 수 있는 거죠? 두 시각은 전혀 어울릴 수 없다고요."

—당신의 시간관은 잘못된 것입니다. 당신의 시간은 육체적 감각이 만들어낸 환상에 불과하죠. 감각들은 특정한 관점에서 행위를 인지하게 만듭니다. 하지만 그렇게 인식한 행위가 행위의 본질은 아니죠. 육체적 감각은 한 번에 아주 조금씩만 현실을 인지할 수 있습니다. 그래서 여러분에겐 한순간이 존재했다가 사라지고, 다시 다음 순간이 왔다가 또 사라지는 것처럼 보이는 겁니다. 하지만 우주의 모든 것은 동시에 존재하죠. 문장의 첫 번째 단어가 울려 퍼지는 사이에 마지막 단어도 이미 발성된 상태입니다. 왜냐하면 시작이란 없기 때문이죠. 문장의 시작과 끝이 있는 것처럼 보이게 하는 것은 바로 여러분의 육체적 감각입니다.

과거, 현재, 미래란 존재하지 않습니다. 3차원적 현실에서는 그것이 존재하는 듯이 보이죠. 난 더 이상 3차원적 현실에 있지 않기 때문에 여러분이 지각하지 못하는 것을 지각할 수 있습니다. 여러분 속에도 물질적 현실에 구속되지 않은 부분이 있죠. 영원한 현재만 있다는 사실을 아는 내면의 일부분이 바로 전체적인 자아입니다.

누가 1836년에 어디에 살았다고 말하는 까닭은 여러분이 알아들을 수 있는 방식으로 표현한 것뿐이죠. 여러분은 사실 그 모든 전생을 동시에 살고 있습니다. 하지만 3차원적 현실에서 그러한 진실을 이해하기란 무척 어렵죠.

여러분이 여러 가지 꿈을 꾸고 있다고 가정합시다. 각각의 꿈속에선 백 년이나 천 년을 살 수도 있습니다. 하지만 그러한 세월의 흐름은 결코 꿈꾸는 사람의 현실이 아닙니다. 꿈꾸는 사람 자신은 그런 시간이 존재하는 꿈의 차원에 제약받지 않죠. 여러분이 꿈속에서, 즉 각각의 삶에서 경험하는 시간은 단지 환상에 불과하며, 내적 자아에게 시간의 흐름은 존재하지 않습니다. 원래 현실에선 시간이 존재하지 않기 때문입니다.

사실 세스는 윤회를 설명하기 위해 여러 가지 비유를 사용했다. 3,600장에 달하는 기록 중에는 다음과 같은 표현도 있다.

―다양한 윤회의 자아들은 낱말 맞추기 퍼즐 조각과 같습니다. 그것들은 모두 전체의 일부분이면서 개별적으로도 존재할 수 있기 때문이죠.

256호 교신에서 세스는 이렇게 말하기도 했다.

―여러분은 과거, 현재, 미래의 관념에 얽매여 있기 때문에 윤회전생이 순차적으로 연결된다고 생각할 수밖에 없습니다. 사실 우리가 과거란 단어를 사용하는 까닭도 여러분이 연속적인 시간 개념에 익숙하기 때문이죠. 그러나 여러분의 진정한 현실은 영화 <이브의 세 얼굴>에서 나타나는 발전상과 비슷합니다. 여러분은 각각의 삶 속에서 각기 주도적인 에고를 표출시키는데 그 에고들은 모두 내적 정체성의 일부분이죠. 그러면서도 그 삶은 동시에 전개되고 있습니다. 오직 그 삶 속에 참여한

에고들만이 시간을 구분할 뿐이죠.

세스는 서너 차례 교신을 통해 '분열된' 퍼스낼리티를 윤회적 자아와 비교한 적이 있다.

―영화 <이브의 세 얼굴>에서는 주도권을 쥐는 퍼스낼리티가 매번 바뀌면서도 세 가지 퍼스낼리티가 동시에 존재합니다. 마찬가지로 전생의 퍼스낼리티들은 지금 이 순간에도 여러분 속에 존재하고 있죠. 비록 주도적인 상태는 아니지만 말입니다.

다른 대다수의 윤회론은 연속적인 시간관을 당연하게 여긴다. 반면 우리가 아는 한, 세스는 윤회론과 동시적인 시간관을 조화시키는 독창적인 사상을 전한다. 하지만 세스의 말이 맞다면 원인과 결과는 어떻게 되는 걸까? 세스가 동시적인 시간관을 처음 소개했을 때 우리가 제일 먼저 떠올린 의문 중에는 앞의 질문도 포함되어 있었다. 원인과 결과에 대한 세스의 관점은 '시간의 참다운 본질'을 다루는 부분에서 명확하게 설명되어 있지만 일단 그 질문에 대한 세스의 답변은 다음과 같다.

―모든 사건은 동시에 발생하기 때문에 과거의 사건이 현재 사건의 원인이라는 말은 별 의미가 없죠. 과거는 현재의 원인이 아닙니다. 여러분은 과거, 현재, 미래를 동시에 만들고 있죠. 지금 여러분에겐 사건들이 연속적으로 벌어지는 것처럼 보이기 때문에 이 개념을 설명하기는 무척 어려운 일입니다.

어쨌든 전생의 특정한 측면이 현재 행위의 패턴에 영향을 미치거나 원인이 된다고 말한다면 (나 역시 그러한 말을 하고 있지만) 실상은 상대방의 이해를 돕기 위해 상황을 지나치게 단순화하고 있는 것이죠. 전체적인 자아는 자신에게 속한 자아들의 온갖 체험을 의식하고 있습니다. 그런데 그 부속된 자아들은 하나의 정체성에서 비롯된 것들이기에 유사점이 존재하게 마련입니다. 앞서 소개한 전생의 정보들은 모두 실제적인 목적을 위해 밝힌 매우 정확한 자료들이지만 엄밀히 따지면 복잡한 상황을 지극히 단순화한 이야기들이기도 하죠.

그래서 세스는 종종 현생의 문제점을 전생의 곤경에서 비롯된 결과로 설명하면서도 진실을 이해할 수 있는 사람들에겐 그런 각각의 삶들이 마치 하나의 육체에 세 가지 인격이 깃들어 있듯이 동시에 존재한다는 사실을 명확히 밝혔다. 육체적 관점에서 보더라도 모든 문제가 '과거 생'의 영향에서 비롯된 결과는 아니다.

어떤 사람들은 전생 체험을 활용하는 데 능숙하지만 어떤 사람들은 각각의 삶 속에 자신을 고립시키고, 다른 삶의 영향을 가능한 한 배제시키기도 한다. 그러나 경우에 따라 전생을 모르고서는 현생을 제대로 이해할 수 없다. 전생에 대한 지식은 분명 퍼스낼리티의 본질을 밝히고, 현재 자아의 시야를 넓혀준다. 윤회전생에 대한 자료 중에서 다음 내용은 자아의 태피스트리를 엮어가는 지속적인 상호관계를 잘 보여준다.

세스의 윤회론

출판사 편집자인 매트는 뉴욕에서 우리를 찾아왔다. 그전까지 우리는 편지만 주고받았고 실제로 만난 적은 없었다. 그는 내 책을 읽고 세스를 알게 됐으며 만난 이유도 어디까지나 비즈니스 때문이었다. 처음에 나는 매트가 어떤 방식으로든 내 능력에 대한 증거를 원할 거라고 생각했다.

매트를 만나보니 그는 오히려 내가 아무것도 증명할 필요가 없다는 걸 주지시키기 위해 애를 썼다! 그래서 한동안 우리는 아주 즐겁고 흥미로운 대화를 나눌 수 있었다. 세스는 매트와 그의 출판사, 동료들에 관해 정보를 주기도 했다. 이튿날 저녁, 우리가 편하게 대화를 나누고 있을 때, 세스가 찾아와 좋은 얘기를 들려주었다

교신 이후 매트는 우리와 좋은 친구가 되었다. 당시 세스는 제 아무리 유능하고 훌륭한 심리학자라도 도저히 흉내 낼 수 없을 정도로 정확하게 그의 성격과 능력, 책임들을 짚어 내는 놀라운 심리학적 통찰력을 발휘했다.

─메워야 할 공허감을 갖고 있습니다. 도피하고 바깥으로 뛰쳐나가고 싶어 하는 정체성의 위기감도 있죠. 내 잔이 흘러넘치니 더 이상 아무것도 남아 있지 않을 것이다, 라는 느낌 같은 거죠. 한편 이 퍼스낼리티는 아주 능숙하고 활기차게 의식을 바깥으로 돌릴 수 있습니다.

당신은 두 차례의 삶에서 남들을 교육하는 일에 종사했죠. 하지만 그

런 삶 속에서도 언제나 자신의 도움을 받는 사람들에게 분개하는 내적 공포를 갖고 있었습니다. 남을 돕느라 자신의 내면에 축적해둔 것들이 다 없어질까 봐 두려워했죠. 그래서 다른 두 번의 생애에선 사람들을 배척하면서 마음의 문을 꽁꽁 걸어 잠그고 빗장을 건 채 내적 능력들을 개발하기도 했습니다. 당신은 밖을 내다보지 않았고, 아무도 감히 당신의 안을 들여다볼 수 없었죠. 사람들에게 겁을 주어 쫓아버리기 위해 일부러 괴상하게 행동했습니다. 하지만 이 모든 과정에서도 당신의 내적 능력은 성장했고 덕분에 보탬이 됐죠.

이제 당신은 모든 내적이며 외적인 상태들을 통합하기 시작했습니다. 내적 자아를 엄중히 보호할 필요는 없으며, 어떤 상황에서도 자신의 정체성이 자신으로부터 달아나지 않으리라는 사실을 깨달았죠.

세스는 매트의 현재 관심사를 전생의 활동과 연관 지어서 설명해주었다. 그는 여러 가지 전생을 언급하면서도 그중 한 가지 전생을 특히 중시했다.

―당신은 다양한 종자들을 분류하고 모으는 수도사 그룹의 일원이었습니다. 그 그룹은 공식적으론 사본과 관련한 작업을 하고 있었지만 비공식적으론 자연 현상을 연구함으로써 자연에 대한 해답을 얻을 수 있다고 믿고, 종자를 찾아오는 사람들과 은밀히 관계를 맺었습니다.

수도사들은 각종 사상과 민간전승을 연구하고, 식물학과 종자의 수분, 결실, 살포 등에 관한 지식을 축적하며, 수도원 뒤에 비밀 화원을 가꿨죠. 그들은 종자식물의 유전 형질을 발견하고자 노력했습니다.

수도원은 성 요한과 관련된 곳으로 보르도(프랑스 남부 항구도시) 근처에 자리 잡고 있었죠. 그 수도회나 이 친구(매트) 가문의 것일 수 있는 문장이 있는데 전면에는 네 갈래의 발에 뱀이 칭칭 감긴 쇠스랑이 그려져 있고, 뒷면에는 성이나 수도원 같은 건물이 세워져 있는 모양입니다.

"나는 어떻게 죽었습니까?"

─마을 사람 세 명이 수도원 영내에서 사냥을 했습니다. 당신은 그들에게 왜 경계선을 넘었냐고 고함을 지르며 달려가다가 돌뿌리에 걸려 넘어져 정신을 잃었고, 마을 사람들은 도망갔죠. 밤이 돼서야 정신을 차리고 수도원에서 멀리 떨어진 들판을 헤매다 수심이 깊은 강물에 다다랐습니다. 그때 강 앞에서 무릎을 꿇고 기도를 하다가 중심을 잃고 강물 속에 빠지고 말았죠. 강물 위에 드리워진 나뭇가지를 붙잡았지만 나뭇가지가 부러지면서 그만 물에 빠져 죽었답니다.

세스는 수도사가 하던 실험은 훗날 다른 수도사들이 이 분야에서 진전을 이루는 데 기여했다고 말했다. 그는 또한 다른 많은 사람들에게도 도움이 될 수 있는 훌륭한 조언을 들려주었다.

─지성을 마치 창가에 꽂아둔 화려한 깃발처럼 사용하지 마십시오. 그것은 사치스런 장난감이 아닙니다. 당신은 뛰어난 지성을 갖고 있으면서도 그 화려함에 매료되어 지성을 도구로써 제대로 활용하지 못하고 있죠.

나는 전생과 관련된 부분만 추려서 소개하고 있다. 세스의 말은 성격 분석, 건강 및 다른 제반적인 문제들에 관한 조언을 포함하고 있는, 훨씬 방대한 내용을 담고 있다. 각각의 메시지들은 당사자들에겐 매우 중요한 의미를 가지고 있었다.

지금까지는 매우 개인적으로 적용된 세스의 윤회론을 살펴봤다. 하지만 아직 생각해보지 않은 중요한 의문도 많이 남아 있다. 인간은 얼마나 많은 삶을 사는 걸까? 거기에 무슨 제한이 있는 것일까?

간단히 말하자면 우리는 자신의 능력을 개발하고, 다른 현실 차원에 들어갈 준비를 하기 위해 필요하다고 느끼는 만큼 수많은 육체적 삶을 살 수 있다. 이 문제는 퍼스낼리티의 본질을 다루는 장에서 자세히 설명할 것이다. 하지만 이런 틀 속에는 최소 요건이 있게 마련이다. 그 점에 대해 세스는 이렇게 말했다.

—원칙적으로 각각의 존재는 세 가지 역할을 경험하기 위해 육체적 세상에 태어납니다. 바로 어머니, 아버지, 자식이죠. 이 세 가지 역할을 경험하는 데는 두 번의 삶으로 충분하지만 경우에 따라 퍼스낼리티가 성인의 기능을 수행하지 못할 수도 있습니다. 어떤 경우든 가장 중요한 점은 자신의 잠재력을 충분히 사용하는 것이죠.

세스는 육체적 환경에서 잘 발달하지 못한 퍼스낼리티들이 다른 현실 차원에선 자신을 충분히 실현하는 경우도 있다고 말했다. 바꿔 말해 윤회전생을 끝내는 것이 삶의 목적은 아니다. 우리는 다른 차원에서도 삶과 의식을 유지하고 있다. 다른 차원들과, 그 속에서 우리가 맡은 역할들은 신관神觀, 가능성 그리고 시간을 다룰 때 함께 설명할 것이다. 하지만 세스의 핵심적인 윤회론은 윤회전생을 개인적이면서 역사적인 시각에서 바라보는, 다음 교신 내용에 잘 드러나 있다.

—윤회를 통해 새로운 특징을 익히는 주체는, 개인적인 에고와 잠재의

식뿐이며 자아의 다른 지층은 과거의 체험, 정체성 그리고 지식을 계속 유지합니다. 사실 에고는 그런 잠재의식적인 기억 덕분에 안정을 유지하는 것이죠. 자아의 깊숙한 지층에 다른 삶에서 얻은 경험들이 깔려 있지 않았다면 에고는 다른 개인들과 관련을 맺으며 응집력 있는 사회를 구성할 수 없었을 것입니다.

지식은 유전자를 통해 생물학적으로도 전달되지만 과거 생에서 얻은 지식이 육체적으로 물질화되는 과정이기도 하죠. 어느 날 갑자기 존재하기 시작하여 힘들게 최초의 경험을 쌓아나가는 사람은 없습니다. 만일 여러분이 이제껏 그렇게 살아왔다면 아직도 석기 시대를 면치 못했을 겁니다. 지구상에 다양한 에너지 파동과 윤회의 패턴들이 존재하는 까닭은 지금까지의 수많은 석기 시대마다 새로운 주체들이 육체적 삶의 '최초 경험을 쌓고 진보하면서 지구를 바꿔왔기 때문이죠.

그들이 자신들만의 방식으로 지구를 변화시켰다는 점에 대해선 나중에 따로 얘기할 날이 있을 것입니다. 어쨌든 그 모든 사건늘은 싱취와 책임을 바탕으로 온갖 의미와 목적을 수반하면서 눈 깜짝할 사이에 벌어지고 있습니다. 자아의 각 부분들이 상당히 독립적으로 움직이면서도 자아의 다른 부분들에 책임을 지는 것과 마찬가지로 개개의 전체적인 자아(존재)들은 매우 독립적으로 결정하고 활동하면서도 다른 존재들에게 책임을 지고 있죠.

자아의 수많은 층들이 전체적인 자아(존재)를 구성하듯이 수많은 존재들이 전체를 구성하고 있습니다. 하지만 여러분은 이 전체에 대해 잘 모르고 있으며 나 역시 아직 여러분에게 설명할 준비가 안되어 있죠.

우리는 세스와 윤회전생에 대해 교신하며 의문이 생길 때마다 물어본다. 덕분에 윤회에 대한 자료는 아직도 쌓이고 있지만 전체적으로 보면 비교적 분량이 적은 편이다. 마치 윤회전생이 우리 현실의 한 가지 측면에 불과한 것처럼 말이다.

여러분이 전생을 받아들이든 받아들이지 않든, 건전하며 균형잡힌 삶은 매우 중요한 의미가 있다. 우리는 자신의 전생을 만들 뿐만 아니라 현실을 스스로 만들고 있으며, 현재의 문제를 해결함으로써 과거와 미래의 자아들을 편하게 해줄 수 있다는 사실이다.

PART 13

병 없이 건강하게
살 수 있을까?

The Seth Material

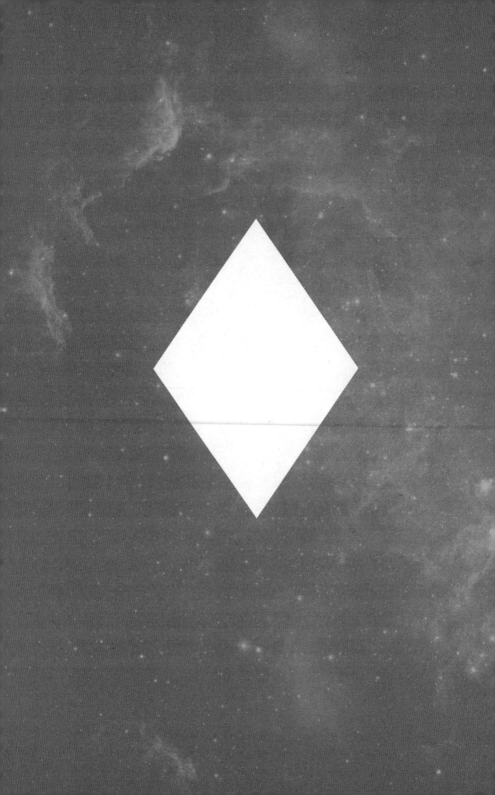

어떻게 하면 건강을 유지할 수 있을까? 질병을 없애는 방법은 없을까? 마음과 건강은 어떤 관계가 있을까? 세스의 사상을 실생활에 응용하면서 그동안 어떻게 살아왔는지 의아스러울 정도였다.

몇 주 전, 우리는 예전에 이웃에 살던 사람이 죽었다는 소식을 들었다. 1년 정도 맞은 편에 살았던 조안은 호리호리한 몸매에 빨강 머리를 가진, 매우 거친 성격의 소유자였다. 그는 아주 뛰어난 재치로 남의 흉내를 잘 냈지만 종종 그런 유머 감각을 칼처럼 휘둘렀다.

조안은 30대 초반이었고 좋은 직장을 갖고 있었다. 하지만 다른 식원들을 경멸했다. 우리가 사는 아파트로 이사를 오기 전에 이미 이혼을 했고 늘 입버릇처럼 재혼에 대해 얘기하면서도 남자들을 극도로 불신했다. 내가 알기로 그는 진심으로 남자들을 증오했다. 여자들에 대해서도 그다지 좋게 생각하는 편은 아니었는데 때때로 아주 따스한 마음씨를 보여주기도 했다.

조안은 롭과 나를 좋아했다. 종종 자신이 아는 누군가를 우습게 비꼬는 얘기로 대화를 시작하곤 했는데 사람들의 약점을 간파해 놀리는 데 아주 도사였다. 나는 조안을 좋아했지만 부정적인 생각과 염세주의적 면모를 한 시간 이상 견딜 수 없었고, 조안도 이 사실을 잘 알고 있었다.

조안이 주로 겪는 어려움은 질병이었다. 큰 수술도 여러 차례 받았다. 식이 요법도 아주 철저히 했지만 그의 병은 점점 더 다양하고 심각해졌다. 희희낙락하다가도 어느 순간 우울증 환자처럼 변하는 극심한 편차를 보였다. 조안은 평소 "마흔이 되면 내 인생은 끝장날 거야"라고 공언하고 다녔지만 우리는 그의 임종 소식에 큰 충격을 받았다. 조안의 병이 죽음에 이를 정도로 심각하다는 사실은 결코 알지 못했다.

다시 말하지만 우리는 자신의 관념을 그대로 본떠서 물질적 현실을 만들고 있다. 바로 세스와의 교신 자료의 주요한 전제이기도 하다. 조안은 몇몇 예외적인 사람을 빼놓고는 모든 사람을 싫어했다. 더 나아가서 그는 자신이 사랑받지 못할 사람이며, 실제로도 사랑받지 못하고 있다고 확신했다. 자신이 사람들을 욕하고 미워하기 때문에 그들도 등 뒤에서 자기 욕을 하고 미워하리라 생각했다. 따라서 일상생활 속에서 온갖 위협을 느꼈고, 끊임없는 긴장과 스트레스 속에서 살았다. 그 결과 몸의 방어기제는 형편없이 약화될 수밖에 없었다. 끊임없는 내면의 전투로 녹초가 되면서도 대부분의 전투가 일방적이며, 부당한 전쟁이란 사실을 결코 깨닫지 못했다. 조안은 자신의 부정적인 현실관을 외부로 투영했고, 자신을 파멸로 이끌었다.

조안이 죽기 2년 전, 정규적인 교신에 참석한 적이 있었다. 그때 세스는 평상시의 유쾌한 어투와는 달리 아주 심각한 어조로 조안에게 경고했다. 이제 와서 보니 그만큼 세스는 조안이 마음가짐과 행동

방식의 변화가 절실히 필요하다는 사실을 강조하고자 했던 것이다.

—머릿속으로 어떤 그림을 그리고 있는지 잘 살펴보십시오. 왜냐하면 실제로 여러분의 상상력이 상황을 주도하기 때문입니다. 우리의 초기 자료들을 읽어보면 주변 환경과 삶의 조건이 언제나 자신의 기대심에서 비롯된 직접적인 결과임을 알 수 있습니다.

무시무시한 환경, 질병, 절망적인 고독을 상상한다면 그것들이 자동적으로 물질화될 것입니다. 왜냐하면 그런 사념 자체가 물질적으로 현실화될 수 있는 조건들을 만들기 때문이죠. 건강하기 원한다면 반드시 그런 이상적인 모습을 생생하게 상상해야만 합니다.

삶의 온갖 고난과 역경도 스스로 창조하는 것이죠. 어느 누구에게나 적용되는 철칙입니다. 심리 상태가 어떻든지 간에 반드시 외부에 투사되어 현실화되죠. 그래서 일단 내면 상태를 스스로 직시해야만 환경을 변화시킬 수 있습니다.

평소 마음가짐이 바로 여러분의 현실을 만들어내죠. 여러분은 자신이 보고자 하는 것을 봅니다. 자신의 생각과 감정적인 태도가 물질적으로 현실화된 결과를 보는 것이죠. 따라서 외부 현실을 바꾸고자 한다면 먼저 정신적이며 영적인 변화가 있어야 합니다. 부정적이며 회의적이고, 두려움에 가득 찼거나 품위 없는 마음가짐은 결국 자기 자신에게 해를 끼칩니다.

조안은 발로 바닥을 신경질적으로 두드리며 앉아 있었다. 당시 조안은 술고래인 남자와 연애 중이었다.

"그 사람의 음주벽은 날 초조하고 화나게 만들어요. 정말 골칫덩이죠. 그를 생각할 때마다 신경질이 난다고요."

—먼저 텔레파시가 끊임없이 작용한다는 사실을 이해해야 합니다. 어떤 사람이 특정한 방식으로 행동하리라 기대한다면 그런 내용의 텔레파시를 끊임없이 그에게 보내는 것이죠. 사람은 모두 이런 암시에 반응합니다. 그때그때 상황의 구체적인 조건에 따라 어느 정도는 자신이 전달받는 집단 암시에 따라 행동하게 마련이죠.

이러한 집단 암시에는 구두로나 정신 감응적으로 전달받는 타인 암시뿐만 아니라 깨어 있거나 수면 상태에서 이뤄지는 자기 암시도 들어갑니다. 의기소침한 것은 타인이나 자신의 부정적 암시에 걸린 결과죠. 당신이 남자 친구를 보면서 참으로 가련한 인생이라거나 구제불능의 술주정뱅이라고 생각한다면 그는 잠재의식적으로 그러한 암시를 받아들이고, 이미 나약해진 정신 상태에서 암시대로 행동합니다.

반면에 똑같은 상황에서도 부정적인 암시를 중단하고 자신에게 이렇게 말해보십시오. '그는 점점 더 좋아질 거야. 술을 많이 마시는 것은 일시적인 현상일 뿐이야. 우리에겐 정말 희망이 있어'라고 말이죠. 이런 식으로 당신은 그에게 도움을 주는 것입니다. 왜냐하면 이러한 암시는 그가 의기소침과의 전쟁에서 승리하는 데 필요한 텔레파시 탄약이 돼 주기 때문이죠.

자신이나 타인의 부정적인 암시로부터 자신을 보호하고, 상황을 스스로 만들 수 있는 방법이 있습니다. 부정적인 심상이나 생각을 긍정적인 심상과 생각으로 대체하는 방법이죠.

잠시 휴식 시간을 갖는 동안 조안은 남자 친구의 음주벽이 자신을 속상하게 만든다고 투덜댔다. 그에게 그런 문제만 없다면 자신도 다시 건강해질 것이라고 확신했다. 자신의 거의 모든 문제가 남자친구 탓이라고 주장하면서.

결국 세스의 어조는 아까보다 더 심각해졌다.

―당신은 아직도 기본적인 문제를 직시하지 않고 있군요. 내적 자아의 목소리에 귀 기울여야 합니다. 당신은 에고를 자신의 자아로 내세우고, 그 말에만 귀를 기울임으로써 내면 깊숙한 곳에서 들리는 내적 자아의 목소리를 듣지 못하고 있습니다.

당신은 이제껏 자신보다는 남들을 분석하는 데 더 많은 시간을 보내왔죠. 그러나 남들의 모습은 당신 자신이 물질화된 것, 즉 당신이 생각하는 자아상을 투영한 결과입니다. 이를테면 사람들이 당신을 속이려 든다면, 바로 당신이 자신을 속이면서 그러한 자아상을 그들에게 투영하고 있기 때문에 생기는 현상이죠. 이 세상에서 사악함과 고독만을 발견한다면, 사악함과 고독에 집착하여 그러한 심상을 외부로 투영하고 다른 광경에는 눈을 감아버렸기 때문입니다. 자기 자신을 어떻게 생각하는지 알고 싶다면 남들을 어떻게 생각하는지 자문해보십시오.

다른 사람들을 아주 게으르고 아무짝에도 쓸모없는 존재들이라고 생각한다면 그것은 곧 자신의 잠재의식적인 자아상일 수 있습니다. 이 경우 자신의 기본적인 관념 구조를 깨닫지 못하고, 스스로도 두려워하는 약점을 남들에게 투영하고 있는 것이죠.

건강과 활기를 유지하기 위해선 자신에 대한 진정한 통찰이 무엇보다 필요합니다. 자신을 진정으로 꿰뚫어 보는 것은 잠재의식적으로 자신을 어떻게 생각하는지 알아내는 것을 의미하죠. 만약 좋은 이미지로 이뤄져 있다면 그것을 삶의 토대로 삼으십시오.

조안은 종종 심한 두통에 시달렸는데 그 점에 대해 세스가 해준 말은 누구에게나 도움이 될 만한 내용을 담고 있다.

―자신에게, 언제나 '나는 오로지 긍정적인 암시에만 반응한다'라고 말해야 합니다. 그럼으로써 자신이나 남들의 부정적인 사념으로부터 어느 정도는 자신을 보호할 수 있습니다. 부정적인 생각을 내버려두면 결국엔 부정적인 상황을 빚어내고 맙니다. 그런 생각의 강도에 따라 낙심과 절망에 빠지거나 두통이 몰려오게 마련이죠.

두통에 시달리고 있다면 즉시 말해보십시오. '그것은 과거의 일이다. 지금은 새로운 순간이며 새로운 현재다. 난 이미 상태가 좋아지기 시작했다.' 그와 동시에 육체적인 증상을 잊어버리십시오. 다른 즐거운 측면에 주의력을 돌리고, 다른 일을 시작하는 겁니다. 이렇게 함으로써 두통이 재발된다는 암시를 육체에게 더 이상 걸지 않게 되죠. 이 방법은 반복해서 사용해도 좋습니다.

두려움과 분노, 적개심과 같은 부정적인 생각들을 무조건 억압하는 것은 무익한 짓이다. 세스는 오히려 통찰하고 직시하며, 다른 긍정적인 생각들로 대체해야 한다는 점을 분명히 밝혔다.

감정의 억압은 나의 습관 중 하나이기도 했다. 특히 부정적인 감정이 얼마나 강한 파괴력을 발휘할 수 있는지 알게 된 후로는 더더욱 그랬다.

나는 롭에게 말했다.

"누군가에게 공격적인 생각을 품으면 그 사람이 다칠 거야. 하지만 그런 감정을 속으로 삭이면 내가 화병이 들고 말걸. 그러니 세스에게 이런 경우에 어떻게 해야 할지 물어봐줄래?"

이에 대해 세스는 억압과 대체의 차이점을 설명해주었다.

—루버트는 분노를 느낄 때마다 그런 감정을 버려야 한다는 사실을 기억해야 합니다. 그러기 위해선 먼저 감정을 통찰해야만 하죠. 그 후엔 부정적인 감정이 뿌리째 뽑혀 나가고, 대신 긍정적인 감정이 넘쳐나는 모습을 상상해야 합니다. 이 과정에선 '뽑아내버리는 상상'이 매우 중요하죠.

그것이 바로 억압과 대체의 차이점입니다. 감정을 억압하면 분노를 속으로 삭이고, 무시하게 되죠. 반면에 대체하면 바람직하지 못한 감정과 생각을 버리고, 평화롭고 건설적인 에너지로 그 자리를 메울 수 있습니다. 다만 장애물에 지나치게 초점을 맞추면 부정적인 상태를 더욱 강화시킬 수 있습니다.

세스의 말에 따르면 사람들은 부정적인 암시를 방어하는 기제를 갖고 있다. 이러한 자신의 면역 체계를 신뢰해야만 한다. 사람들은 자신의 사고방식 자체가 부정적일 때에만 부정적인 암시에 반응한다. 그런 경우엔 자신에게 필요한 온갖 긍정적인 에너지를 스스로 차단해버린다. 세스는 무엇보다도 자연스러움이 중요하다고 말한다. 진실로 자연스러우면 자동적으로 건강이 유지되기 때문에 긍정적인 암시에 신경 쓸 필요조차 없다는 것이다.

내 강의를 듣는 한 사업가는 세스가 자연스러움에 대해 얘기할 때마다 고민에 빠지곤 했다. 그는 자연스러움을 무질서한 상태로 생각한 것이다. 사실 그는 세스로부터 '수석 사제'란 애칭으로 불릴 만큼 출중한 성과를 나타내는 수강생이었다. 다른 수강생들도 그의 영적 모험담에 귀 기울일 정도였다. 하지만 그는 지극히 사회적인 인간이기도 했다. 그의 면전에서 '자연스러움'을 언급하는 것은 마치 투우 앞에서 빨간 천을 휘두르는 것과 마찬가지였다! 대다수 사람들은 일단 상한 감정을 추스리는 것은 상당히 어려운 일이라고 생각한다. 하지만 세스는 그 점에 대해 이렇게 말했다.

─감정은 마치 폭풍우가 몰아치듯 거침없이 흐르게 돼 있습니다. 여러분은 자신의 감정에 솔직해지고, 그에 따라 적절히 대응해야 하죠. 일단 여러분 자신이 감정은 아니라는 사실을 명심하십시오. 감정은 단지 여러분을 관통해서 흐르는 에너지에 불과하죠. 세차게 몰아치다가 어느 순간엔 사라져버립니다. 그러나 일단 그것들을 붙잡기 시작하면 마치 태산처럼 쌓일 수 있죠. 수석 사제에게 말한 바와 같이 자연스러움은 나름대로의 질서를 유지하고 있습니다. 여러분의 신경 체계는 어떻게 반응해야 할지 스스로 잘 알고 있죠. 여러분이 허락만 한다면 자연스럽게 반응하게 돼 있습니다. 감정을 부인하기 위해 애쓸 때에만 위험해지죠.

새로운 수강생이 들어왔는데 누군가가 그에게 세스는 아주 엄격하다고 말했다. 그 말을 듣고 세스는 이렇게 말했다.

─다시 말하지만 내적 자아는 여러분이 아직 이해하지 못하는 질서에 따라 자연스럽게 행동합니다. 감정은 여러분이 갖고 있는 것에 불과합니다. 아침 식사로 달걀을 먹지만 달걀이 여러분 자신은 아니듯, 생각과 감

정을 품을 수 있지만 그것들이 여러분 자신은 아니죠. 고기와 달걀에서 육체적 구성 성분을 얻듯이 생각과 감정에서 정신적 구성 성분을 얻죠.

마찬가지로 감정이나 생각을 자신과 동일시하지 마십시오. 마음의 문에 빗장을 걸고 장애물을 쌓아놓기 시작하면 감정이 더 이상 밖으로 흐르지 못합니다. 그러면 마치 고기로 꽉 들어찬 냉장고처럼 다른 것을 넣을 공간이 없어지게 되죠. 수석 사제, 당신은 왜 자연스러움을 받아들이지 못하는 것입니까?

"자연스러움이란 거의 무책임에 가깝다고 보기 때문이죠."

─그것은 당신의 해석이며 요구에 불과합니다. 아침에 꽃이 하늘을 향해 고개를 쳐들고 이렇게 말한다고 가정해보죠. '햇볕이' 나올 것을 요구합니다. 또한 비를 맞을 필요가 있으므로 비가 내리길 요청합니다. 그리고 벌들이 내게 와서 꽃가루를 가져가길 요구합니다. 날마다 일정 시간 동안 햇볕이 비춰야 하며, 비도 일정 시간 이상 내려야 하죠. 그리고 벌들도 A, B, C만 되고 다른 벌들은 받아들일 수 없습니다. 이렇게 자연이 질서 있게 움직여야 하며 대지도 내 명령에 복종하길 요구합니다. 대지가 자연스럽게 작용하는 걸 허용할 수 없습니다. 태양도 자연스럽게 움직이도록 허용하지 않겠어요. 이 모든 일이 내가 생각하는 질서대로 움직일 것을 요구합니다.

과연 그 꽃은 자신의 요구 사항을 얼마나 관철시킬 수 있을까요? 과연 누가 꽃의 요구에 귀를 기울이겠습니까? 태양의 기적적인 자연스러움 속에는 여러분이 이해할 수 없고 헤아리지도 못하는 질서와 지식이 깃들어 있죠. 꽃들 사이를 날아다니는 벌들의 동작 속에는 여러분이 결코 알지 못할 질서가, 그들만의 지식에 따른 법칙이, 그리고 명령을 초월한 기쁨이 숨어 있습니다. 이처럼 참다운 질서는 자연스러움 속에서만 발견할 수 있죠. 자연스러움은 자기 나름의 질서를 갖고 있는 법입니다.

여러분은 신경 체계의 자연스런 작용 속에서 무엇을 발견할 수 있습니까? 우리는 수석 사제의 머리가 어깨 위에 붙어 있고, 그곳에서 지성이 질서를 요구한다는 사실을 잘 알고 있죠. 하지만 그 모든 일은 여러분이 거의 알지 못하는 내적 자아와 신경망의 자연스런 작용을 토대로 이뤄집니다.

세스는 수석 사제에게 미소를 지어 보이며 다음과 같은 말로 메시지를 끝냈다.

—여러분의 행성에는 오랜 세월에 걸쳐 매년 어김없이 사계절이 찾아왔죠. 지극히 위대한 자연스러움과 창조성으로 성립된 활동이면서도 의례적이며, 질서 있는 방식으로 이뤄지고 있습니다. 계절의 변화 속엔 자연스러움과 질서가, 경이로울 정도로 조화롭게 어우러져 있죠. 그렇지만 여러분은 결코 계절의 변화를 두려워하지 않습니다.

여러분 나름대로의 방식으로 전체에 기여하고 있죠. 지구라는 땅 덩어리와 그 외 자신이 아는 모든 것들…… 이를테면 나무, 사계절, 하늘 등이 어느 정도는 여러분이 전체를 위해 기여한 결과…… 즉, 지구에 결실을 맺는 자연과 질서의 결합이기 때문입니다. 자연의 모든 것은 자연스럽게 움직입니다. 육체도 거짓된 관념을 투영하지만 않는다면 자동적으로 건강해질 수 있죠.

하지만 말처럼 그렇게 간단한 문제가 아니다. 세스는 다음과 같은 내용을 통해 고통과 의식의 생물학적이며 심령적인 요소들을 설명하면서 질병도 때로는 나름대로 목적이 있는 활동임을 지적했다.

이 내용을 읽어보면서 이제껏 자신이 겪은 다양한 질병들을 되돌아보길 바란다. 세스는 표면적인 퍼스낼리티뿐만 아니라 인체의 생물학적 구조와 관련하여 질병을 설명했다.

―모든 질병은 퍼스낼리티가 잠시 병적인 요소를 자아의 일부분으로 받아들인 결과입니다. 질병과 같이 심신에 지장을 주는 활동 역시 퍼스낼리티 구조에 포함됩니다. 일단 그것이 퍼스낼리티 속에 받아들여지면 갈등이 싹트게 되죠. 아무리 고통스럽거나 해로운 것이라도 자아는 일단 자신의 일부분이 된 것을 버리려 하지 않습니다. 이러한 작용의 배후에는 수많은 이유가 있죠.

우선 고통은 불쾌하지만 의식의 경계를 파악하는 수단이 되기도 합니다. 유쾌하거나 불쾌한 강렬한 감각은 어느 정도는 의식을 자극하게 돼 있죠. 그 자극이 모멸스러울 정도로 불쾌한 것이리 히더리도 심리적 구조의 일정 부분은 이를 무차별하게 받아들입니다. 왜냐하면 그 자극도 아주 생생한 감각의 일종이기 때문이죠.

세스는 이제 그의 이론에서 매우 중요한 부분을 설명한다.

―자극, 심지어 고통스런 자극에 대한 묵인은 의식의 기본적인 일부분입니다. 이런 행위는 유쾌하거나 고통스런 자극을 구별하지 않습니다(여기서 세스는 퍼스낼리티가 에너지 혹은 행위로 구성돼 있다고 봤다. 즉, 행위 자체가 퍼스낼리티라고 본 것이다). 그러한 구분은 훨씬 나중에 다른 차원에서 이뤄지죠.

행위(퍼스낼리티)는 모든 자극을 긍정적으로 받아들입니다. 자극의 구별은 지극히 분화된 의식 속에서만 이뤄지죠. 그렇다고 해서 불쾌한 자극이 자의식이 별로 없는 생물 속에선 불쾌하게 느껴지지 않거나 역작용을 일으키지 않는다는 뜻은 아닙니다. 생물은 원래 자극에 대한 자동적인 반응을 좋아한다는 얘기죠. 왜냐하면 자극과 반응은 감각을 의미하며, 감각은 의식이 제 자신을 탐구하는 수단이기 때문입니다.

복잡한 인간의 퍼스낼리티는 육체적으로도 진화한 구조를 갖고 있을 뿐만 아니라 정신적으로도 고도로 분화된 자아 의식, 즉 에고를 갖게 됩니다. 에고는 본성상 정체성의 경계를 분명히 하기 위해 어떤 행위는 선택하고, 어떤 행위는 포기합니다. 하지만 이런 매우 복잡한 모양의 밑바닥에는 존재의 단순한 토대가 자리 잡고 있습니다. 이 토대는 모든 자극을 구별하지 않고 받아들이는 기제인데 이것이 없다면 정체성 자체가 성립될 수 없죠.

고통스런 자극을 묵인하지 않고는 인간의 구조 자체가 유지될 수 없습니다. 왜냐하면 존재 안의 원자들과 분자들은 끊임없이 이런 자극을 받아들이며, 심지어 자신들의 소멸을 즐겁게 경험합니다. 모든 행위를 통해 자신들의 정체성을 인지하면서도 복잡한 자아 구조를 갖고 있지 않기 때문에 소멸을 두려워할 까닭이 없죠. 그들은 스스로를 행위의 일부분으로서 인식합니다.

고통에 대한 에고의 저항에도 불구하고 퍼스낼리티가 질병과 같은 장애가 되는 행위들을 받아들이는 까닭을 이해하기 위해, 이상의 정보는 기본적으로 알아 둬야 할 지식입니다.

그러면서 세스는 질병이 언제나 퍼스낼리티의 문제를 수반하긴 하지만 그 자체로는 '건강한' 반응으로 볼 수 있다고 말했다.

―퍼스낼리티는 질병이 원래 자신에게 기본적으로 속해 있는 것이 아니라 자신의 전체 구조가 당면한 고난의 과정임을 이해해야 합니다. 질병에 걸리면 퍼스낼리티의 전체적인 초점, 즉 주요한 집중력이 건설적인 분야에서 장애가 되는 행위, 다시 말해 질병의 영역으로 옮겨 갈 수 있습니다. 그런 경우 질병은 새로운 통합원리를 대리하죠. 퍼스낼리티가 예전에 유지해온 통합 시스템이 망가지면 질병은 새로운 건설적인 통합 원리가 원래의 시스템을 대체하기 전까지 퍼스낼리티를 온전하게 유지하는 일종의 임시 비상수단이 되는 겁니다.

여기서 통합 원리란 퍼스낼리티 자신을 형성하는 행위 그룹을 의미하죠. 행위가 지장을 받지 않고 기침없이 이뤄질 때, 이런 원리의 변화도 비교적 원만하게 이뤄집니다. 그러나 장애물(진병)을 때때로 접혜이 심리적 시스템을 온전하게 유지하면서 심령적 문제점을 지적하죠. 따라서 질병은 퍼스낼리티를 구성하는 행위의 일부분으로서 나름대로 목적을 지닌 것이며, 퍼스낼리티를 침범한 외부 세력이라고 할 수는 없습니다.

질병이 원래의 목적을 이룬 후 오랫동안 남아 있지 않는 한, 장애가 되는 행위라고 볼 수 없죠. 설사 그런 경우에도, 모든 사실을 알지 못하고선 함부로 판단할 수 없습니다. 왜냐하면 질병은 새로운 통합시스템이 제대로 돌아가지 않을 경우에는 비상수단으로서 퍼스낼리티를 안심시키기 때문이죠.

바꿔 말해 퍼스낼리티의 구성 성분이 될 행위들을 철저히 통찰하지 않은 채 그것이 장애 요소가 될 것이라고 함부로 판단할 수 없습니다. 아주 중요한 문제죠. 이 점을 간과할 때, 보다 심각한 질병에 걸릴 위험이 있습니다. 행위가 자유스럽게 이뤄진다면 신경증적인 거부 반응이 일어나지 않습니다. 신경증적인 거부 반응이야말로 불필요한 질병을 초래하는 주범이죠.

질병은 대개 어떤 행위를 끝까지 완수할 수 없을 때 일어나는 결과입니다. 원래 행위의 노선을 포기하고 에너지가 자유로이 흘러가게 할 때, 질병도 사라집니다. 그러나 지장을 주는 행위(질병)는 원래 질병으로 예방하고자 했던 비참한 결과들과 동일한 것일지 모릅니다. 그럼에도 퍼스낼리티는 자신의 논리대로 움직이죠.

세스는 육체적 증상이, 우리가 이런저런 정신적 실수를 저지르고 있음을 알리는 내적 자아의 메시지라고 거듭거듭 강조했다. 그는 육체를 조각상에 비유하기도 했다.

―육체는 내적 자아가 다양한 기술을 시도해보는, 결코 완성되지 않는 조각상입니다. 조각가는 자신이 조각상과는 별개의 존재이며 앞으로도 다른 조각상을 만들게 되리란 사실을 알고 있죠.

세스는 또한 다양한 증상들과 내적 문제의 관련성에 대한 매혹적인 설명도 들려주었다.

―자신이 내적 자아의 일부분임을 잊지 마십시오. 여러분은 자아에게 사용되는 도구가 아니라 물질적 현실을 경험하는 일부분이죠. 아주 치명적인 중상(이를테면 사지가 절단된 경우)이 아닌 외적 질환은 대개 해결 과정 중에 있는 문제들, 즉 '공개된' 문제들을 나타냅니다.

그런 질병들은 발견 과정의 산물이죠. 병증들을 진보의 계량점으로 이용하여 내적 문제들을 직시하고, 극복할 수 있는 위치로 끌어낸 것입니다. 원래 시행착오의 시스템이 가동되고 있지만 그러한 내적 과정이 육체적 질환을 통해 더욱 가속화되는 것이죠.

세스는 가벼운 외적 질환들은 치료 과정의 일부분이라고 지적했다. 우리가 해야 할 일은 마음가짐을 바꾸고, 병증이 나타내는 내적 문제를 탐구하며, 증상의 개선 여부를 통해 자신의 진보를 판단하는 것이다.

─병증이 궤양과 같이 내적인 것이라면 퍼스낼리티가 아직 문제 자체를 직시하지 않으려 하기 때문에, 병증도 육체적으로 나타나지 않는 것이라고 말할 수 있습니다. 그러므로 병증의 가시성은 문제에 대한 퍼스낼리티의 마음가짐을 알려주는 단서입니다.

물질화되지 않는 문제들도 많아서 영혼 내의 미개척, 비생산 지대로 남아 있죠. 체험 자체가 허용되지 않기 때문에 문제 자체가 성립될 수 없는 부분입니다. 이 부분에서는 정신적, 영적, 감정적 통찰이 이뤄지지 않고, 에너지 흐름이 완벽하게 차단되죠. 이러한 체험 거부는 구체화된 문제보다 훨씬 더 유해합니다. 왜냐하면 퍼스낼리티는 그 분야에 있어서 자신을 전혀 표현할 수 없기 때문입니다.

질병은 왜곡된 관념이 육체로 투영된 결과다

세스에 따르면 사람마다 노화 과정이 다르지만 일반적으로 나이를 먹으면 의식의 주요한 부분이 내세의 영역으로 이전되어 대개는 그곳을 완전히 지각하게 된다고 한다. 퍼스낼리티의 정신적 초점은 서서히 이 세상을 떠나 다른 삶의 차원에서 작용하기 시작한다. 육체적 질환은 퍼스낼리티가 새로운 육체적 자극을 거부하고, 고의든 실수든 육체적 경험을 회피함으로써 빚어진 결과다. 죽음을 겁내는 사람들이 대개 이러한 경로를 밟을 수도 있다. 왜냐하면 죽음이 닥치기 전에도 의식은 이미 새로운 환경에 적응하고 있으며, 유기적 조직체의 기능 정지는 무의미하기 때문이다. 어떤 상황이든 개인의 내적인 결정이 육체적 증상을 유발하며, 반대의 경우는 있을 수 없다.

사후에도 계속해서 병증을 갖고 있을 수 있다. 우리 아파트에는 동맥 경화증으로 세상을 떠난 C란 사람이 있다. 어느 날 밤, 유체 이탈한 상태에서 낯선 집에 와 있는 나 자신을 발견했다. 아주 낡은 곳이었는데 왠지 새로 지어진 집처럼 보였다. 내가 당도했을 때 C가 막 집 밖으로 나오고 있었다. C는 아주 혼란스러운 표정을 짓고 있었는데 불현듯 그 집이 C가 창조해낸 환각의 건물임을 '알게' 됐다. C는 자신의 죽음을 깨닫지 못한 상태에서 어린 시절에 살던 집을 그대로 복제해낸 것이다.

순간 C에게 사실을 설명하는 것이 내 일임을 눈치챘다. 나는 그를 붙잡고 집으로 다시 데리고 들어가면서 말했다.

"C, 당신은 더 이상 죽음을 걱정할 필요가 없어요. 이미 죽음이란 관문을 통과했기 때문이죠. 이제 아주 또렷하고 맑은 정신 상태를 가질 수 있어요. 모든 게 다 괜찮아질 겁니다."

C가 내 말을 알아듣는 듯했기에 대화를 끝냈고, 또 다른 사람이 대신 그를 맡았다. 책에서 이런 얘기를 읽었지만 직접 C를 안내해 주기 전까지는 모든 게 상상력의 산물이라고 생각했다. 중요한 점은 C가 평소 죽음을 겁냈기 때문에 자신의 죽음을 깨닫지 못했다는 것이다. 육체가 분명히 죽었기 때문에 C는 유체 상태에 있었다. 그런데도 C는 아직도 동맥 경화증을 앓고 있는 듯 정신이 또렷하지 않은 상태에서 혼란스런 행동을 보인 것이다.

세스에 따르면 유회적 삶이 진행되는 동안 우리는 자신의 생각과 감정을 외부로 투사시켜, 스스로 현실을 만든다는 사실을 깨달아야만 한다. 이를테면 실병이 육체로 투영된 왜곡된 관념의 결과임을 깨닫는다면 내적인 문제를 해결하는 데 신경을 쓸 수 있다. 그러한 자각은 자신이 전생에 앓았던 질병까지도 치료할 수 있다. 세스는 모든 삶이 사실상 동시에 전개되며 그런 '평행'의 자아들이 지금도 우리 안에 존재하기 때문에 내적인 문제를 해결함으로써 그들에게도 도움을 줄 수 있다고 말한다.

결혼하지 못할 남자하고만 사랑에 빠졌던 도리스라는 친구가 있다. 도리스는 조울증이 점점 더 심해져서 여러 차례 자살을 시도했다. 그래서 어느 날 밤 도리스가 없을 때 그를 위해 세스와 교신을 했다. 그때 세스가 한 말은 아주 중요한 의미를 함축하고 있었다.

─여러분은 삶의 조건대로 삶을 받아들이지 않고 있습니다. 자신이 의식적으로 결정한 방식대로 삶이 진행되길 요구하며, 나름대로의 이유와 목적을 가진, 있는 그대로의 삶을 거부하고 있죠.

자신을 사랑해줄 남자를 찾아야만 한다는 생각은 삶의 조건대로 삶을 받아들이지 않으려는 구실에 불과합니다. 그는 '삶이 내 조건대로 이뤄지지 않는다면 더 이상 살지 않겠어'라고 말하고 있죠. 그러나 그 누구도 자신의 본질적인 생명에 대항할 권리를 갖고 있지 않습니다.

반면에 일단 삶의 조건대로 삶을 받아들인다면 자신이 구하던 것을 얻을 수도 있죠. 자신이 세운 목표를 지속적인 삶의 조건으로 고집하지 않는다면…… 삶의 활력과 기쁨을 누릴 수 있습니다. 그러나 여러분은 자신이 가진 건강과 생명을 잊어버렸습니다. 지성과 직관, 이제껏 받아온 축복까지도요.

자신이 설정한 조건에 맞도록 삶을 억지로 뜯어 맞출 수는 없습니다. 여러분은 자신의 목적이 존재하며, 이뤄질 것이며, 현재 이뤄지고 있다는 사실을 믿어야 합니다. 자신이 나름대로의 목적과 의미를 갖고 있으며, 그렇지 않다면 아예 이 세상에 태어나지도 않았을 거란 믿음으로 살아야 하죠.

자신의 퍼스낼리티가 지닌 독특함은 소중히 간직해야 합니다. 여러분의 현재 인격이 지닌 독특한 목적은 현재의 환경에서 가장 잘 충족될 수 있습니다. 물론 다른 시간대와 다른 삶에서도 현재의 과제에 도전할 수 있죠. 하지만 그때는 현재처럼 특정한 방식으로 특정한 사람들에게 특정한 도움을 줄 수는 없습니다.

감사하는 마음으로 저녁 노을과 아침 햇살을 맞이하며 축복과 기쁨으로 심장의 박동에 귀 기울이는 사람들은, 다른 사람에 비해 이제껏 받은 축복과 삶을 고대할 만한 이유가 형편없다 하더라도 놀라운 성취를 이루고 다른 이들에게 기쁨을 줄 수 있습니다. 그들은 삶의 조건대로 삶을 받아들임으로써 충만한 은총을 얻죠. 자신이 가진 모든 것을 삶에 바침으로써 얻는 은총을 말입니다.

하지만 건강이란 정확히 무엇일까?

―여러분이 건강을 추구해야 하는 이유는 그것이 자연스런 존재 상태이기 때문입니다. 자기 존재의 본질적인 지성을 신뢰해야만 하죠. 우주의 에너지는 여러분의 육체적 형상을 통해서 자신을 표현합니다. 여러분은 개인화된 의식체로서 그 에너지의 일부분이죠. 그러나 건강이 좋지 못하다면 자신을 제대로 표현할 수가 없습니다. 왜냐하면 육체는 정신에 영향을 미치고, 정신은 육체에 영향을 미치기 때문이죠.

육체적 상태가 좋지 못하다고 해서 악한 사람이 되는 것은 아닙니다. 단지 특정한 부위에서 에너지의 흐름이 막혀 에너지를 건설적으로 활용할 수 없음을 뜻하죠. 이론적으로 말해서 마땅히 써야 할 곳에 에너지를 사용하고 있다면 삶은 최상의 건강을 유지하며 온갖 풍요로 가득 찰 것입니다. 그러나 살다 보면 갖가지 부족함이 다양한 방식으로 나타나게 마련이죠.

육체적으로 건강하다고 해서 영적으로도 부유하다고는 생각하지 마십시오. 특정한 분야에서는 거칠게 없지만 또 다른 분야에선 많은 장애에 부닥칠 수도 있죠. 이상적인 상태는 자신의 모든 능력을 발휘하고, 그런 과정 중에 남들을 돕는 것입니다.

세스는 자기 최면과 가벼운 최면 상태를 활용하여 내적 문제를 탐구할 수 있다고 말했다. 또한 그는 내적 자아에게 문제에 대한 해답을 의식적으로 알게 해달라고 요청해볼 것을 권했다. 내적인 문제점들을 발견하지 못했다면 설사 병을 치료한다 하더라도 또 다른 병증이 나타날 것이다.

꿈은 자신의 문제점을 발견하고 해결책을 구하는 데 있어서 매우 중요한 수단이다. 다음 장은 꿈을 이용한 치료법에 대한 세스의 설명으로 시작한다. 이는 누구나 응용할 수 있는 아주 간단한 가르침이다.

PART 14

꿈은 현실의 문제를
해결할 가능성이다

The Seth Material

어느 날 밤, 아주 무시무시한 꿈을 꾸었다. 나는 침대에 누워 있는 육체에서 빠져나왔는데 갑자기 누군가가, 아니 무엇이 내 위에 있었다, 다음 순간 나는 침실의 어두컴컴한 구석으로 떠밀렸다. 나를 짓누르는 것은 흐릿한 인간의 모습이면서도 훨씬 크고 아주 단단한 검은 형체였다.

　소리도 아주 괴상했다. 그것이 나를 잡으려 한다는 것을 깨닫고, 큰 충격을 받았고 겁에 질렸다. 사람들이 나처럼 유체 이탈을 한 상태에서 악마 같은 것들의 공격을 받았다는 이야기를 읽은 적이 있지만 실제로 악마의 존재를 믿지는 않았다. 대제 무엇일까? 하지만 생각할 겨를도 없었다. 그 존재는 수차례 내 손을 물면서 나를 침실 옷장 속으로 끌고 가려고 했다.

　나는 롭의 코고는 소리를 듣고 더욱더 당황했다. 육체 밖에 있는 나의 상황에 대해 그는 전혀 모르고 있을 테니까. 대체 세스는 어디 있지? 이러한 곤경에 처했을 때 도와주러 온다는 '안내자'들은 어디에 있는 거야? 놈은 정말 놀라울 정도로 무거웠고, 설사 날 곧바로 죽이려는 것은 아니라 하더라도 내게 상처를 입히려 한다는 의도는 분명히 느낄 수 있었다.

놈이 계속 나를 짓누르며 물려고 하자 어쩔 수 없이 귀청이 떨어질 정도로 고함을 질렀다. 놈이 내 고함에 겁을 먹고 달아나든지 아니면 누군가가 와주길 바랐다. 다행히 놈은 마치 깜짝 놀란 짐승처럼 잠시 뒤로 물러났고, 나는 그 틈을 이용해 놈의 밑에서 빠져나왔다. 나는 내 육체를 향해 쏜살같이 날아갔고, 놈도 내 뒤를 쫓아왔다. 나는 비겁하게 도망쳤다. 머리가 돌아갈 정도로 강하게 부딪쳤지만 그 정도는 문제도 아니었다. 내 몸이 그토록 반가운 적은 없었다.

'놈이 아직도 여기에 있다면 아주 혼쭐을 내줘야지'라고 마음을 먹고 눈을 떴더니 놈은 사라지고 없었다. 나는 롭을 깨워서 방금 겪은 일을 얘기할까 하다가 그의 잠을 방해하지 않기로 했다.

안전하다는 것을 확인하고 나니 비겁하게 도망친 것이 무척 수치스러웠지만 다시 잠을 잘 용기도 없었다. 우유를 한 잔 마시며 내가 했어야 했던 일을 생각해봤다. 최소한 놈이 나를 문 것처럼 나 역시 놈을 물었어야 했다는 생각이 들었다. 사실 며칠 동안 우울증에 빠져 분노, 두려움, 적개심 같은 온갖 부정적인 것들을 생각하고 있었다.

꿈을 이용해 삶을 바꿀 수 있다

다음 날 저녁, 우리는 세스와 정규적인 교신을 했다.

—우리의 친구는 어젯밤 색다른 전쟁터를 선택했군요. 그는 모든 부정

적인 감정들을 적으로 간주하고, 그들과의 전투가 가능한 다른 현실의 차원에서 그들에게 형체를 부여했습니다. 그곳은 아스트랄 차원이 아니라 그보다 더 낮은 차원의 세계였죠.

검은 형체를 만들어낸 것은 감춰진 두려움의 에너지입니다. 누구나 두려움을 갖고 있기에 그런 것을 만들어낼 수 있죠. 루버트는 그것들을 자신에게서 떼어 내어 형체를 부여하고, 싸우고자 했습니다. 사실상 몰골 사나운 저차원의 동물에 불과하죠. 그처럼 두려움으로 만들어진 '것'은 자신의 창조자에게 겁을 먹고 화를 내게 마련입니다. 루버트가 자신을 죽여 없애기 위해 창조했다는 사실을 알고 자신을 지키기 위해 루버트를 공격할 수밖에 없었던 것이죠.

그것은 분명 실재합니다. 하지만 루버트가 안전하게 정상적인 의식으로 돌아온 순간, 루버트의 시야에서 사라져버렸죠. 루버트는 집으로 도망치면서 자신의 에너지, 즉 주의력을 회수한 것입니다. 루버트는 스스로 부정적으로 여기는, 온갖 요소들과 싸우고 자신과 단절하고자 했습니다. 루버트가 상상했던 악은 실재하지 않지만 그가 실재한다고 믿었기 때문에 결국 자신의 두려움으로 악을 물질화시켰죠. 최근에 그가 겪은 우울증이 형상화된 것입니다. 넓게 보면 악이란 존재하지 않으며 여러분이 현실을 제대로 지각하지 못하고 있는 것뿐이죠.

받아들이기 힘들겠지만 이러한 진실은 루버트가 육체를 빠져 나와 여행하는 동안 그의 안전장치가 되어줄 것입니다. 그가 기억하기만 한다면 말이죠. 루버트가 자신의 사념체를 만들었듯이 다른 이들도 그런 형상을 만들고 있기 때문에 루버트는 언제라도 그들과 조우할 수 있습니다. 그것들을 두려워한다면 스스로 그들의 현실 영역에 뛰어들어 그들의 조건에 따라 싸우게 되는 셈이죠. 그럴 필요가 전혀 없는데도 말입니다.

세스는 롭에게 내 능력이 향상되고 있다고 말했다. 아주 잘 만든 큰 사념체였다는 것이다. 사람들은 자신도 모르는 가운데 소위 '악몽'을 통해 나와 같은 경험을 한다. 꿈은 확실히 우리의 일상생활에 많은 영향을 미친다. 우리를 건강하게 만들기도 하지만 우울증에 빠뜨리기도 한다. 그렇기 때문에 우리는 꿈을 의도적으로 이용함으로써 삶을 향상시킬 수 있다.

인류는 예부터 꿈이 인간의 온갖 행위에 대한 단서를 제공한다는 사실을 알고 있었다. 그래서 정신분석학자들은 꿈을 이용해 잠재적인 동기를 탐구해왔다. 하지만 실제로 꿈을 창조적으로 활용하는 방법, 즉 꿈을 통해 건강을 증진시키고, 영감을 얻으며, 활기를 되찾고, 문제를 해결하며, 인간관계를 윤택하게 만드는 법을 아는 사람은 별로 없다. 세스는 자기 개선 프로그램이나 심리 치료에 많은 도움이 될 수 있는 꿈 활용법을 가르쳐주었다.

─퍼스낼리티는 에너지 형태로 구성되어 있습니다. 퍼스낼리티는 각성 의식의 체험뿐만 아니라 꿈 체험을 통해 변화되죠. 인간은 육체적 환경에 영향을 받듯이 자신이 창조한 꿈의 환경에서도 영향을 받습니다. 자아는 무한하죠. 그러나 제대로 지각하지 못할 경우 자아의 한계가 보이게 됩니다. 이를테면 꿈을 의식하지 못할 때, 더 이상 꿈을 꾸지 않는 것처럼 보이는 것이죠. 그러나 사실은 그렇지 않습니다.

퍼스낼리티는 모종의 의식 레벨에서 꿈의 구조물을 통해 문제를 해결하고자 합니다. 그럼으로써 깨어 있는 상태에선 제대로 표현할 수 없었던 행위를 자유롭게 시도할 수 있는 것이죠. 그러나 그런 시도를 실패하면 문제, 즉 행위가 질병으로 물질화됩니다.

이제껏 꿈을 해석하기 위한 연구는 많이 있었지만 꿈속 활동을 통제하는 방법에 대한 연구는 거의 이뤄지지 않았죠. 그러나 적절한 암시를 통한 치료법의 일환으로 꿈속 활동을 통제할 수 있습니다. 부정적인 꿈은 퍼스낼리티의 부정적인 측면을 강화하며, 불행한 상황을 악순환시키는 데 일조하는 경향이 있죠. 반면에 꿈의 행위로 건설적인 기대심을 충족시킨다면 그 자체로도 상황을 유익하게 변화시킬 수 있습니다.

인간의 질병은 대부분 이러한 꿈 치료법을 통해 예방할 수 있죠. 공격적인 성향도 꿈에선 비교적 무해하게 자유로이 표현할 수 있습니다. 꿈에서 자신의 공격성을 체험하게 되리라고, 혹은 꿈에서 자신을 관찰함으로써 자신의 공격성을 이해하게 되리라고 암시를 거는 것입니다.

처음 이 자료를 읽었을 땐 억압된 감정을 해소할 수 있는 기막힌 방법이라고 생각했다. 꿈을 통해 없애버리다니! 물론 그리 쉬운 일은 아니다.

─여러분이 반드시 알아야 할 측면이 있습니다. 이를테면 공격성의 표현과 관련된 암시를 걸 때, 꿈속 행위의 대상이 특정 인물은 아니라는 내용이 반드시 들어가야 합니다. 어떤 경우든 진정한 문제는 눈에 보이는 사람이 아니라 공격성과 같이 눈에 보이지는 않는 요소들이죠.

꿈에서 누군가를 해치겠다는 암시를 걸어선 안 되는 까닭이 여러 가지가 있는데, 거기엔 여러분이 아직 이해하지 못하는 텔레파시의 현실이나 불가피한 죄책감의 문제가 관련돼 있죠.

세스는 꿈이나 상상의 체험이 깨어 있을 때의 체험과 마찬가지로 실제적인 것이라고 누누이 강조했다. 우울한 생각에 빠져 있다면 꿈속에서도 우울한 체험을 하게 된다. 그러나 세스가 가르쳐준대로, 잠들기 전에 마음가짐을 긍정적으로 만들고, 원기를 회복시켜줄 유쾌하고 즐거운 꿈을 꾼다고 자기 암시를 건다면 오히려 꿈을 통해 현실을 바꿀 수 있다.

나 역시 이 방법으로 좋은 성과를 거두었다. 때때로 꿈 내용을 다 기억하진 못했지만 언제나 기운차고, 심기일전된 상태로 깨어났으며 상당히 지속적인 효과를 누릴 수 있었다.

이 모든 것이 꿈 활용법으로 거둔 실제적인 이익이지만 우리는 꿈의 현실에 대한 세스의 설명에 큰 흥미를 느꼈다. 나는 꿈속에서 유체 이탈을 수없이 경험했기 때문에 그러한 환경의 실새에 대해 무척 관심이 많았다. 세스는 우리의 교신이 시작된 지 얼마 안 되어 꿈의 본질에 대해 얘기했다. 세스로부터 꿈을 '모니터링'하고 중요한 능력을 각성시키는 법을 배우기 전까지 그저 그의 메시지에 계속 놀랄 수밖에 없었다. 그중 92호 교신 내용은 이제 기본적인 원리로 받아들이고 있는 메시지다.

─꿈은 개개인이 자신의 내적 에너지를 육체적 현실만큼이나 실제적이고 기능적인 현실로 변환시킴으로써 시작됩니다. 놀라운 분별력으로 자신의 관념을 꿈의 사물이나 사건으로 만들어내기 때문에 그것들은 존재

성을 얻고 무수한 차원에 걸쳐 존재하게 됩니다. 꿈꾸는 사람은 나름대로의 목적을 위해 자신에게 의미 있는 상징을 선별하여 외부에 투영합니다. 가치를 이루고 내적 확장을 꾀할 수 있는 방식으로 말이죠. 꿈이 실행될 때 그러한 확장이 이뤄집니다.

세스는 꿈에서 창조한 퍼스낼리티(내가 보았던 '검은 것')를 '이중 혼성 구조물'이라 불렀다. 그의 말에 따르면 내가 심령 에너지로 그것을 만들었을 때 내적 확장이 이뤄졌고, 그것에게서 벗어났을 때 '수축'이 일어났지만 존재를 이루게 한 에너지까지 회수할 수는 없었던 것이다. 그 창조물은 내게서 해방되어 다른 차원에서 계속 존재한다.

一영적인 것이든 육체적인 것이든 구조물로 투영된 에너지는 회수할 수 없습니다. 다만 그 에너지체는 자신에게 주어진 특정한 형태의 법칙에 따라 살아야 하죠. 그러므로 꿈꾸는 사람이 '수축'을 통해 꿈에서 깨어난다 하더라도 꿈의 현실은 그와는 별개로 계속 존재합니다.

세스의 설명대로라면 에너지의 변환은 가능해도 소멸은 불가능하다. 세스는 우리뿐만 아니라 여러분이 제기할 만한 다음과 같은 수많은 의문들에 답을 들려주었다.

그렇다면 어떻게 해서 일상적인 삶이 꿈속 삶보다 훨씬 더 현실적으로 느껴지는가? 그러한 꿈속 우주가 실재한다면 어째서 그 현실이 우리의 현실에 좀 더 침투하지 못하는 것인가? 육체적으로 일어나는 일에 대해선 모든 사람이 어느 정도는 동의할 수 있지만 꿈은 상당히 주관적이며 개인적인 사건이다. 그런데 어떻게 꿈속 우주도 물리적인 우주처럼 지속될 수 있는가? 그런 우주에서 일어나는 사건들에 관해 사람들의 시각이 일치할 수 있는가?

—물리적인 우주도, 결코 둘 이상의 개인에게 똑같은 의미를 지닐 수 없는 개인적인 상징들의 집합체입니다. 이 세계에서의 색깔이나 공간상의 배치와 같은 기본적인 속성들 역시 꿈의 기본 속성들만큼이나 믿을 수 없는 것들이죠. 여러분은 단지 유사점에 초점을 맞추고 있을 뿐입니다. 텔레파시 망이 마치 아교처럼 물리적 우주를 불확실한 위치에 간신히 고정해놓고 있죠. 여러분이 사물의 존재와 특징에 대해 동의할 수 있도록 말입니다.

꿈의 세계도 물질적인 세계와 똑같은 종류의 우주입니다. 단지 그 세계는 여러분이 육체적으로 감지할 수 없는 영역에서 구성돼 있을 뿐이죠. 하지만 그 세계는 여러분이 아는 것보다 훨씬 더 지속적일 뿐만 아니라 경이로울 정도의 유사성을 지닙니다. 우선, 현재 육체적 차원에서 알고 지내는 사람들은 특정한 주기로 전에도 봉일인 역사저 시기에 생존했던 사람들입니다. 그들은 내적인 친숙성을, 즉 특정한 시기에 똑같은 현실 속에 살았던 것에서 비롯된 결합력을 지니고 있습니다. 그들의 꿈 체험은 여러분이 생각하는 것처럼 그리 다양하지 않죠. 관념이 물질적 세계에서 물질을 구성하듯이 어떤 상징들은 꿈의 세계에서 현실화됩니다.

물질적 세계를 결합시키는 것과 똑같은 영적 동의가 꿈의 세계를 결합시키고 있습니다. 물리적 우주에서도 다른 사람들의 동의를 받을 수 없는 미확인된 요소들에, 즉 유사성보다는 상이성에 초점을 맞추는 사람이 있다면 둘 이상의 인간이 지각하는 동일한 육체적 사물이 어떻게 하나라도 존재할 수 있다는 것인지 의아할 것입니다.

그는 인류가 대체 어떠한 집단적 광기로 인해 무한한 혼돈으로부터 한줌에 불과한 유사성을 선별하여 우주로 인식하는 것인지 궁금해하겠죠. 여러분은 바로 이처럼 꿈의 현실을 혼돈의 세계로 인식하고, 그 속에서 어떻게 결합력, 현실성, 상대적인 지속성을 발견할 수 있다고 하는지 의아해하고 있는 것입니다.

꿈이 혼돈스럽고 무의미하게 보이는 까닭은, 단지 우리가 꿈의 파편만 기억하고 통합적인 요소들은 잊고 있기 때문이다. 또 다른 이유로, 꿈은 해석을 필요로 하는 직관적이며 연상적인 '논리'로 이뤄져 있어서 겉보기엔 별 의미를 발견할 수 없다는 점을 들 수 있다. 세스에 따르면 어떤 꿈은 아주 단순하게, 미해결된 현재의 문제나 사건을 다루고 있다고 한다. 하지만 이런 경우조차 꿈의 사건은 전생의 사건들과 관련돼 있을 수 있다.

꿈의 사물은 사실상 이중, 삼중의 의미를 지니는, 심층적인 데이터의 상징들이다. 이를테면 전생의 정보를 포함한 꿈은 우리에게 잠재돼 있는 능력을 환기시킴으로써 현재의 문제에 적절히 대처할 수 있도록 도와준다.

나는 두 차례 아주 생생한 전생의 꿈을 꾼 적이 있다. 그중 한 꿈에서 난 시설이 형편없는 병동에 누워 죽음을 기다리는 노파였는데, 혹시 예지몽인가 싶어 꿈에서 깨어난 후 한동안 겁이 나기도 했다. 그 꿈에서 나는 암에 걸려 있었지만 죽음이 전혀 두렵지 않았다.

내 옆의 병상엔 역시 죽음을 기다리는 다른 노인이 누워 있었다. 나는 그에게 저 세상에서 그를 도와 줄 테니 걱정하지 말라고 일러주었다. 그가 죽은 후, 노인이 몸에서 빠져나오도록 도왔고, 모든 일이 잘될 것이라고 계속해서 안심시켰다.

세스는 내가 19세기에 보스턴에서 영매로 살다가 죽은 경험을 나타낸 것이라고 말했는데 전에도 언급한 전생이었다. 그러면서 그는 내가 암으로 죽는 일은 다신 없을 거라고 다짐했다(내가 암으로 죽은 건 그의 전술적 실책이었다. 왜냐하면 그는 그보다 오래전에 내게 담배를 끊으라고 말했지만 내가 말을 듣지 않았기 때문이다. 그는 금연을 강요하지 않았고, 단지 내 전체적인 건강이나 발전에 도움이 되지 않는다고 말했다).

세스는 많은 사람들이 전생에 대한 꿈을 꾸지만 그 중요성을 깨닫지 못하기 때문에 기억하지 못하는 것이라고 주장했다. 그렇다면 우리가 잠을 자면서 방문하는 장소는 과연 실재하는 곳일까?

―여러분은 깨어 있을 때만 의식을 차리고, 잠을 잘 때는 무의식 상태라고 생각하죠. 그러나 잠시만 시각을 달리 해보십시오. 꿈에서 깨어 있을 때의 문제점을 생각한다고 가정해봅시다. 그런 관점에선 그림이 전혀 달라지죠. 왜냐하면 잠을 자면서도 의식이 깨어 있기 때문입니다.

여러분이 꿈을 꾸는 동안에 방문한 장소들은 현재 육체적으로 방문할 수 있는 장소만큼이나 실재하는 곳들입니다. 이제 더 이상 의식적인 자아니 무의식적인 자아니 하는 말은 사용하지 않기로 하죠. 자아는 하나뿐입니다. 다만 그것이 다양한 차원에 주의력을 집중하고 있을 뿐이죠. 깨어 있을 때는 물질적 현실에 초점을 맞추지만 꿈에선 전혀 다른 차원의 현실에 초점을 맞춥니다.

깨어났을 때 꿈에서 본 장소들이 기억이 나지 않는다면 반대로 꿈속에선 깨어 있을 때 본 장소들이 별로 기억나지 않습니다. 침상에 누워 있는 육체는 꿈꾸는 자아가 머무는 꿈의 장소와는 상당히 멀리 떨어져 있지만 그 거리는 공간과는 아무 상관이 없죠. 꿈의 장소는 육체가 잠자는 방과 동시에 존재할 수도 있습니다.

그렇다고 해서 그 세계가 침대나 의자, 장롱과 겹쳐져 있는 것은 아니죠. 다만 그것들은 여러분이 각성 상태에서 인지하는 침대, 장롱, 의자 등과 똑같은 원자와 분자로 구성돼 있습니다. 사물은 지각 작용의 결과임을 기억하십시오. 여러분은 자신의 내적 에너지로 지각 대상의 패턴을 구성하고, 사물로 인식하여 사용하는 것입니다. 하지만 형체가 구체화된 차원에 초점을 맞추지 않는 이상 그것들은 여러분에게 아무 소용이 없죠. 꿈에서 여러분은 육체적 세상의 것과 똑같은 원자와 분자로 자신이 작용할 환경을 만들어냅니다. 그래서 꿈을 꾸는 동안엔 침대나 장롱, 의자를 발견할 수 없으며, 꿈에서 깨어나면 방금 전까지 존재했던 꿈의 세계를 발견할 수 없습니다.

물론 우리는 때때로 몸을 떠나 꿈속에서 혹은 아스트랄체 상태로 다른 물리적 장소를 여행하기도 한다. 수강생 중 어떤 이는 꿈속이나 각성 상태에서 육체를 빠져나와 그런 여행을 하며, 종종 거실에서 우리와 만난다. 세스는 각성 상태의 현실과 꿈속 현실의 상관관계에 대해 매혹적인 설명을 들려주기도 했다.

―그리스도의 십자가형이 여러분의 물리적 시간대에선 발생하지 않았

지만 엄연한 현실이자 실재라고 언급한 적이 있습니다. 그 사건은 꿈과 같은 시간 속에서 발생했지만 당시 동시대인들이 그 사건을 현실로 지각했죠. 물리적 현실이 아니면서도 그 어떤 물리적 사건도 이루지 못할 방식으로 물리적 세상에 영향을 미친 것입니다.

그리스도의 십자가형은 꿈속 우주에서 발생한 사건이면서도 꿈속 우주뿐만 아니라 물질 우주까지 풍요롭게 만들어준 현실이죠. 꿈의 세계에서 여러분의 세계에 엄청난 영향을 미친 사건으로 마치 물질 우주에 새로운 행성이 출현한 사건에 비견될 만하죠.

여기서 세스는 그리스도의 십자가형이 단순히 '꿈'에 불과했다고 말하는 것이 아니다. 그는 비록 역사적으로 일어난 사건이 아니라 하더라도 분명 다른 현실 차원에서 일어났고, 우리 차원의 역사 속에 하나의 관념으로, 즉 문명을 뒤바꾼 관념으로 등장했다고 했다 (세스에 따르면 관념은 물질화됐든 안 됐든 분명한 하나의 사건이다).

—그리스도의 승천 역시 여러분이 아는 시간대에선 일어나지 않았죠. 이는 꿈속 우주가 여러분의 세계에 기여한 사건으로써 인간이 물질로부터 자유롭다는 관념을 나타내고 있습니다.

수많은 관념과 실용적인 발명품들이 꿈의 세계에서 대기하고 있습니다. 어떤 인간이 자신들을 물질적인 현실의 틀 안에서 가능한 것으로 받아들이길 기다리는 것입니다. 상상력은 각성 의식 상태의 인간을 꿈의 세계와 연결해주죠. 상상력은 종종 꿈의 데이터를 원상 복구시켜 일상생활 속의 특정한 환경이나 문제에 적용합니다.

꿈속 우주는 물질세계의 역사를 완전히 뒤바꿀 개념들을 갖고 있습니다. 하지만 그런 개념들의 존재 가능성을 거부하는 한, 그것들의 육체적인 출현은 늦어지게 돼 있죠.

세스는 꿈이 만들어지는 과정, 각성 의식 상태에서 만들어졌다가 꿈을 구성하는 과정 중 방출되는 화학 성분들, 꿈속 현실의 전자기적 구성물들을 세세하게 설명했다. 하지만 이 모든 설명을 통해 그가 내내 주장한 것은 꿈속 현실의 '객관성'이었다.

세스는 꿈을 회상하는 방법과 꿈을 꾸는 동안 그 꿈을 발판 삼아 자신의 중요한 능력을 각성하거나 육체 밖으로 의식을 투사시키는 방법 등을 가르쳐주었다.

✳

가능한 현실 세계들이 존재한다

꿈을 꾸며 의식을 투사하는 방법을 예로 들어보자.

어느 날 아침, 식사를 하고 침대에 누워 꿈 투사법을 실험했다. 이는 내가 꿈속에서 꿈을 꾼다는 사실을 자각하고, 그 상황 속에서 정상적인 '각성 의식'을 다른 곳으로 투사할 수 있음을 의미한다. 그날 아침 나는 정확히 그런 상태에 도달했고, 몸을 떠날 수 있었다. 당시 내 몸은 침대 위에 편안하고 안전하게 누워 있었고 문은 잠겨 있었다. 빠르게 허공을 날아 어느 이상한 도시의 거리 위에 도달했다. 그곳이 어디인지를 알아내기 위해 표지판을 찾았다. 호텔과 거대한 상점들이 늘어서 있었는데 거리의 이름을 확인한 후 호텔 로비로 들어갔다. 그 안에서 작은 서점을 발견하고 서가를 둘러보았다. 거기에는 내가 쓴 ESP 책 세 권이 진열돼 있었다. 당시 1967년도에는 아직 한 권밖에 출판하지 않은 시기였다.

깜짝 놀라 주변을 둘러봤다. 하지만 모든 것이 정상처럼 보였다. 그곳이 어디든 물질적인 장소인 것은 분명했다. 그러다 뭔가가 느껴져 고개를 들어보니 어떤 젊은이가 카나리아를 발견한 고양이 같은 눈빛을 빛내며 만족스러운 표정으로 나를 내려다보고 있었다. 점원 중 한 사람이었다. 한동안 무슨 말을, 어떤 행동을 해야 할지 몰라서 가만히 있다가 간신히 입을 열었다.

"이봐요. 난 지금 육체 밖으로 나온 상태예요. 그런데 이 책들은 전엔 본 적이 없는 것 같군요."

내 말을 믿지 않을 거라고 생각했지만 도대체 내 이름으로 나온 세 권의 책은 무엇이며, 점원이 나를 보고 의미심장한 미소를 짓는 이유가 무엇인지 알고 싶었다. 그러자 젊은 점원이 대답했다.

"그렇게 생각하지 않아요. 당신이 사는 곳에선 아직 이 책들이 나오지 않았지만 말이죠."

그러면서 그는 주변에 모여든 다른 사람들과 함께 아주 다정하게 웃기 시작했다.

"내가 지금 어디에 있는 거죠?"

"신경 쓰지 말아요. 어차피 전혀 기억하지 못할 테니까."

"오, 아니에요. 난 지금 훈련 중이에요."

그러자 그들 중 하나가 대답했다.

"당신은 아직 그 일에 능숙하지 않아요."

"난 지금 아스트랄체 상태예요. 내 육체는 침대 위에 있다고요."

"우리도 알아요."

그때 다시 책이 내 눈길을 끌었다. 점원은 말했다.

"어서 그 제목들을 외워두세요. 하지만 유감스럽게도 당신에게 아무 도움도 되지 않을 겁니다. 나중에 전혀 기억나지 않을 테니까요."

"난 이미 이곳의 거리 이름을 외웠는걸요? 그나저나 내가 정말 이 책들을 쓰는 건가요?"

"그럼요. 벌써 쓴 걸요."

누가 뭐라고 하든 난 그곳에 대한 걸 가능한 한 다 외우기로 결심했다. 점원이 나를 데리고 돌아다니면서 그곳을 소개해주겠다고 했지만 혼자서 그곳을 탐구하고 싶다고 말했다. 그는 아주 친절하게 나와 대화를 나누며 도시의 흥미로운 곳들을 얘기해주다가도 결국은 내가 기억하지 못할 거라는 경고를 덧붙였다.

그러다 아무 예고도 없이 뭔가가 날 잡아끌었다. 순간 쉭 하는 소리가 들리더니 내 몸으로 돌아왔다. 나는 마치 농락당한 듯한 기분이 들었다. 대개 똑같은 장소로 되돌아가는 것은 아주 어려운 일이었지만 너무나 화가 나서 그곳에 돌아가기로 굳게 마음을 먹었다. 다행히 아까 우리가 있었던 장소에 다시 '착륙'할 수 있었지만 젊은 이의 모습은 어디에서도 보이지 않았다. 거리를 세 바퀴나 돌았지만 호텔 역시 발견할 수 없었고, 결국 다시 몸으로 돌아왔다.

그 체험과 관련하여 세스는 우리가 꿈속에서 유체 여행을 하게 됐을 때 마주치는 상황들에 대해 설명했다.

─꿈속 현실도 나름대로의 형체들을 갖고 있죠. 그 형체들은 내부의 에너지에 존재하는 잠재력이 최초로 표현된 산물들입니다. 잠재적 형태는 그것이 물질화되기 훨씬 이전부터 존재하죠. 당신이 앞으로 5년 후에 살게 될 집은 지금 당신의 관점에선 존재하지 않습니다. 아직 지어지지도 않았기 때문에 육체적으로는 감지할 수 없죠. 그럼에도 그 집은 광대무변한 현재 속에선 분명히 형체를 갖고 존재합니다.

꿈속 현실의 특정한 레벨에선 그런 형체들을 지각할 수 있습니다. 꿈속 현실에선 아직 당신이 접할 필요가 없는 다른 수많은 종류의 현상들과 접촉할 수 있죠. 유체 투영 실험을 할 땐 이러한 정보가 아주 실제적인 지식으로 변할 것입니다.

물질적인 현실 속에서 살아갈 땐 아주 간단한 규칙들만 알면 되죠. 하지만 꿈속 현실에선 그보다 훨씬 폭넓은 자유를 만끽할 수 있습니다. 거기엔 에고가 들어오지 못하죠. 각성 의식은 에고가 아닙니다. 에고는 물질적 현실을 다루는 각성 의식의 일부분에 불과하죠.

각성 의식은 꿈으로 갖고 갈 수 있지만 에고는 불가능합니다. 에고를 갖고 있는 한, 꿈의 문턱에서 주춤거리고 안으로 들어갈 수 없기 때문입니다. 실험을 통해 당신은 갖가지 꿈속 현실들을 경험하게 되죠. 의식을 통제하는 법을 배우기 전까진 그것들을 구분하는 것조차 힘듭니다. 그중 어떤 현실은 조작이 가능하지만 또 어떤 현실은 조작이 불가능하죠. 또 어떤 곳은 당신이 스스로 만든 것이지만 어떤 곳들은 전혀 낯선 세계일 수 있습니다. 그곳은 현실의 다른 차원에 속하며 당신은 어쩌다 실수로 발을 딛게 된 것이죠.

꿈꾸는 사람은 과거, 현재, 미래의 태양계를 방문할 수도 있습니다. 그러한 방문은 대개 단편적이고 자연적으로 이뤄지죠. 하지만 그 정도로 그치는 것이 가장 좋습니다. 어쩌다 그런 세계들을 접할 경우 그 기회를 최대한 이용하되 의도적으로 다시 찾아가려고 하지는 마십시오. 왜냐하면 수많은 문제가 수반되기 때문이죠.

세스는 꿈 상태에서 의식을 투영하는 방법과 그 과정 중에 부딪치는 상황들에 대해 설명했다. 그는 내가 그런 실험을 할 때 개인적으로 도와준 적도 있다고 언급했지만 난 그의 도움을 의식한 적이 없었다. 나는 꿈속에서 세스를 본 적이 없는데 그 점이 이상했다. 다만 한밤중에 잠에서 깨어나 방금 전에 세스와 교신했다는 사실을 의식하는 경우는 많았다. 그땐 마치 세스의 말이 전파신호처럼 내 머릿속에서 방송되는 것을 들을 수 있었다. 하지만 마치 내가 들으년 안 되는 라디오 방송 같았다. 귀를 기울이기 시작하면 머릿속에서 찰칵 소리가 나며 방송이 중단됐기 때문이다. 두 번 정도는 메시지 내용과 대상이 누구인지를 알 수 있었다. 나중에 그 당사자들은 같은 시각에 세스가 나를 통해 메시지를 전하는 꿈을 꾸었다고 했다.

세스에 따르면 우리는 모두 꿈을 공유하고 있다. 즉, 집단적인 꿈을 꾸는 것이다. 그러한 꿈은 우리의 일상생활을 안정시키는 힘으로 작용한다. 꿈은 과연 사적인 것일까? 적어도 우리가 생각하는 정도는 아닌 게 분명하다. 세스는 254호 교신에서 이렇게 말했다.

—집단적인 꿈속에서 인류는 정치적이며 사회적인 구조의 문제를 다룹니다. 인류가 꿈속 현실 속에서 도출한 해결책은 그들이 육체적 세상에서 받아들인 해결책과 항상 동일한 것은 아니죠. 하지만 꿈속의 해결책은 인류의 이상입니다. 이를테면 집단적인 꿈이 없었다면 미국은 존립할 수 없죠. 하나 지금 인류의 발전 단계에선 꿈속 현실 중에서 기억에 담을 내용을 취사 선택할 필요가 있습니다. 만일 여러분에게 빗발치듯 퍼부어지는 그 모든 텔레파시 커뮤니케이션의 내용을 의식하게 된다면 현재의 정체성을 유지하는 것이 무척 힘들기 때문입니다. 그러므로 공유하는 꿈의 내용은 기억에 남지 않는 것이 바람직하죠. 어찌 됐든 경험을 통해 정체성이 강화되는 동안, 자동적으로 자아 확장이 이뤄져 조작 가능한 현실 세계가 늘어납니다.

세스는 존 F. 케네디를 언급하면서 인종 문제와 관련된 꿈속 현실을 설명했다.

—여러분도 알다시피 많은 사람들이 잭 케네디의 죽음에 대한 예지몽을 꾸었습니다. 그리고 어떤 레벨에선 케네디 자신도 알게 됐죠. 하지만 그렇다고 해서 그 죽음이 반드시 현실화될 필요가 있었던 것은 아닙니다. 단지 확연한 가능성에 불과했죠. 또한 여러 가지 문제에 대한 수많은 해결책 중 하나이기도 했습니다. 가장 적합한 해결책은 아니었지만 그는 물질적 현실에서 특정한 시간대에 그 사건을 겪을 가능성이 가장 많은 사람이었죠.

세스가 꿈에 대해 설명한 내용만 가지고도 여러 권의 책을 쓸 수 있을 정도다. 세스의 교신 자료에 따르면 우리의 영적 발전과 성장,

학습 과정과 체험은 모두 꿈속 삶과 관련되어 있다. 그 속에서 우리는 존재의 다른 레벨을 방문하며, 심지어 필요한 기술을 익힌다. 우리의 의식 단계를 통합하는 모종의 전자기적이며 화학적인 연결 고리가 존재하는 것이다.

우리는 꿈을 통해 물질적 현실을 바꾸고, 육체적 체험은 꿈의 체험을 바꾼다. 둘 사이엔 끊임없이 상호 작용이 이뤄지고 있다. 꿈을 통해 우리의 의식은 다른 종류의 현실 세계에 초점을 맞춘다. 그리고 깨어나면 꿈을 잊어버리지만 그것들은 우리의 일부분으로 남아 있다. 설령 우리 자신은 전혀 의식하지 못하더라도 말이다.

세스에 따르면 각성 의식의 에고는 의식하지 못하지만 우리는 동시에 수많은 다른 현실 세계에서 활동하고 있다. 우주는 물질이나 반물질로 구성돼 있을 뿐만 아니라 그 둘의 중간적 성격을 지닌 무수한 종류의 현실들이 존재한다. 이 밖에도 우리가 삶을 살아갈 수 있는 또 다른 '가능한 현실 세계'들이 존재한다.

—내적 자아는 꿈의 체험을 직접적으로 느끼고 체험합니다. 꿈은 전자기적 실체를 갖고 있습니다. 이러한 실체를 통해 그것들은 꿈꾸는 사람과는 별개로 존재할 뿐만 아니라 유형의 세계를 구성하고 있죠. 비록 그 형태는 여러분이 익히 알고 있는 물질적 형태는 아니지만 말입니다.

세스는 모든 체험은 우리의 세포 속에 전기적으로 암호화되며, 육체가 없어도 얼마든지 보존될 수 있다고 말했다. 꿈의 체험에도 마찬가지로 적용된다.

—인간의 생각과 꿈은 우리가 생각하는 것보다 훨씬 더 멀리 파급효과

를 미칩니다. 그것들은 수많은 차원에 걸쳐 존재하며, 우리가 의식하지 못하는 세계들에 영향을 미치죠. 건물처럼 실재하는 것으로서 수많은 세계 속에 갖가지 다른 종류의 모습으로 나타납니다. 일단 창조된 것은 결코 무를 수 없죠.

꿈의 전기적 실체는 암호화함으로써 두뇌에서뿐만 아니라 육체의 지각 범위 내에서도 그 결과를 체험할 수 있습니다. 오래전에 잊혀진 꿈의 체험도 육체의 세포 속에 전기적으로 암호화된 데이터로 보존됩니다. 꿈의 체험은 다른 모든 체험과 함께 세포 속에 존재하고…… 세포들은 그것들의 형태를 구성합니다. 전기적으로 암호화된 신호들은 완결된 체험의 닮은꼴을 만들어내는데 그 패턴은 육체적 현실과는 무관하게 존재하죠.

다시 말해 우리의 꿈은 퍼스낼리티와 함께 독자적인 불멸성을 가진다.

—여러분은 태어날 때부터 꿈이나 생각, 욕망, 체험들을 포괄하는 개인적이며 지속적인 전기적 신호들로부터 자신의 닮은꼴을 만들어냅니다. 그리고 육체적으로 죽을 때, 퍼스낼리티는 물질적 형태와 분리되어 존재하게 되죠.

PART 15

여러분은 누구이며
무엇인가?

The Seth Material

1969년 6월, 우리는 세스로부터 롭의 '가능한 자아' 중 한 명이 찾아올 거란 얘기를 듣고 깜짝 놀랐다. 당시 이미 세스로부터 가능한 자아란 말을 한두 번 듣긴 했지만 무슨 소리인지 전혀 모르고 있던 시기였다. 가능한 자아란 게 대체 무엇일까? 세스에 따르면 우리 개개인은 다른 현실 세계 속에 자신의 닮은 꼴들을 갖고 있다. 그들은 동일한 자아나 쌍둥이가 아니라 같은 존재에게 속해 있으면서도 현재의 자아와는 다른 방식으로 능력을 개박한 자아다.

　이런 퍼스낼리티들은 전생의 자아들보다 촌수가 먼 친척이라고 할 수 있다. 우리가 지금까지 받은 정보에 따르면 그들 중 일부는 우리와는 다른 지각 방식을 갖고 있다. 이를테면 우리의 세계에서 롭은 화가다. 그런데 몇 해 전 그는 의학과 관련한 그림을 그리면서 자신이 그전까지 전혀 생소했던 의료 과정이라든가 그 분야 용어들에 정통해 있다는 사실을 발견하고 무척 놀란 적이 있다. 그때 그린 그림들은 그에게 일을 의뢰했던 의사들로부터 높은 평가를 받았다. 나중에 세스는 롭의 가능한 자아 중 하나가 다른 현실 세계에서 취미로 그림을 그리는 의사로 활동 중이라고 귀띔했다. 그 때문에 롭

은 의학적인 그림을 손쉽게 그릴 수 있었던 것이다(물론 그 의사 자아
에게 있어서도 롭은 가능한 자아 중 하나다)!

가능한 자아와 현실의 가능 체계

세스는 우리를 방문할 롭의 가능한 자아와 그가 우리의 현실과
접촉하기 위해 사용할 방법에 대해 설명했다.

─공간 구조 속에는 무수한 종류의 물질들이 존재합니다. 물론 육체적
인 감각으론 다른 종류의 물질로 만들어진 이 세계들을 지각할 수 없죠.
하지만 내적 감각의 사용법에 숙련되면 그러한 탐구를 할 수 있습니다.
여러분의 친구(가능한 자아)는 그런 방면에서 여러분보다 앞선 단계에
도달해 있죠. 그의 세계 자체가 그 방면에서 여러분의 세계보다 앞서 있
습니다.

생각이 공간을 이동하는 것과 마찬가지 방식으로, 의식 역시 다른 현
실 세계(다른 차원)로 이동할 수 있죠. 하지만 이런 경우엔 반드시 의식
을 보호해야 하는데 특정한 약으로 그런 효과를 얻을 수 있습니다(바로
롭의 가능한 자아가 가능한 세계로 의식을 투사할 때 사용하는 방법이다).

그 약들은 마치 타임캡슐처럼 일정 기간 동안 자극을 차단하다가 목
적지에 도달하면 다시 자극제를 주입하죠. 물론 매우 복잡한 과정을 수
반합니다. 자극은 육체에 주입되어 두뇌에 영향을 미치죠. 그때 유체 이

탈 체험을 통해 의식이 투사되는 것입니다. 육체의 두뇌는 충격으로부터 보호를 받습니다. 왜냐하면 이 경우엔 의식과 육체가 정상적인 접촉이 이뤄질 수 없을 정도로 의식이 빠르게 이동하기 때문입니다. 이후 두뇌에 주입하는 자극제는 일종의 자양분으로서 두뇌 밖의 의식에게 실제적인 도움을 주죠.

약은 정해진 기간 동안 절정의 의식 상태를 유지하며 모든 정신적 기능을 가속화시킵니다. 이런 의식의 집중적인 활동기 사이에는 무의식의 기간이 끼어드는데 이것 역시 의식을 보호하기 위해서입니다.

무의식의 기간 동안 두뇌에 주입한 약은 의식 투사를 담당하는 두뇌 영역에 자양분을 공급합니다. 여러분의 시간으로 말하자면 의식의 활동기는 대략 3일간 지속되고, 이후 환경에 따라 하루 반나절에서 4일 정도 무활동기가 이어집니다. 원래 세계에서 다른 세계로 의식 에너지를 이전할 땐 뇌파를 비롯한 특정한 패턴들이 다른 세계에 맞게 자동적으로 변해야 합니다. 이를테면 뇌파만 하더라도 여러분의 과학자들이 아직 발견하지 못한 유형의 뇌파들이 있죠. 아까 언급한 약들은 필요할 때 뇌파를 그런 식으로 바꿔주는 데 도움을 줍니다. 세계를 들어오고 나갈 때, 뇌파의 패턴이 적절하게 바뀌지 않는다면 이론적으로 의식은 그 세계에 갇혀버릴 수 있습니다.

세스는 롭의 가능한 자아는 피에트라 박사란 사람으로 롭보다 나이가 들었고, 그림에 취미를 갖고 있지만 그것보다는 의학적인 연구 활동을 더 중시한다고 했다.

—그는 그림을 치료에 이용하는 방법을 연구하고 있습니다. 그가 생각

하는 치료법은 그림 자체로 치료 효과를 거둘 수 있는 방법이죠. 어떤 그림은 보는 사람에게서 치유력을 이끌어낼 수 있습니다. 화가의 치료적인 의도가 그의 그림 속에 담겨 있기 때문이죠.

롭이 물었다.

"피에트라 박사는 내가 존재한다는 것을 알고 있습니까?"

ㅡ당신이 존재할 수 있다는 걸 알고 있죠. 그는 자신의 가능한 자아가 있다고 믿기 때문에 그런 가능한 우주를 방문하고자 노력하는 것입니다. 하지만 당신이 그의 방문을 예상하고 있다는 것은 전혀 알지 못하죠. 그는 다른 두 사람과 함께 자신에게 약을 사용해왔습니다.

그는 의식 여행 중인 상태에서도 자신의 세계에서 활동할 수 있습니다. 당신의 마음 상태와 감수성은 그에게 전달될 것입니다. 그에겐 그것이 신호를 보내오는 영역으로 인식되죠. 두 퍼스낼리티의 교감적인 측면이 둘 사이의 연결통로를 열어줄 것입니다. 물론 그 통로들은 물리적인 것이 아니지만 어느 정도는 분자 구조가 관련돼 있죠.

"하지만 그를 육체적으로 볼 수 있을까요? 설사 우리가 접촉을 한다 하더라도 내가 그것을 의식적으로 알 수 있을까요?"

ㅡ완전히 외적으로 객체화된 상태나 생생한 내적 이미지 형태로 그를 보게 될 것입니다. 또한 당신들 사이에는 텔레파시와 같은 내적인 커뮤니케이션이 이뤄지게 돼 있죠. 그 역시 시각지향적인 사람입니다. 그래서 당신에게 자기 현실 세계의 이미지들을 보여줄 수도 있죠. 그는 또한 당신을 데리고 유체 여행을 할 수도 있습니다. 그러면 당신은 그의 시각에서 자신의 현실 세계를 바라보고, 찰나에 자신과 루버트의 삶을 아주

명쾌하게 통찰할 수도 있죠.

"그가 언제 여기에 온다는 거죠?"

―그는 7시간 내에 당신의 현실 세계에 도달할 것입니다. 그가 사용한 약 때문에 특별한 색깔을 띨 수 있습니다. 노란색이나 자주색을 보거든 놀라지 마십시오. 지금은 설명할 수 없는 여러 가지 이유로 그들의 실험은 벌써 몇 주째 진행한 상태고, 다음 실험은 가을일 것입니다. 세포 구조의 전도성과 여러분의 특정한 환경과 관련돼 있죠.

롭은 세스의 조언에 따라 접촉을 용이하게 만들기 위해 일주일 내내 심리적 시간 훈련법을 여러 차례 수행했다. 하지만 아무 접촉도 이뤄지지 않았다. 다음 주가 됐을 때, 세스는 미약한 접촉이 두 차례 이뤄졌다고 말해 우리를 놀라게 했다.

―심층 의식적 레벨에서 퍼스낼리티의 특징들이 순간적으로 합쳐졌습니다. 그러나 당신이나 박사 모두 그 상황을 어떻게 처리해야 할지 알지 못했죠. 당신은 자신의 정체성이 약화될까 봐 염려했고, 정체성 간의 유사성에 겁을 먹었습니다. 그러나 미약하나마 그런 접촉이 이뤄진 것도 모두 그런 유사성이 있기에 가능했던 일이죠.

"그게 언제 일어난 일입니까?"

―당신이 갑자기 생각을 바꾼 어느 시점이었죠. 당신이 마음속으로 인체 내부의 부분적인 이미지를 보았거나 이와 관련한 생각을 했다고 믿습니다. 당신이 심층적인 의식 레벨에서 피에트라 박사의 존재를 감지해서 발생한 일이죠.

롭은 당시 인체를 모델로 한 초상화를 그리고 있었기 때문에 그 말을 수긍할 수 있었다. 그는 인체의 내부 장기에 대한 강렬한 이미지를 떠올린 적은 없지만 인체 내부를 생각한 것은 사실이었다. 세스는 피에트라 박사의 초점이 불분명하고 인격체의 강도가 변화하고 있지만 아직은 보다 완벽한 접촉이 가능하다고 말했다.

세스에 따르면 피에트라 박사가 사용하는 약은 의식이 육체적 두뇌에 너무 일찍 돌아오는 것을 예방해주며, '여행 중인 의식의 활동과 상태를 모니터링하다가 심각한 위험에 빠질 경우 매우 위험하긴 하지만 의식을 도로 불러들이는' 방법들이 존재했다.

세스는 가능한 현실 세계가 우리 세계만큼이나 실재하는 세계라고 말했다. 그곳 사람들이 느끼기에 그 세계는 육체적인 물질로 만들어져 있지만 실상 그곳은 물질적 우주와 반물질적 우주 사이에 속한 무한한 세계나 우주 중 하나에 불과하다. 그들은 다른 가능한 우주의 존재를 가설적으로 인정하고 있으며, 피에트라 박사는 탁월한 의학적 경력 덕분에 최초의 탐험자 중 한 사람으로 뽑혔다.

그들은 육체 밖으로 의식을 투영해 다른 가능한 세계를 여행하기 위해 의학과 물리학, 그 외 수행법 등을 접목한 것으로 보였다. 그리고 세스는 우리의 세계에서 장거리 우주여행은 물리적 방법보다는 정신적 방법으로 이뤄질 수 있다고 언급했다.

하지만 세스의 말대로 우리에게 가능한 자아가 있고, 이 행성에서조차 동시에 다양한 삶이 펼쳐지고 있다면 단일한 영혼의 개념은 대체 어떻게 생각해야 하는 걸까?

나는 이쯤에서 육체적 사건과 가능한 사건 간의 차이점과 우리

세계와 가능한 현실 세계의 관계에 대한 세스의 설명을 소개하고자 한다(롭과 피에트라 박사는 별개의 개인들이다. 세스는 그 둘의 관계가 촌수가 먼 사촌 정도 된다고 설명했다).

° 231호 교신, 자아와 가능한 현실들

─여러분이 지각하든 안하든 행동은 행동이며, 가능한 사건도 사건입니다. 생각이나 바람, 욕망 등도 모두 사건이죠. 인간 세계는 육체적 사건에 반응하듯 생각, 바람, 욕망에 반응합니다. 우리는 꿈에서 몽롱한 의식 상태로 가능한 사건들을 종종 경험하곤 하죠. 이것은 한쪽 세계가 다른 세계에 '유출'되는 현상이라고 할 수 있습니다.

전체적 자아가 마스터 테이프를 구성한다고 상상해보십시오. 녹음기에는 네 개의 채널을 갖고 있습니다. 반면에 전체적 자아의 내적 녹음기는 무수한 채널을 가질 수 있죠. 각각의 채널은 전체적인 자아의 일부분을 상징합니다. 모든 자아는 각기 다른 차원에 속해 있으면서도 함께 전체적 자아를 구성하고 있죠. 1번 채널로 나오는 테이프의 음향이 2번 채널의 음향보다 더 현실적이라고 표현하는 것은 말도 안 되는 얘기입니다. 여기서 1번 채널의 소리는 여러분의 현재 에고에 비유할 수 있죠.

이제 자아들이 불어난다고 상상해보십시오. 여러분의 녹음기에 스테레오 장치가 돼 있다고 가정하는 거죠. 덕분에 여러분은 다양한 채널의 요소들을 조화롭게 섞을 수 있습니다. 이러한 스테레오 장치를 내적 에고에 비유해볼 수 있죠. 각각의 자아는 지각 속성에 따라 나름의 방식으로 시간을 경험합니다. 스테레오 채널을 켜면 자아는 자신들의 통일성을 알게 됩니다. 다양한 현실들이 전체적인 자아의 총체적인 인식에 녹아들죠.

그러나 이처럼 전체적 자아가 자신의 모든 지체들을 동시에 지각할 때까지 각 지체들은 각기 홀로 떨어져 있는 것처럼 보입니다. 그 사이에서도 커뮤니케이션이 이뤄지지만 그들은 의식하지 못하죠. 마스터 테이프는 모든 채널의 공통 요소입니다. 내적 에고가 녹음 감독이지만 전체적 자아(즉 영혼) 역시 자신을 알고 있어야 하죠. 내적 에고가 무슨 일이 진행되고 있는지 아는 것으론 충분치 않습니다. 궁극적으로 내적 에고는 동시적 자아들에 대해 이해해야만 합니다.

°가능한 사건과 육체적 사건의 차이점

—사건 X를 예로 들어 보죠. 전체적 자아의 각기 다른 부분들은 각지의 방식으로 가능한 사건을 체험할 것입니다. 그중 여러분의 에고가 경험하면 물질적 사건이 되는 것이죠. 여러분의 에고는 자아의 다른 부분들이 지각하는 사건에 대해선 전혀 알 수 없습니다.

사건은 동일하지만 다양한 경험이 이뤄집니다. 에고가 그러한 사건을 물질적인 것으로 받아들이든 받아들이지 않든 전체적 자아는 가능성들을 인지하고 영향을 받습니다. 이때 시간의 연속성도 변하게 되죠. 과거, 현재, 미래는 여러분의 에고에게만 현실로 인식됩니다.

내적 에고는 광대무변한 현재에 존재합니다. 광대무변한 현재는 전체적 자아가 거하는 기본적인 '시간'이지만 자아의 다양한 부분들은 각자의 시간 시스템 속에서 체험을 얻죠.

시간 체험이 다르다면 심리적 구조도 다르게 마련입니다. 이를테면 각성 의식과 잠재의식 사이에는 심리적인 편차가 존재한다는 것을 알 수 있습니다. 에고는 '과거'를 되돌아보고, 자신의 뭔가를 발견함으로써 안정성을 유지합니다. 반면에 가능성의 세계와 관련된 자아의 지체들은 정체성이나 지속성을 유지하기 위해 '과거'를 체험할 필요가 없죠. 여러분의 에고가 생각하는 지속성은 그들 자아의 지체들에겐 낯설뿐만 아니라 경직성을 증가시키는 대단히 혐오스런 개념이 될 수도 있습니다.

여기서는 유연성이 핵심 단어죠. 유연성이란 각각의 가능성을 탐구하는 데 필요한 자아의 자발적인 변화를 의미합니다. 경험은 그 자체로 유연성이라는 속성을 지니고 있죠. 이런 상태에서 정체성은 잠재의식에 비유될 만한 것에 의해 유지됩니다. 바꿔 말해 심리적 구조의 잠재이시저인 부분이 항세성을 떠맡으며, 에고이 체험온 꿈결 같은 상태로 이뤄지는 것입니다.

˚ 232호 교신, 가능성의 세계는 실재한다

—가능성의 세계는 물질세계만큼이나 실재합니다. 여러분은 자신이 알든 모르든 그 세계에 존재하고 있죠. 단지 거기에 초점을 맞추고 있지 않을 뿐입니다. 가끔 꿈속에서 그 세계를 혹은 자신의 가능한 자아들을 인식할 수도 있습니다. 앞서 말한 대로 꿈 이미지 역시 명확한 실체성을

갖고 있죠. 가능한 사건들도 마찬가지지만 여러분에겐 그렇게 보이지 않을 뿐입니다.

가령 꿈속에서 사과 한 알을 들고 있었다면 깨어나는 순간 사과는 사라지죠. 그렇다고 해서 사과가 존재하지 않았다고 말할 순 없습니다. 각성 상태에서 이를 지각하지 못할 뿐이죠. 마찬가지로 여러분은 가능한 사건들의 실체를 의식적으로 지각할 수 없을 뿐입니다. 하지만 전체적 자아의 부분은 가능한 사건들에 관련되어 있습니다. 꿈속의 '나'는 가능한 사건들을 체험하는 자아에 비유될 만하죠(꿈속의 '나'는 그 자신을 명확히 의식하며 '깨어 있는' 나를 가능한 자아로 인식할 것입니다).

이렇게 한번 생각해보십시오. 어떤 사람이 세 가지 행위를 놓고 선택해야 할 상황에 처했습니다. 그는 그중 하나만 선택해 경험하죠. 내적 자아는 나머지 두 행위 모두 경험하지만 육체적인 현실의 일이 아닙니다. 다만 내적 자아는 그 모든 선택의 결과를 점검하고 다른 문제를 결정할 때 참고하죠. 꿈꾸는 자아가 꿈속 행위를 경험하듯이 가능한 자아는 가능한 행위를 경험함으로써 자신의 존재를 구성합니다. 그리고 이 모든 자아의 지층들 간에는 끊임없이 잠재의식적 정보의 상호 교환이 이뤄지죠.

° 227호 교신, 퍼스낼리티와 가능성(1)

—여러분이 초점을 맞추는 체험은 수많은 자잘한 체험들로 구성돼 있듯이 전체적인 현실은 여러분이 체험하는 것보다 훨씬 거대한 구조를

갖고 있습니다. 자아의 특정한 부분은 에고와는 전혀 다른 양식으로 사건을 경험하며, 전혀 다른 방향으로 의식을 전개할 수 있죠. 여러분의 의식적 자아가 사건 X를 경험하는 동안 자아의 다른 부분은 에고가 경험했을 수도 있는 다른 가능한 사건들로 의식을 전개합니다.

에고는 태생적 한계로 인해 한 가지 사건만 선택해야 하죠. 반면 자아의 그 부분은 X1, X2, X3 등의 가능한 사건들을 탐구할 수 있습니다. 에고가 사건 X만 경험하는 동안 다른 사건들을 모두 경험할 수 있는 거죠.

결코 억지스러운 논리가 아닙니다. 이를테면 여러분은 악수를 단순한 한 가지 행위로 인식하죠. 하지만 악수는 사실상 수많은 자잘한 행위들로 구성된 사건입니다. 여러분은 자잘한 행위들을 하찮게 보고, 하나하나 인식하는 데 시간을 쓰지 않죠. 대신 무수한 행위를 전체적으로 인식합니다. 자아의 다른 부분도 마찬가지죠. 그것은 모든 가능한 사건들을 순식간에 의식하고 경험할 수 있습니다. 마치 여러분이 악수를 구성하는 무수한 식은 행위들을 잠재의식적으로 순식간에 인지하듯이 말입니다.

˚ 227호 교신, 퍼스낼리티와 가능성 (2)

—자아의 그런 부분들은 현실의 다른 차원과 다른 활동 영역에서 작용합니다. 전체적 자아의 다양한 부분들은 가족의 다양한 구성원들에 비유해볼 수도 있죠. 남편은 도시에서 일하고 아내는 시골에 있는 집에서 일을 한다고 합시다. 그들의 세 아이는 각기 다른 학교에 다닙니다. 그들은 모두 한 가족의 구성원으로서 똑같은 집에서 먹고 자죠. 하지만 아이

들은 아버지의 사무실에서 시간을 보낼 필요가 없고 그곳에서 이뤄지는 업무 활동을 이해할 수도 없습니다. 마찬가지로 그들의 아버지 역시 아이들의 학교에 다니며 공부할 수 있지만 굳이 그럴 필요는 없죠.

그들 가족은 다른 구성원들의 체험을 일반적으로는 이해하고 있지만 가족이 함께 치르는 행사를 제외하곤 모두 간접적인 지식에 불과합니다. 마찬가지로 자아의 각 부분들은 다른 부분들의 체험에 대해 직관적이며 전체적으로 이해하며, 비록 경험 양식이 다르긴 하지만 일부 사건을 전체적으로 경험하기도 하죠. 그런 공통의 체험은 많지 않지만 한결같이 매우 실감나서 전체적인 심리 구조의 정체성, 즉 가족으로서의 연대감을 강화하는 데 도움이 됩니다.

다시 말하지만 가능한 사건들은 에고가 육체적으로 경험하기로 선택한 사건들만큼이나 실재하는 것입니다. 사건 X는 무수히 많은 가능한 사건 중 하나에 불과하죠. 의식적 에고는 자신의 목적을 위해 사건 X를 선택했습니다. 하지만 에고가 그 사건을 경험하기 전까지는 다른 무수한 가능한 사건 중 하나에 불과합니다. 육체적 자아가 그것을 경험할 때 비로소 여러분의 세계에 현실화되는 것이죠.

다른 가능한 사건들 역시 다른 차원에선 분명히 실재합니다. 때로는 심각한 심리적 충격이나 깊은 공허감으로 인해 일종의 누전 현상을 일으켜 자아의 일부분이 다른 가능한 현실 세계를 경험하는 흥미로운 사건이 일어날 수도 있습니다. 그래서 이를테면 기억 상실증에 걸려 자신의 예전 기억을 모두 잊어버리고 새로운 이름과 직업으로 전혀 다른 도시에서 살아가는 것이죠.

이번 장에서 우리는 퍼스낼리티의 본질에 관해 조명했다. 퍼스낼리티는 다차원적이어서 한 가지 주제로 설명할 수 있는 문제가 아니다. 세스는 거의 다차원적인 방식으로 퍼스낼리티를 설명했다. 이런 맥락에서 그의 메시지뿐만 아니라 교신 중에 일어난 사건들도 매우 중요한 의미를 지니고 있다. 나는 이제 퍼스낼리티의 다차원적인 측면을 훨씬 잘 설명해줄, 최근에 벌어진 매우 의미심장한 사건을 설명할 것이다.

여러분은 누구이며 무엇일까? 혹시 존재와 가능한 자아들의 이야기에 깊은 흥미를 느꼈는가? 여러분이 알고 있는 '자신'은 그러한 구도 속에서 어디쯤 들어가는 것일까?

이제 다음 장에 소개하는 퍼스낼리티 이야기에서 답을 찾아보길 바란다.

PART 16

다차원적 인격에 대하여

The Seth Material

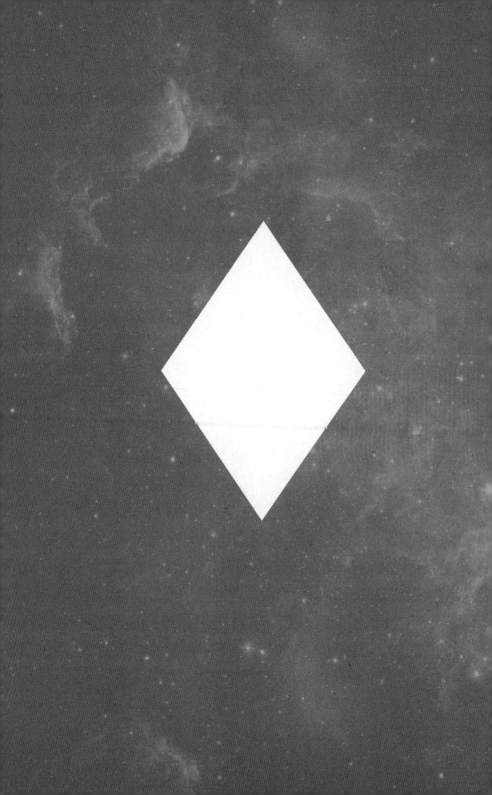

그리 오래되지 않은 어느 날, 젊은 심리학 교수에게 전화가 왔다. 그는 자신이 가르치는 학생들과 함께 내 이야기를 듣고 싶다고 했다. 학생들이 15명 정도밖에 안 된다는 이야기를 듣고 집으로 오라고 했다. 하지만 그가 현관문을 들어서는 순간부터 그의 태도는 아주 분명했다. 개인적으로는 영매와 한 방에 있고 싶지 않았지만 일단 그들이 존재하는 이상 학생들에게 그런 현상을 보여줘야만 한다는 의무감에서 찾아왔던 것이다. 그는 자신의 넓은 이랑에 스스로 우쭐해하는 듯했다.

나는 교수와 학생들에게 2시간 30분가량 퍼스낼리티의 잠재력과 필요성에 대해 역설했다. 텔레파시, 투시력, 예지란 무엇이며 이를 체험하기 위해 어떤 실험들을 해볼 수 있는지 성의껏 설명했다. 그리고 마지막으로 내 수강생들을 상대로 실행하던 실험을 해보자고 제안했다. 정해진 기간 동안 내 방문 안쪽에 그림을 붙여 놓으면 학생들이 그림의 인상을 포착해 그대로 그린다. 나중에 내 방문에 붙여두었던 그림을 교수에게 보내면 그는 학생들의 그림을 대조해 적중률을 확인하는 실험이었다.

나는 이 실험에서는 암시가 대단히 중요하다고 조심스레 설명하면서 교수에게 실험 기간 중에는 객관적인 마음가짐을 가져 달라고 정중히 요구했다. 하지만 나중에 학생을 통해 확인해보니 교수는 객관적인 태도는 커녕 전혀 과학적이지도 않았다. 오히려 그는 학생들에게 실험을 진지하게 받아들이지 말라고 가르쳤다.

다행히 실험 결과는 아주 성공적이었다. 하지만 다섯 명의 학생들만이 실험에 참가했다. 교수에게도 실험에 참가해보라고 권유했지만 내 말을 듣지 않았다. 그는 성의 없는 태도로 학생들의 참여를 가로막더니 결국 참여 인원이 적어 실험 결과를 평가하는 것 자체가 불가능하다고 하면서 이전의 성공적인 실험 결과까지 모두 우연에 의한 결과로 돌려버렸다.

교수는 지적이고 품위 있고 진지한 사람이었지만 퍼스낼리티의 본질에 관한 생각을 제고할 생각이 전혀 없었다. 그는 퍼스낼리티가 자신이 생각하는 것보다 훨씬 자유롭다는 사실을 확신할 만한 증거를 얻고, 안목을 넓힐 수 있는 기회를 놓쳐버린 것이다.

이와 비슷한 몇몇 사건들로 인해 스스로를 객관적이라 믿는 교수들과의 만남을 경계하게 되었다. 하지만 모든 심리학과 교수들이 편협하고 경직된 사고 구조를 가진 것은 아니었다. 작년에 수강생 중한 사람이 야간대학에서 심리학을 공부했는데, 그때 담당 교수의 격려를 받아 종종 세스와 우리의 ESP 강의에 대해 토론을 벌였다. 그 학생은 세스가 설명한 퍼스낼리티의 본질에 관한 내용을 리포트 과제물로 제출하고 싶어 했는데, 세스와의 교신 내용을 녹음해 심리학과 학생들에게 들려주고 싶다고 했다.

세스는 학생의 제의를 수락하고 하루치 강의 시간을 모두 할애해 주었다. 세스가 사적인 교신 중에 전해주는 메시지만큼 심도 있는 내용은 아니었지만 세스를 모르는 사람들에겐 아주 간결하고 훌륭한 퍼스낼리티 이론이 될 수 있기에 내용 중 일부를 소개한다.

✳

자아는 한계를 갖지 않는다

당시 ESP 강의 수강생은 대략 10명 정도였다. 세스는 주로 교신을 요청한 수강생과 대화를 나눴지만 그 자리에 참석하지 않은 60여 명의 심리학과 학생들을 대상으로 말하기도 했다.

─여러분의 정체가 바로 퍼스낼리티라고는 할 수 없죠. 퍼스낼리티는 여러분이 3차원적 삶 속에 현실화할 수 있는 정체성의 부분적인 측면에 불과합니다. 퍼스낼리티는 환경에 의해 만들어질 수 있지만 정체성은 그 모든 경험을 사용하면서도 환경에 휩쓸리지 않죠.

자아가 무한한 것은 사실입니다. 어떤 면에서 자아는 환경을 포괄한다고 말할 수도 있죠. 하지만 퍼스낼리티에 관한 여러분의 이론은 텔레파시나 투시력 혹은 윤회전생을 고려하고 있지 않습니다. 그 결과 여러분의 심리학은 1차원적인 수준에 머물게 됐죠. 하지만 여러분의 정체성은 수많은 차원에 걸쳐 작용하고 있습니다.

여러분은 이 교신을 통해서도 퍼스낼리티의 자유로운 본질을 목격하고 있는 것입니다. 나의 퍼스낼리티는 루버트의 것이 아니며, 그의 퍼스낼리티 또한 내 것이 아니죠. 나는 그의 2차적인 퍼스낼리티가 아닙니다. 루버트의 삶을 지배하고자 하지 않으며, 그에게 그런 것을 기대하지도 않습니다.

심리학과 교수님과 학생 여러분, 여러분은 자신이 생각하는 것 이상의 존재입니다. 여러분 개개인은 지금도 다른 현실, 다른 차원에서 동시에 존재합니다. 자기 자신이라고 부르는 자아는 여러분의 전체적인 정체성의 일부분에 불과합니다.

여러분은 꿈속에서 자신의 다른 부분과 접촉하고 있죠. 그러한 커뮤니케이션은 끊임없이 이루어지지만 여러분의 에고가 물질적 현실과 생존에만 초점을 맞추고 있기 때문에 내면의 목소리를 들을 수 없는 것입니다. 진정한 여러분 자신은 거울에 비춰지지 않는다는 사실을 깨달아야 합니다, 거울 속에서 보는 것은 여러분 실체의 희미한 그림자에 불과하죠. 이를테면 거울로 여러분의 에고를 볼 수는 없습니다. 또한 여러분의 잠재의식이나 내적 자아도 마찬가지죠. 여러분이 아는 자아 속에는 최고의 정체성, 즉 전체적 자아가 깃들어 있습니다. 이는 에너지의 정수로 이루어진 퍼스낼리티로서 수많은 삶을 살아왔고, 인격을 취해왔죠. 나 역시 그러한 퍼스낼리티입니다. 다만 차이점이 있다면 난 육체적으로 물질화되지 않았다는 점뿐입니다. 죽음과 동시에 영혼이 되는 것은 아닙니다. 여러분은 지금도 영혼이죠.

세스는 연이어 자신과 나의 삶을 심도 있게 설명하고, 내게 평소에 고독과 활동 간의 균형을 유지하라고 주의를 주었다고 언급하면서 심리학과 교수에게 이렇게 말했다.

─나를 잠재의식의 산물로 불러도 좋습니다. 하지만 난 그러한 명칭을 별로 좋아하진 않아요. 왜냐하면 사실이 아니기 때문입니다. 그럼에도 나를 루버트의 퍼스낼리티에서 파생된 잠재의식의 산물이라고 부르고 싶다면 지금까지 내가 텔레파시와 투시력을 발휘한 것을 보고, 잠재의식이 텔레파시와 투시력을 갖고 있다는 사실에는 동의해야 할 것입니다. 잠재의식이 그런 능력을 갖고 있다는 사실을 인정하고 싶지 않다면 내가 잠재의식에서 비롯된 산물이라고 단정 지을 수도 없죠.

위의 논리를 인정할 용의가 있다면 이 점을 한번 생각해보십시오. 내 기억력은 젊은 여인의 기억력이 아니며, 내 마음은 젊은 여인의 마음이 아닙니다. 나는 수많은 일을 경험했지만 루버트는 그런 기억을 전혀 갖고 있지 않죠. 나는 루버트의 아버지상이 아니며 여성적인 마음 한구석에 숨어 있는 남성상도 아닙니다. 우리의 친구, 루버트는 동성애적 성향을 갖고 있지도 않죠. 나는 단지 더 이상 육체적 형태로 물질화되지 않는, 에너지 정수의 퍼스낼리티입니다.

퍼스낼리티와 정체성은 육체적 형상에 의존하지 않습니다. 여러분은 사실 육체라는 우주복을 입은 우주 여행자들입니다.

심리학과 학생들은 세스의 퍼스낼리티뿐만 아니라 그의 현실에 대해서도 지대한 관심을 갖고 있었다.

─이번 교신은 예정된 것이었기 때문에 특정한 통제 조건에 따라 이뤄지고 있습니다. 루버트의 퍼스낼리티는 그런 조건들에 위협감을 느끼지 않죠. 나는 그의 에고를 보호하며 주의 깊게 다루고 있습니다. 나는 최면

을 통해 인위적으로 만든 존재가 아닙니다. 퍼스낼리티에 대한 조작이나 히스테리 증상도 전혀 없죠. 루버트는 내가 엄격한 통제 조건 속에서 자신의 신경 체계를 사용하도록 허락하고 있습니다. 그렇다고 해서 내가 원할 때 얼마든지 그의 신체를 이용하도록 허락받은 것은 아니며, 나 역시 그런 관계를 원하지 않죠. 내게도 다른 할 일이 있기 때문입니다.

세스가 언급한 최면은 일부 영매들이 트랜스 상태를 유도하고 안정시키며, '지배적' 퍼스낼리티와 교신하기 위해 최면 기법을 사용하는 훈련 과정과 관련되어 있었다. 내 경우에 그런 과정은 전혀 없었다. 내게는 모든 일이 자연스럽게 이루어졌다. 여러 해 전에 자기 최면 기법을 공부한 적은 있지만 교신을 위해 이용한 적은 없었다.

세스는 내적 자아의 인식력을 개발하는 갖가지 방법에 대한 대략적인 설명으로 교신을 끝냈다. 그 자료는 이번 장 말미에 실어놓았다. 어쨌든 그 학생은 심리학과 동급생들에게 녹음한 자료를 들려주었는데, 내용이 워낙 많은 탓에 교수와 몇몇 학생들은 그 학생의 집에 가서 내용을 끝까지 듣고 토의를 했다고 한다.

세스의 퍼스낼리티는 인쇄 매체보다는 위와 같은 오디오 매체를 통해 훨씬 잘 드러났다. 왜냐하면 말의 억양이나 악센트를 생생하게 들을 수 있을 뿐만 아니라 함축적 의미가 훨씬 명백히 드러나기 때문이다. 또한 아무리 딱딱한 내용의 메시지여도 그 의미가 세스의 몸짓을 통해 생생하게 살아나곤 했다.

인간이 죽음 이후에도 생존하는 것이 사실이라면 우리의 어떤 부분이 지속적으로 생존하는 것일까? 세스로부터 내적 자아와 윤회에 대한 정보를 전해 듣는 동안 우리는 이러한 의문이 들었다. 전체적인 자아가 아무리 위대하다 하더라도 나, 제인 로버츠의 자아가 죽음 이후 그것에 흡수당하는 것이라면 결코 죽음 이후의 생존으로 볼 수 없다. 마치 작은 물고기가 큰 물고기에게 잡아 먹혔는데도 단지 그들이 근본적으로 하나가 되었다는 이유로 작은 물고기가 여전히 살아 있다고 말하는 것과 같다.

그러나 세스에 따르면 개인성은 결코 유실되지 않는다. 그것은 언제나 존재한다. 무지로 인해 스스로의 한계를 받아들이지 않는 한, 자아는 한계를 갖지 않는다. 개인의식은 성장을 지속하면서 자신의 경험을 통해 갖가지 퍼스낼리티, 즉 자아의 파편들을 만들어낸다. 이러한 파편(제인 로버츠도 이들 중 하나다)들은 독립적으로 행동하고 결정을 내리지만 파편의 내적이며 영적인 구성 요소들은 끊임없이 전체적 자아와 소통한다. 이 파편들은 성장하고 발전하면서 존재 집단 혹은 전체적인 영혼 집단을 이루어간다.

세스는 개개인이 한 생애 내에서도 다양한 에고를 나타낸다고 말한다. 에고는 내적 자아가 다양한 문제를 해결하기 위해 의식의 표면에 부상시키는 우리 자신의 일부, 즉 특성들의 그룹에 불과하다. 그리고 에고도 시시각각으로 변한다. 이를테면 현재의 제인 로버츠는 10년 전 제인 로버츠와 많은 차이가 있다. 비록 '나'는 그러한 정체성의 변화를 의식하지 못하더라도 말이다.

나는 자기 자신이 평범한 '나' 이상의 존재임을 경험을 통해 확신하게 되었다. 내 안의 일부는 통찰력을 통해 제인 로버츠가 모르는 것을 알 수 있다. 통찰력을 가진 '나'는 제인으로서의 에고에게 그 정보를 알려준다. 나는 이러한 일이 비단 ESP 현상에서 뿐만 아니라 예술적인 영감의 세계에서도 비일비재하게 일어난다고 믿는다. 우리는 그러한 영감의 순간을 통해 훨씬 많은 지식과 지혜를 가진 자아의 일부분에 귀를 기울인다.

물론 자기 스스로 접촉하여 체험해보기 전까지 이러한 능력은 그림의 떡이 될 수밖에 없다. 세스는 이미 교신 초기에 평범한 의식을 확장하여 자신의 다차원적인 존재성을 의식하는 내적 지각법, 즉 내적 감각에 대해 설명했다. 하지만 우리는 어느 정도 시간이 흐른 후에야 그 가르침을 제대로 이해하고 사용할 수 있었다. 사실 우리는 아직도 내적 감각의 사용법을 배우는 중이다.

앞서 언급한 바와 같이 세스의 말은 교신 중에 일어난 사건들로 인해 한층 강력한 설득력을 얻어왔다. 메시시의 주제기 잠재력이라면 우리는 자신의 잠재력을 발견할 수 있다. 우리 자신의 개인적인 체험이 세스의 이론을 확증해주었다. 이를테면 1965년 3월 8일에 있었던 138호 교신이 그 경우에 속한다. 당시 세스는 행위로서의 퍼스낼리티에 관해 설명했다. 그 개념은 정체성 이론에 토대가 됐을 뿐만 아니라 일부 의식의 특징들을 다룬다는 점에서 나중에 나올 신관의 기초가 되었다. 이 내용을 읽어보면 세스가 교신 중에 일어날 사건에 대해 암시하고 있다는 사실을 알 수 있다. 행간의 숨은 뜻을 알아낼줄 안다면 그 사건이 무엇인지 짐작할 수 있을 것이다.

✳
어떻게 시간을 초월할 수 있을까?

―퍼스낼리티의 정체성은 자신을 의식하는 행위라고 할 수 있습니다. 지금 우리는 토론을 하기 위해 '행위'와 '정체성'을 구분해야만 합니다. 하지만 근본적으로 둘은 그렇게 분리되어 있는 것이 아닙니다. 정체성이란 존재의 차원이며 행위 속의 행위이고, 그 자체에 의지하여 전개되는 행동입니다. 정체성은 바로 이런 행위와 행위의 뒤섞임을 통해 성립되죠.

행위의 에너지, 행위 속에서 행위에 근거한 행위의 작용이 정체성을 이루는 것입니다. 이렇듯 정체성이 행위로부터 만들어진다 해도 둘은 따로 떼어놓고 볼 수 있는 것이 아닙니다. 정체성은 행위가 자신에게 미치는 결과입니다. 정체성이 없다면 행위는 아무 의미도 없죠. 왜냐하면 행위를 실행할 만한 근거가 전혀 없기 때문입니다. 행위는 그 본성상 스스로의 작용을 통해 정체성을 창조해야만 하죠. 이는 가장 단순한 존재에서부터 가장 복잡한 존재에까지 어김없이 적용되는 원칙입니다.

행위는 물질에 작용하는 외부의 힘이 아니라 내적 우주의 생명력이죠. 내적인 생명은 자신을 완벽하게 물질화하고자 하는 욕망과 추진력을 갖고 있으면서도 그렇게 할 수 없는 무능력으로 인해 깊은 딜레마를 겪습니다. 이러한 최초의 딜레마가 행위를 낳고, 행위의 작용을 통해 정체성이 만들어지기 때문에 둘은 불가분의 관계에 있습니다. 행위는 이 모든 구조의 일부분을 이루죠. 이처럼 행위는 본성상 정체성을 만들어가지만 또한 정체성을 파괴하는 것처럼 보입니다. 왜냐하면 행위는 변화를 수반하며, 모든 변화는 정체성을 위협하는 것처럼 보이기 때문이죠.

하지만 정체성이 안정성에 의존한다는 것은 잘못된 개념입니다. 정체성은 특성상 끊임없이 안정을 추구하지만 안정성 자체는 실현 불가능합니다. 이것이 바로 우리가 처한 두 번째 딜레마입니다.

특성상 끊임없이 안정을 유지하고자 하는 정체성과 속성상 변화의 동인이 되는 행위가 빚어내는 딜레마는 불균형을 낳는데, 바로 정묘한 창조적 부산물인 자아의식consciousness of self이죠. 의식과 존재는 섬세한 균형보다는 불균형에서 비롯됩니다. 불균형의 풍요로운 창조성으로 인해 항상 균형이 유지되는 현실이란 존재할 수 없죠.

우리는 일련의 창조적인 갈등 구조 속에 처해 있습니다. 정체성은 안정을 추구하지만 행위는 변화를 추구합니다. 그리고 정체성은 변화 없이는 존재할 수 없습니다. 왜냐하면 정체성은 행위의 결과이며, 행위의 일부분이기 때문입니다. 여러분이 의식적으로나 무의식적으로 매순간 동일하지 않듯이 정체성 역시 항상 동일할 수 없죠. 모든 행위는 앞서 설명한 대로 정체성의 파괴입니다. 하지만 행위가 없는 의식은 의식을 유지할 수 없기 때문에 파괴되지 않는 정체성은 존립할 수도 없죠. 그러므로 의식은 그 어떤 객체가 아니라 앞서 언급한 창조적 딜레마가 낳은 행위의 차원이요, 기적에 가까운 상태입니다.

그런데 두 번째 딜레마에서 비롯된 자아의식은 에고 의식이 아닙니다. 자아의식은 행위와 직접적으로 연결된 의식이면서도 자신을 행위로부터 분리하려고 하는데, 이때 바로 세 번째 창조적 딜레마가 발생합니다. 의식과 행위의 분리는 불가능하며, 정체성은 행위 없이는 존재할 수 없다는 점에서 세 번째 창조적 딜레마가 성립하는 것이죠.

다시 말하지만 자아의식은 행위 속의, 행위의 일부분인 의식 상태를 수반합니다. 반면에 에고 의식은 행위로부터 자신을 분리하려는, 즉 행위를 에고의 존립 기반이라기보다는 에고의 결과물로 지각하려는 의식 상태를 수반하죠.

이러한 세 가지 딜레마는 내적 생명이 자신을 경험하는 세 가지 현실 영역을 대표합니다. 바로 여기서 내적 생명이 완벽한 물질화를 이룰 수 없는 구조적인 이유를 발견할 수 있죠. 생명이 자신을 물질화하고자 하는 행위는 그 자체로 생명의 내적 차원에 보탬이 됩니다. 그러므로 행위(내적 생명)는 결코 완료될 수 없죠. 어떠한 형태로 물질화되든지 간에 행위는 추가적인 물질화의 가능성을 늘려나가기 때문입니다. 동시에 내적 생명은 지생직이기 때문에 그것의 아주 작은 일부분이라 하더라도 우주의 씨앗이 될 수 있습니다.

행위가 필연적으로 그 자체의 근거를 변화시킨다는 점에서 우리의 교신 중에 벌어지는 행위는 교신의 속성을 변화시키게 되어 있죠. 내가 전에도 종종 이야기한 바와 같이 의식은 자아가 초점을 맞추는 방향입니다. 그런 면에서 행위는 초점의 무한한 가능성을 수반하죠.

세스가 메시지를 전하는 동안 나는 전혀 새로운 체험을 하고 있었다. 물론 쉬는 시간에야 롭에게 이야기할 수 있었지만 실상 그 체험은 설명하기가 거의 불가능했다. 세스의 메시지가 나를 통해 롭에게 전달되는 동안 내게도 전혀 다른 양식으로 전해졌다고 말할 수 있을 것이다. 나는 '행위'의 내부로 들어가 다양한 차원들 속을 표류하는 것 같았다.

세스의 말들이 주관적인 체험으로 전환되는 것처럼 메시지의 내용을 직접적으로 느꼈다. 마치 뭔가에 휩쓸려 들어간 것 같았다. 나의 에고를 상실한 것은 아니었지만 세스가 전하는 개념들의 일부가 된 상태였다. 나는 그 개념들 안에서 밖을 내다보았다.

교신이 끝나갈 무렵 세스는 롭으로부터 대체 무슨 일이 일어나고 있냐는 질문을 받고 이렇게 대답했다.

—루버트는 행위의 원형을 경험하고 있습니다. 다른 모든 의식체들과 마찬가지로 그는 행위입니다. 오늘 저녁 그는 정도는 약하지만 행위로부터 자신을 분리하고자 하는 에고의 작용을 배제한 채 행위를 경험하고 있는 것이죠. 지난번 토론에서 언급한 바와 같이 이번 자료는 향후 교신 내용의 기초가 될 것입니다. 우리는 교신 구조에 또 다른 차원을 보태고 있는 셈이죠. 나는 앞으로 루버트기 보다 지접적이 지각 방식으로 가르침을 받아들일 수 있길 바랍니다. 이러한 발전 과정은 작업의 속성과 타이밍에 따라 자연스럽게 전개될 결과였죠. 나는 이런 최근의 발전 양상이 또 다른 발전 양상을 수반할 것이라고 보고 있습니다.

우리는 그로 인해 어떤 영향을 받게 될지 깨닫지 못한 채 그 일을 당연시하게 됐다. 내 체험은 항상 세스의 메시지 내용과 일치했다. 세스에 따르면 내적 감각을 사용하는 체험으로서 퍼스낼리티에게 잠재되어 있는 그런 능력의 존재를 입증하는 데 목적이 있다고 했다.

세스는 또한 육체와 육체적 감각은 물질적 현실 속에서 살아가는 데 적합하도록 특화된 장비라고 말했다. 다른 현실들을 인식하기 위해서는 내적 감각, 즉 내적 자아에 속해 있으며 우리가 육체적 형상을 가졌든 갖지 않았든 작용하는 지각 방식을 이용해야만 한다. 세스는 우리가 아는 우주를 '위장' 시스템이라고 불렀다. 왜냐하면 물질은 단지 생명, 즉 행위가 취한 형태에 불과하기 때문이다. 다른 현실 세계 역시 위장 시스템이며, 그 속의 의식 역시 각각의 고유한 특성에 맞게 특화된 장비를 갖고 있다. 하지만 우리는 내적 감각을 통해 그런 위장 시스템들을 꿰뚫어 볼 수 있다.

내적 감각은 우리의 전체적 자아에 속해 있다. 개개의 전체적 자아는 자신에게 속한 퍼스낼리티를 돕고 영감을 불어넣는다. 우리가 보통 퍼스낼리티로 생각하는 에고에서 시작해보면 에고 뒤에는 잠재의식 층이 있고, 그 밑에는 종족을 전체적으로 다루는 종족적인 의식층이 있다. 그리고 그 밑에는 전체적인 현실, 갖가지 법칙, 원리, 十성 조직들과 관련된 내적 자아의 고유한 지식이 자리 잡고 있다.

바로 여기서 위장 우주의 창조 과정과 역학, 그밖에 세스가 전한 메시지에 대한 본질적인 지식을 발견할 수 있다. 또한 내적 자아가 심리적 현실의 기후 속에 살아가며, 다양한 존재의 차원이 창조되도록 돕고 그 세계들을 투영하고 인지하기 위해 외적인 감각을 구성하는 수단과 방법들 그리고 다양한 세계 속에서 윤회가 이루어지는 방식들을 알 수 있다. 이 밖에도 그 속엔 내적 자아가 자신의 목적에 맞게 에너지를 변환시키고, 형태를 바꾸며, 다른 현실들을 받아들이는 방식에 대한 해답도 들어 있다.

세스는 우리 개개인이 단단히 마음을 먹고 훈련을 하면 내적 자아에 도달하고, 내적 감각을 이용해 다른 현실을 지각하며, 앞서와 같은 내적 지식을 얻을 수 있다고 말했다.

언제나 출발점은 자기 자신이다. 자신의 주관적인 체험을 통해 여행하며 에고로부터 내면으로 더욱 깊숙이 들어가는 것이다. 육체적 감각이 외적인 현실을 지각하는 데 도움을 준다면 내적 감각은 내적 현실들을 지각하는 데 필요한 것이다.

롭과 나는 대부분의 내적 감각을 어느 정도씩은 경험했다. 심리적 시간을 예로 들자면 세스는 이렇게 말했다.

ー내적 감각 구조 속에선 육체적 시간이 꿈과 같습니다. 자신의 전체적 자아가 안팎을 동시에 바라보고 있으며, 모든 시간은 하나이고, 모든 구분은 환상이란 사실을 알게 되죠.

'심리적 시간'의 적용을 받을 때 우리의 체험은 기존의 시간 구조 밖에서 일어나는 듯했다. 마치 기어를 바꿔 전혀 다른 맥락에서 지각하는 것 같았다. 심리적 시간이란 이를테면 유체 투영을 통해 의식의 여행을 하는 시간을 말한다. 9장에서 나는 단 30분만에 6,000마일의 거리를 주파해 캘리포니아로 갔는데, 이는 물론 정상적인 시간에서는 불가능한 일이다.

이 주제를 더욱 깊이 이해하기 위해서는 먼저 시간의 진정한 본질에 대한 정보가 필요하다. 왜냐하면 내적 자아는 우리가 아는 시간대를 초월한 지각 방식을 통해 작용하기 때문이다.

그렇다면 우리는 이러한 의문을 가질 수 있다. 우리는 어떻게 시간을 초월할 수 있을까? 대체 어떻게 해서 자신과 시간을 분리할 수 있다는 걸까? 세스는 이러한 의문에 대해 다음과 같이 답했다.

° 224호 교신, 퍼스낼리티와 시간

—과거는 육체적 두뇌와 비육체적 두뇌 속에서 일련의 전자기적 연결 고리로 존재합니다. 여러분이 현재 영향을 받고, 유일한 현실이라 믿는 미래 역시 두뇌와 마음속에선 일련의 전자기적 연결 고리로 이루어져 있습니다. 다시 말해 과거와 현재는 똑같이 실재하는 현실이죠. 때로는 과거가 현재보다 더 현실적일 수도 있습니다. 어떤 경우엔 과거의 행위가 현재에 반응을 나타내기도 하죠. 여러분은 현재의 행위가 미래를 변화시킨다고 믿지만 실상 현재의 행위는 과거도 변화시킬 수 있습니다.

현재와 마찬가지로 과거 역시 인지자의 주관에 달려 있고, 그에게 종속됩니다. 과거를 구성하는 전자기적 연결 고리는 대부분 인지자 자신이 만든 것이기 때문에 인지자 자신도 엄연한 과거의 구성원이죠. 그러므로 연결 고리는 변화될 수 있고 변화는 아주 일상적으로 일어납니다. 기억과 과거가 일치하는 경우는 거의 없습니다. 왜냐하면 여러분은 이미 사건이 일어난 그 순간부터 기억을 재구성하기 때문이죠. 개인의 마음가짐과 연상 내용이 바뀌면서 과거 역시 끊임없이 재창조됩니다. 여기서 내가 말하는 재창조는 상징적인 것이 아니라 실제적인 현상입니다. 어른 속에는 아직도 아이가 존재하지만 어른은 결코 과거의 그 아이가 아닙니다. 그리고 어른 속 아이도 끊임없이 변화하고 있죠.

그러한 변화가 자동적으로 일어나지 않을 때 어려움이 닥칩니다. 개인이 자신의 과거를 변화시키지 않을 때 종종 심각한 신경병이 초래되기도 하죠. 다시 말해 육체적 두뇌와 비육체적인 마음속에 전자기적으로 존재하는 상징, 복합관념, 이미지를 부여받는 현실만이 과거라 불릴 수 있습니다.

난 지금 여러분의 용어를 빌려 상황을 아주 단순화해 말하고 있습니다. 마음가짐의 변화, 새로운 연상 과정 혹은 그 밖의 무수한 행위들은 자동적으로 새로운 전자기적 연결 고리를 만들거나 기존의 연결 고리를 파괴하죠. 모든 행위는 다른 모든 행위를 변화시킵니다. 그러므로 현재의 모든 행위는 과거의 행위에도 영향을 미치죠. 마치 돌멩이를 호수에 던지면 파문이 사방으로 퍼져 나가듯이 말입니다. 앞서 말한 시간의 본질을 기억해보면 과거, 현재, 미래의 경계선이란 단지 여러분이 육체적으로 지각하는 한정된 행위의 양에서 비롯된 환상에 불과하다는 사실을 깨달을 수 있죠. 그러므로 과거의 시점에서 아직 일어나지 않은 미래의 사건에 반응하며 영향을 받을 수도 있습니다.

당신은 요크 해수욕장에서 목격했던 커플을 기억하죠? 그 커플 역시 미래상의 투사였다고 할 수 있죠. 왜냐하면 여러분은 진짜로 그들이 될 수도 있었기 때문입니다. 그 커플은 당시에는 하나의 가능성이었습니다. 여러분이 자신의 가능한 미래를 지각하고 대응했기 때문에 그러한 이미지로 변하는 일이 일어나지 않은 것이죠. 과거, 현재, 미래는 동시에 존재하기에 자그마한 현실 영역 밖에서 일어난 사건이라 하더라도 반응할 수 있습니다. 잠재의식은 에고의 관점에서 아직 일어나지 않은 수많은 사건에 반응하고 있죠. 에고는 그러한 반응을 주의 깊게 걸러내어 의식에 떠오르지 않게 합니다. 에고는 그러한 현상을 귀찮고 성가신 정보로 받아들이며, 그것들의 실체를 인정해야 할 상황에 처하면 말도 안 되는 억지 논리로 설명하고자 하죠.

사실 내적 자아는 육체적 죽음 후에 벌어질 사건들을 지각할 수 있습니다. 내적 자아는 에고의 시간 감각에 구속이나 제지를 받지 않죠. 하지만 그렇게 해서 지각한 사건들은 불확실성을 벗어날 수 없습니다. 왜냐하면 가능한 사건들도 실제 육체적으로 일어날 사건들만큼이나 분명하게 보이기 때문입니다.

요약해서 말하자면 개인은 과거에 얽매일 수 없습니다. 왜냐하면 우리는 과거를 끊임없이 변화시키고 있기 때문이죠. 또한 마찬가지 이유로 미래가 우리의 운명을 좌우할 수도 없습니다. 우리는 미래가 닥치기 전뿐만 아니라 닥친 후에도 그 사건들을 변화시키기 때문입니다.

다시 말하지만 과거는 미래만큼이나 실재합니다. 과거는 마음과 두뇌 속에서 전자기적 흐름의 형태로서만 존재하며, 항상 변화하고 있죠. 개인의 미래 행위 역시 완료된 과거의 행위에 좌우되지 않습니다. 왜냐하면 완료된 과거의 행위란 존재하지 않기 때문입니다.

우리는 이러한 사상이 결코 탁상공론이 아니라는 사실을 알게 됐다. 다음 장에서 이와 관련한 아주 이상한 체험담을 소개하고자 한다. 나는 시공간의 세계 밖으로 휩쓸려 갔다가 다시 되돌아왔다.

PART 17

미래의 세스를 만나다

The Seth Material

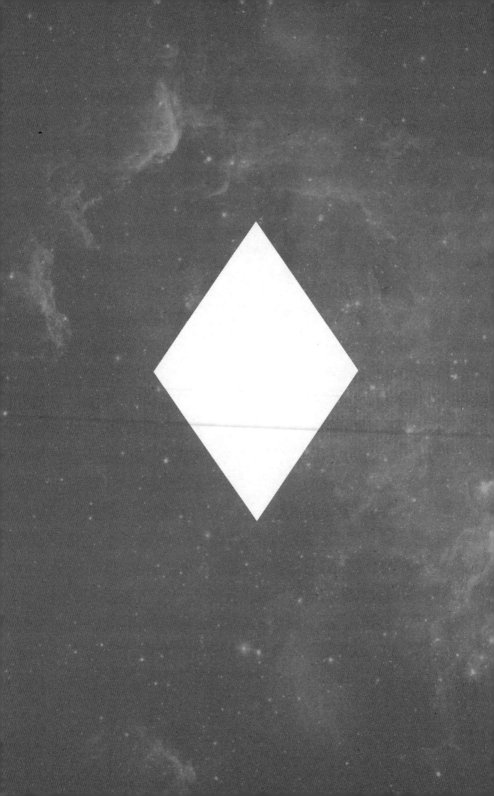

1968년 4월의 어느 날 저녁, 나는 흔들의자에 앉아 있었고, 롭은 소파에 앉아 받아쓰기를 시작했다. 롭의 말에 의하면 그날 세스의 목소리에는 평상시와 달리 강력한 힘이 들어가 있었다고 한다.

—여러분은 지금까지 대략적인 뼈대를 전해받은 것이고, 앞으론 그 속에 살이 채워질 것입니다. 우리는 여러분의 시스템 속에 존재하는 현실의 본질과 그에 부속된 전반적인 특징을 연구하고자 합니다.

이 자료의 일부 내용은 여러분이 이제껏 제기해온 수많은 질문들, 과학자들이 매달려온 문제들에 대한 해답을 자연스럽게 제시할 것입니다. 또한 우리는 모든 현실 세계를 포함하는 접점들을 비롯하여 세계간의 상관관계를 논하고자 합니다. 갖가지 접점들이 수학적으로 추론 될 수 있을 뿐만 아니라 경우에 따라 우주여행을 대신하게 되어 있죠.

세스로부터 앞으로의 교신 내용에 관해 여러 페이지에 걸쳐 메시지를 전달받은 후 첫 번째 휴식 시간이 되었다. 그때까지도 우린 406호 교신 과정이 평상시와 다르다는 사실을 전혀 눈치 채지 못했다. 하지만 교신이 재개되자 나는 엄청난 에너지가 쇄도해 들어오는 것을 느꼈다. 그 에너지에 휩쓸려 '나'를 거의 잃어버릴 지경이었다.

두 명의 세스가 동시에 말하다

롭에게 상황을 이야기할 수 없었지만 그 역시 무언가 일어나고 있다는 사실을 눈치채기 시작했다. 그때 세스는 롭을 뚫어지게 쳐다 보면서 아주 강력한 어조로 말을 시작했다.

—루버트는 아주 탁월한 지각 범위를 갖고 있습니다. 내가 존재하는 현실 차원은 물질적 세계 속에서 살아가는 사람들이 평상시 접근할 수 있는 경계를 훨씬 뛰어넘는 레벨이죠. 당신과 루버트 자신은 다른 왜곡된 자료들을 읽음으로써 체험을 왜곡하지 않도록 주의해야 합니다. 이 자료는 나름대로의 목적이 있으며, 사람들이 이해할 수 있는 용어로 현실을 설명하는 데 도움이 될 것입니다.

세스는 계속 말을 하면서 나에게 현실을 편협한 관점에서 해석하는 책들을 멀리하라고 권고했다. 롭의 말에 따르면 세스는 아까보다 더욱더 깊이를 헤아릴 수 없는 눈빛을 띠고 있었고, 그때부터 기회가 생길 때마다 롭은 고개를 쳐들고 나를 살펴봤다고 한다.

—우리는 앞으로 당신들이 개념에 관한 직접적인 체험을 하도록 노력할 것입니다. 그 실험은 개념이 언어적으로 표현되는 동시에 혹은 직후에 이루어집니다. 그 체험들을 통해 여러분은 육체적인 조건 속에서 개념을 전달받을 때, 불가피하게 의미가 훼손되는 상황을 어렴풋하게나마 이해할 수 있을 것입니다. 이는 보다 심도 있는 학습 과정이라고 할 수 있습니다. 내 말 이해하겠습니까?

"네."

롭은 기록하느라 거의 자동적으로 대답했다. 세스의 말이 워낙 빨라서 롭은 받아 적는 것도 어려울 지경이었다. 세스의 어조는 더 강해졌다.

—나는 세스입니다. 나는 나이면서도 그 이상의 존재죠. 세스의 퍼스낼 리티는 내 일부로서 여러분에게 가장 명쾌하게 교신할 수 있는 부분이 기도 합니다. 이 부분이 당신들 두 사람과 직접적으로 연결되어 있기 때 문에 나 역시 당신들과 연결되어 있죠. 이는 물론 모든 퍼스낼리티들의 원천인 '퍼스낼리티 에너지 정수Personality energy essence' 개념과 긴밀히 연관되어 있는 문제입니다.

루버트의 퍼스낼리티 속에는 여러분의 시스템에서는 접근하기 어려 운 정보채널과 소통할 수 있는 특별한 부분이 있습니다. 이 교신 중에, 이 순간에 그 접촉은 아주 양호한 상태이며, 평상시 체험하지 못할 에너 지에 접근할 수 있습니다. 루버트는 과거에 이 사실을 감지했지만 적절 한 준비를 갖추기 전까지는 그 채널들을 여는 것을 두려워했죠. 루버트 퍼스낼리티의 그 특별한 부분은 그러한 교신과 접촉할 수 있는, 심리적 이며 심령적인 차원 워프라고 할 수 있습니다.

오늘 저녁 여러분은 내가 이제껏 여러분에게 말해온 퍼스낼리티를 초 월하는 수준에 도달했습니다. 그러므로 내가 설사 말을 계속한다고 하 더라도 트랜스 상태를 중단시키십시오.

보통 나의 트랜스 상태를 중단시키기 위해서 롭은 일정한 절차를 따라야 했다(최근 들어 나는 매우 깊은 트랜스 상태에 들어가기 시작했기 때문에 세스는 나를 깨우기 위해 내 이름을 세 차례 부르는 방법을 롭에게 알려주었다).

롭은 내 이름을 여러 차례 불렀지만 나는 아무 반응도 보이지 않았다. 그래서 그가 내 어깨에 손을 대는 순간 내 몸이 아주 세차게 움찔거리면서 트랜스 상태가 깨졌다. 나 역시 무슨 일이 일어나고 있는지 알 수 없었다. 내 몸속에는 강력한 에너지가 계속해서 흐르고 있었다. 만일 그 자리에서 벌떡 일어선다면 벽을 뚫고 날아 올라갈 것 같았다. 나는 고개를 절레절레 흔들었다.

"와우, 무슨 일이 진행되는지는 모르겠지만 이 힘은 내게서 나오는 게 아니야."

나중에 나는 그 사건에 대해 이렇게 기록했다.

'엄청난 에너지가 나를 관통하는 듯했다. 그것은 분명 나를 초월한 곳에서 흘러나왔고, 나를 통해서 말로 번역됐다. 난 그것이 세스와의 교신처럼 아주 중대한 발전 단계라고 느껴졌다. 일체를 아우르는 실상과 접촉하고 있다는 느낌이 들었다.'

다음 날 수요일 저녁 9시에 교신이 시작되는 순간, 롭은 '정상적인' 교신은 아니라는 사실을 직감했다. 우선 목소리부터가 달랐다. 내 목소리와 비슷하면서도 결코 내 목소리가 아니었다. 세스의 낮고 굵직한 톤의 목소리도 아니었고, 특유의 몸짓과 표현 방식이 모두 나타나지 않았다. 목소리는 평상시보다 훨씬 부드러웠다.

—이러한 발전 양상은 최초의 교신부터 잠재되어 있었죠. 다시 말해 이

것은 당시에 이루어질 수도 있었던 발전 단계입니다.

세스의 목소리는 한층 경쾌한 어조로 바뀌었다.

─(지금까지 세스가 전해준) 내적 우주의 법칙들은 책에서 알 수 있는 것이 아닙니다. 나는 그것들을 설명하기 위해 개념들을 풀어내야 하는데, 그 과정 중에 불가피하게 많은 의미들이 훼손될 수밖에 없죠.

나는 여러분이 주관적인 체험을 통해 이론적인 공부를 보충하도록 도와줄 것입니다. 그러한 체험은 상황에 따라 달라지겠지만 어쨌든 발전 단계를 이룬 덕분에 훨씬 많은 것들이 가능하게 됐습니다.

내적 우주의 간단한 법칙들을 단일한 차원의 용어로 표현하는 것은 사실 부적절한 일이지만 우리의 역량을 최대로 발휘한 결과이기도 합니다. 다시 말해 그것은 존재의 토대가 되는 기본적인 진실에 가장 근접한 표현이며, 우리가 처한 환경 속에서 이루어질 수 있는 최상의 설명이었죠. 색깔이나 소리를 직접 체험해보지 못한 사람에게 말로 아무리 설명해도 기껏해야 힌트만 던져줄 수 있듯이 언어는 현실의 본질에 대한 기본적인 통찰력만을 제공할 뿐입니다. 따라서 나는 언어적 설명에 앞서와 같은 다양한 주관적 체험을 덧붙여 개념에 대한 느낌을 전하고자 합니다. 그렇게 되면 여러분은 내적 감각을 통해 내적 존재의 실상을 어느 정도 지각할 수 있을 겁니다. 이러한 새로운 발전 단계에서 루버트는 내적 감각을 이전보다 훨씬 효과적으로 사용하고 있죠. 연결이 이루어지는 방식에도 변화가 일어났는데, 루버트는 그로 인해 이상한 느낌을 받고 있는 것입니다.

메시지가 전달되는 동안 목소리는 더욱 가벼워지고 중성적으로 변하더니 마침내 안정된 상태를 유지하게 됐다. 높고, 분명하며, 감정이 섞이지 않은 목소리로 말이다.

—세스는 중개인이면서도 정통적인 퍼스낼리티입니다. 퍼스낼리티의 본질에 대해 생각해보면 지금의 발전이 적절하다는 것을 이해할 수 있죠. 세스는 나 자신이지만 나는 세스 이상의 존재입니다. 우리 둘은 모두 광대무변한 현재 속에서 존재하고 있답니다. 어떤 자료들에 대해선 나보다는 그가 더 분명하게 설명할 수 있죠.

이쯤에서 롭은 나를 주의 깊게 살펴봤다. '말하는 사람이 세스가 아니라면 대체 누구인가'라고 속으로 외치면서.

—나는 방금 전의 자료를 제공한 장본인이지만 세스는 때때로 조용한 파트너로서 루버트가 올바르게 번역하도록 도와주고 있습니다.

이제 쉬십시오. 여러분이 아는 세스는 앞으로도 언제나 교신의 구성 요소로서 남아 있을 것입니다. 그는 내가 여러분에게 보낸 나 자신의 일부이며, 우리들 사이의 연결 고리죠.

두 번째 휴식 시간엔 아주 쉽게 트랜스 상태에서 빠져나왔다. 그때 나는 롭에게 교신이 시작되기 직전에 원추 모양의 물체가 내 머리 위에 내려온 것을 말했다. 육체적인 물체는 아니었지만 그 형상만큼은 분명했다. 밑변은 내 머리 둘레만 했고, 꼭대기는 마치 피라미드의 정점 같았다. 이후 나는 이런 종류의 교신 시간 중엔 항상 원추 효과를 경험하곤 했다. 교신이 재개되자마자 나는 다시 엄청난 에너지를 느끼면서 새로운 목소리로 말했다.

—나는 나 자신의 특성을 나누어 교신하는 데 이용해왔습니다. 세스의

퍼스낼리티는 나 자신의 일부이면서도 독립적인 존재입니다. 세스는 나처럼 끊임없이 배우고 있죠. 간단히 유추해보면 나는 미래의 세스라고 할 수 있죠. '더 높은' 발전 단계에 도달한 세스 말입니다. 하지만 이 말을 직설적으로 받아들이진 마십시오. 왜냐하면 우리 둘은 모두 완전히 독립적으로 동시에 존재하고 있기 때문입니다. 이러한 방식으로 여러분과 연관을 맺게 된 데에는 나름대로 이유가 있습니다. 우리를 통합시키면서 다양한 퍼스낼리티의 발전 과정상 전환점이 되는 사건들이 있었죠. 그로 인해 이상한 방식이긴 하지만 지금의 내가 지금의 여러분과 연결된 것입니다.

여러분도 알다시피 시간과 전혀 무관하지만 모든 퍼스낼리티에게는 중요한 접점들이 있습니다. 그것들은 개인적 자아 속에 잠재된 강력한 영적 수용력으로 인해 때때로 만들어지는 새로운 에너지의 기원들이죠. 이러한 접점에서 새로운 자아 개체들의 집성체가 만들어지는 것입니다. 이후 그 개체들은 뿔뿔이 흩어져 제 갈 길을 가지만 공통의 기원과 최초 탄생의 힘은 변함이 없죠.

이 말에서 나는 별들이 탄생하는 내적 이미지를 봤다. 하지만 이 말은 내적 감각의 자료를 시각적 용어로 표현하려는 내 시도에 불과하다.

─퍼스낼리티는 갖가지 차원에서 각기 전혀 다른 양식으로 발전할 수 있지만 그 사이에는 강력한 교감적인 인력이 존재하죠. 그리고 차원은 다르더라도 접점들에선 각자의 지식을 교신할 수 있습니다. 여러 가지 이유에서 루버트는 그런 교신이 일어나기에 적합한 좌표입니다.

교신은 비록 여러분의 시간대에서 발생하고 있지만 여러분과 접촉이 가능한, 여러분 자신의 퍼스낼리티가 다른 차원에서 이룩할 발전의 원인이 되고 있습니다. 여러분은 나 자신의 모태가 되는 자아지만 나는 여러분이 내가 아는 모든 시공간을 통달함으로써 이룩할 자아를 모두 합친 것 이상의 존재입니다.

나는 여러분과는 전혀 다른 방향으로 발전해왔고, 여러분의 관점에서 전혀 낯선 존재로 비추어질 수밖에 없기 때문에 여러분과 접촉한 것 자체가 지극히 주목할 만한 발전이죠. 그러나 여러분과 접촉할 수 없었다면 나는 지금의 내가 될 수 없었을 것입니다.

지금까지 여러분과 접촉한 것은 나의 일부분이며, 나는 그 이상의 존재입니다. 같은 맥락에서 대부분의 교신은 여러분의 시스템과 아주 밀접하게 연결된 레벨에서 이뤄지고 있습니다. 따라서 자료가 왜곡되지 않게 하는 것은 매우 중요한 문제입니다. 그 레벨에선 교신자 자신이 스스로 묘사하는 현실을 창조하고 있다는 사실을 깨닫지 못하기 때문에 아무리 '왜곡되지 않은' 자료라 하더라도 결국엔 심하게 왜곡될 수밖에 없죠.

나는 여러분에게 미래 교신의 토대에 대한 이해력을 심어주기 위해 최선을 다했습니다. 여러분이 아는 세스는 내가 그를 통해서 말하든 나 자신으로서 말하든 변함없이 우리들 사이의 중개인이요 연결 고리로서 남아 있으며, 앞으로도 여러분이 아는 모습 그대로 나타날 것입니다.

나는 그와는 전혀 다른 퍼스낼리티 구조를 갖고 있습니다. 내게는 아주 익숙하고 유익하지만 여러분에겐 낯설게 느껴지겠죠. 나는 여러분에게 친구를 빼앗겼다는 느낌을 주고 싶지 않습니다. 나 역시 여러분의 친구입니다.

교신이 끝났을 때 나는 롭에게 말했다.

"이건 정말 말도 안 돼. 평상시 세스와 교신할 땐, 내 몸을 빌려준 느낌은 들지만 그다지 기분이 나쁘지는 않았어. 그런데 지금의 퍼스낼리티가 들어올 때는 내 몸을 비워둔 채 어딘지 모를 곳에서 그와 접촉하는 것 같아. 그곳이 어디이며 어떻게 돌아오는지 전혀 모르는 채로 말이야."

롭은 고개를 끄덕였다. 우리는 어떤 면에선 슬펐다. 새로운 존재가 세스의 자리를 대신 차지한 것이 아닌가 걱정이 됐다.

"새로운 퍼스낼리티를 뭐라고 불러야 하지?"

롭이 말했다. 근본적으로 무의미하다는 것을 알고 있었지만 그래도 이름이 필요하다고 느꼈다. 새로운 퍼스낼리티는 기존의 세스와 정확히 어떻게 다른 것일까? 세스는 하지 못했지만 그가 할 수 있는 일은 대체 무엇일까?

우리의 의문 중 일부에 대해서는 1968년 6월 8일에 진행한 419호 교신을 통해 답을 얻을 수 있었다. 교신이 시작되기 직전, 나는 다시금 피라미드 효과를 체험했다.

—나는 여러분에게 내가 누구인지 말해왔습니다. 우리는 세스입니다. 세스란 존재는 여러분의 시간이 생기기 전부터 있었습니다. 그것은 다른 많은 존재들과 함께 초창기에 에너지를 육체적 형태로 구체화시키는 일에 일조해왔죠. 우리만 이러한 노력을 하는 것은 아닙니다. 여러분의

역사 속에서도 우리와 같은 존재들이 나타나 메시지를 전해왔죠.

우리의 존재는 각자의 정체성을 지닌 수많은 자아들로 구성되어 있는데, 그중 많은 이들이 이 일에 종사하고 있습니다. 그들의 메시지는 시대와 환경에 따라 다르게 다듬어지긴 했지만 언제나 근본적으로는 동일합니다. 우리는 인간이 언어를 알기 전에 말하는 법을 가르쳤습니다. 그리고 주변 환경에 따라 적절한 퍼스낼리티의 특징을 취해왔죠. 우리의 현실 차원에서 내적 자아의 완벽한 정보은행을 이용할 수 있기 때문입니다. 그리고 우리는 모두 세스로서 갖가지 현실을 여러분이 이해할 수 있는 용어로 번역하는 일을 하고 있습니다. 환경에 따라 얼굴 모양과 형태는 달라지지만 우리는 언제나 하나입니다. 어떤 면에서 우리는 무수한 우주에 걸쳐 우리 자신을 파종해온 셈입니다.

나는 육체적으로 밤톨보다도 작게 보일 겁니다. 내 에너지가 그만큼 집중되어 있기 때문이죠. 나는 고도로 집약된 상태로 존재합니다. 동시에 무수한 차원에 존재하며, 그 자신의 현실에서 다른 모든 현실과 접촉하는 무한한 단일 세포와 같은 것이죠. 그 밀도 속엔 기억과 체험들이 전자기적으로 소용돌이치듯 빙빙 감겨 있어서 그 속을 통해 여행할 수 있습니다. 물론 그와 동시에 내 정체성의 일부분인 다른 자아를 관통하여 여행을 할 수도 있죠. 그 자아는 언제나 아름답게 '미정된' 존재입니다. 왜냐하면 여러분(롭과 제인도 그 자아들에 속합니다)은 내 기억 속에선 완성된 존재가 아닌 항상 성장하는 존재이기 때문이죠.

여러분은 마치 나무가 공간 속에서 자라나듯, 내 기억 속에서 성장하고 있습니다. 그리고 여러분이 변화할 때 내 기억도 변화하죠. 여러분에

318

대한 내 기억은 여러분의 가능한 자아 그리고 초공간적인 지점 속에 동시에 존재하는 모든 좌표들을 포괄합니다.

앞서 말했듯이 루버트의 퍼스낼리티는 차원 워프와 같은 작용을 하고 있습니다. 특정한 좌표에서 통로와 같은 기능을 가진 특정한 지점에 존재하게 되죠. 이 퍼스낼리티는 일반적으로 수많은 차원에 존재하며, 정점의 역할을 맡는 요소들로 구성되어 있습니다. 창문은 제 자신을 들여다볼 수 없지만 여러분은 창문을 들여다볼 수 있죠. 마찬가지로 루버트의 퍼스낼리티는 창문처럼 투명합니다.

✳

새로운 가능성에 눈을 뜨다

다음의 교신 내용은 새로운 발전 과정이 기존 과정과 어떻게 다른지를 보여주었을 뿐만 아니라 잠시 정신을 잃을 정도로 내게 겁을 주었다.

교신은 친구인 필이 참석한 가운데 평상시처럼 저녁 9시에 시작됐다. 세스는 필과 몇 가지 사업적인 문제에 대해 이야기를 나누고, 여러 가지 의문에 대답했다. 하지만 쉬는 시간 동안 다시금 피라미드 효과가 나타나는 것을 느꼈고, 미래의 세스가 말하기 시작했다.

다른 퍼스낼리티가 말하는 것을 처음 들은 필은 깜짝 놀랐다. 그때 내 몸은 거의 꼭두각시 인형 같았고, 표정이 완전히 사라져 있었다. 그 목소리가 말하기 직전에 난 마치 굴뚝을 통해 연기가 빠져나가는 것처럼 의식이 보이지 않는 피라미드를 통해 위로 빨려 올라가는 것을 느꼈다.

　—여러분은 게임을 즐기는 어린아이와 같아서 다른 모든 사람도 게임을 하고 있다고 생각하죠. 그러나 육체적 삶이 일반적인 원칙은 아닙니다. 정체성과 의식은 지구가 생기기 훨씬 이전에도 존재했습니다. 의식은 물질의 배후에 있는 힘으로서 물질적 현실 외에도 다른 수많은 현실을 만들고 있습니다. 다만 여러분의 시각이 너무나 제한되어 있어 물질적 현실이 원칙이며, 정상적인 존재의 양식처럼 보이는 것이죠.

　하지만 현재 의식의 원천과 힘은 결코 육체화된 적이 없으며, 내가 있는 차원의 수많은 존재는 물질적 세계가 존재하는 것조차 의식하지 못하고 있습니다. 물질적 세계는 환상이지만 여러분은 그것을 받아들이고, 그러한 관점에서 그것을 초월한 현실을 이해해야 합니다. 그 환상들도 분명 실재하는 것이죠. 나는 여러분의 현실에만 관여하는 것이 아닙니다. 루버트라 불리는 퍼스낼리티에게 내적 여행을 이해시키는 것은 내가 지금 교신에 참여하는 목적 중 하나죠. 그는 물질적 세계를 떠나야만 하기 때문에 유익한 습관을 익히고, 길을 닦아두어야만 합니다.

　나는 높은 곳 어딘가의 어둠 속에 떠 있었는데, 세스가 곁에 와 있다는 것을 느낄 수 있었다. 몇 분이 흘렀을까? 갑자기 세스가 들어와 우렁찬 목소리로 메시지를 전했다.

　—'빅 브라더'가 할 말을 다 했으니 루버트를 데려오겠습니다.

　일단 세스가 들어온 후에는 트랜스 상태에서 쉽게 빠져나올 수 있었다. 잠시 앉아서 대화를 나눈 후 교신을 재개했는데, 그때 내 평생 가장 주목할 만한 체험 중 하나를 겪는다. 말로 설명하기 어려운 일이기 때문에 먼저 다른 목소리의 메시지를 인용한다.

—여러분은 자신의 정체성과 현실의 내적 부분을 모르고 있습니다. 그것을 객관화할 수 없기 때문에 지각하지 못하는 것이죠. 대부분의 에너지를 육체적인 생산에만 사용하는 까닭에 자신의 현실 외에 다른 현실을 지각할 여유가 없는 것입니다. 블록을 가지고 노는 아이들처럼 여러분의 초점은 육체적 블록에만 맞춰져 있죠.

인식할 수 있는 모습과 형상도 인식하지 않습니다. 다른 현실을 설명하는 과정에서 '모습'이니 '형상'이니 하는 말을 사용하지 않으면 내 말을 이해하지도 못하죠. 여러분의 수학은 우리로부터 나왔지만 참다운 수학의 그림자밖에 되지 못하고 있습니다. 왜냐하면 그 분야에서도 여러분은 현실을 가두어 두는 데에만 집착하기 때문입니다. 여러분의 진보관은 조금 큰 장난감 블록을 쌓아올리는 정도에 그치고 있죠. 아직까지 그 누구도 장난감 건축물을 발로 걷어차거나 유아용 장난감들을 치워버릴 생각을 하지 못하고 있습니다. 언젠가는 그렇게 하겠지만 말이죠.

나중에 때가 되면 여러분 모두가 마치 현재 자신과 같은 위치에 놓여 있는 다른 존재를 작은 창문을 통해 내려다보며 미소 짓는 거인처럼 육체적 시스템 속을 들여다볼 것입니다. 우리는 그러한 세계를 보호합니다. 우리의 근본적인 태고의 지식과 에너지는 자동적으로 그렇게 성장하는 모든 세계를 양육하는데…….

순간 나는 비명을 지르면서 몸을 격렬하게 흔들기 시작했다. 롭이 볼 땐, 무거운 흔들의자가 금세 뒤집어질 것만 같았다. 롭뿐만 아니라 필 역시 어찌나 당황했던지 자리에서 벌떡 일어나면서 손에 들고 있던 맥주잔을 바닥에 떨어뜨렸다. 롭은 내 손을 문지르면서 트랜스 상태에서 깨어나게 하려고 노력했다.

당시 사건에 대해 나는 이렇게 기록했다.

> 목소리가 물질적 현실을 아이들의 장난감 블록에 비교하면서 거인 이야기를 꺼냈을 때 갑자기 창문 전체를 가릴 만큼 커다란 거인의 얼굴이 나타나 우리 집 거실을 엿보는 광경이 보였다.
>
> 다음 순간 내 몸과 방, 그 안의 모든 것들이 엄청난 크기로 커지기 시작했고, 몸이 집채만큼 커지면서 몸 안의 장기들도 커지는 것을 느낄 수 있었다. 방은 도시 전체를 덮을 정도로 거대해졌지만 모든 것은 비율에 맞게 커졌고, 제 모양을 유지하고 있었다.

결코 내 기분이 그랬다는 이야기가 아니다. 내게 실제로 일어난 일이었다. 나는 공포에 휩싸여 고함을 질러댔다.

롭은 날 걱정하면서 교신을 계속해야 할지 망설였다. 사실 나는 호들갑을 떤 것이 너무나 창피했다. 또한 매우 중요한 체험이었다는 것을 알고 있었다. 다시 트랜스 상태로 들어갔지만 얼마 가지 못했다.

―물질적 현실의 관점으로 사는 동안에는 그것이 아주 현실적으로 보입니다. 루버트는 방금 전에 시스템 간의 이전을 경험했죠. 원래 그렇

게 불쾌한 체험이 아니지만 그렇게 느껴진 것은 그의 주관적인 해석 때문이죠. 처음에 그는 아주 작은 세계의 모험에 열중해 있었습니다. 이후 그가 여러분의 육체적 시스템 속으로 되돌아오면서 양 세계 간의 현격한 차이로 인해 갑자기 주변 환경이 거대하게 보인 것입니다.

우리가 교신할 때, 그의 의식과 퍼스낼리티는 밀집된 형태로 여행을 했습니다. 그러니까 여러분의 방식으로 말하자면 그의 의식은 공간상에 하나의 점처럼 줄어들었죠. 그 상태로 육체적 시스템으로 돌아갔으니 아이들의 장난감이 거대해진 것입니다.

이상의 메시지가 전달되는 동안에도 내 주관적인 체험은 계속됐다. 나는 롭에게 교신을 끝내고 싶다고 말하려고 했다. 하지만 이미 내 목소리는 다른 퍼스낼리티가 사용 중이었다. 내 목소리를 사용하여 그 상태에서 빠져 나오기 위해 노력하다 다른 퍼스낼리티가 잠시 말을 멈춘 사이에 정신을 차려 내 목소리를 찾을 수 있었다. 바로 그때 피피트를 통해 날 내려다보는 거인의 일굴을 봤다. 이번에는 나 자신의 목소리를 찾아 체험을 끝내는 길을 발견할 수 있었다. 세스와의 교신 중에는 그런 문제가 결코 일어나지 않았다. 내가 원할 때 스스로 체험을 끝내는 방법을 터득해야 했다.

어쨌든 그 모든 일은 참으로 놀랍고 대단한 사건이었다. 그 모든 현상이 환각이라고 말하고 싶은 심리학자가 있다 하더라도, 결코 마구잡이로 이루어진 체험이 아닌 어떤 목적이나 목표에 따라 훌륭하게 유도된 결과였다는 사실을 인정해야 할 것이다. 의식 확장을 통해 행위와 나 자신이 합쳐진 것은 분명 두려운 체험이었다. 하지만 전체적으로는 대응을 잘한 셈이었다. 두 번째 경우에는 내 의지대로 체험을 중단하기도 했으니까. 첫 번째 경험에서 얻은 교훈이라고 할 수 있다.

이 일은 1년 전의 일이다. 정상적인 세스와의 교신은 아직도 계속되고 있으며 다른 퍼스낼리티는 이따금씩 들러서 메시지를 전한다. 우리는 그를 '두 번째 세스'라고 부른다. 지금은 체험이 진행되는 동안에도 나 자신을 통제하는 법을 터득했지만 그와의 교신은 여전히 주관적인 체험을 수반하곤 한다. 이를테면 언젠가 쉬는 시간에 롭은 비육체적인 것이 어떤 것인지 궁금해했다.

이후 교신이 재개됐을 때, 나는 육체가 없는 상태에서 허공에 떠 있는 상태를 경험했다. 물론 생생하고 면밀한 의식 상태를 유지하면서. 분명 형체를 갖고 있지 않았는데도 완벽히 자유롭게 움직일 수 있었다. 마치 의식을 가진 공기처럼. 그때는 물론 롭의 의문에 대한 대답이란 것을 알고 겁을 먹지 않았다.

최근의 ESP 강의 시간에도 두 퍼스낼리티의 차이점이 여실히 드러난 적이 있다. 그때 세스는 아주 유쾌한 태도로 학생 개개인에게 개인적인 관심을 나타냈다. 그럴 때면 항상 그렇듯이 나는 아주 생동감 넘치는 표정을 지으며, 세스 특유의 몸짓을 보여준다. 세스는 잠시 학생 한 명 한 명과 대화를 나눈 후, 유머러스한 어조로 이렇게 말했다.

―난 여러분과 관련을 맺을 수 있는 특징을 지닌 '사랑스런' 퍼스낼리티

로서 여기에 온 것입니다. 그 특징은 분명 나 자신의 것이죠. 하지만 여러분이 아는 세스는 내 실체의 극히 일부분에 불과합니다.

여러분의 문제를 이해할 수 있는 육체적인 부분이죠. 그리고 그 자아를 초월한 또 다른 자아가 있습니다. 나는 그 자아를 또렷이 인식하고 있죠. 그 자아에게 있어서 물질적인 현실은 한줄기 연기에 불과합니다. 그 자아는 여러분이 알고 있고, 나 자신의 것으로 여기는 특징들을 필요로 하지 않습니다.

그때 세스의 목소리는 활기에 가득 차서 방 안에 쩌렁쩌렁 울렸다. 그러다 말이 끊어졌고, 잠시 후 ESP 강의에서 처음으로, 두 번째 세스의 퍼스낼리티가 들어왔다. 순간 세스 특유의 모든 몸짓과 태도가 사라졌다. 높고 아련하며 중성적인 목소리가 메시지를 전하기 시작했다. 그것은 마치 단음으로만 이루어진 노래 같았다.

─방금 그는 인간의 언어로 번역될 수 없는 체험이, 즉 인간의 현실을 초월한 현실이 있다고 말한 것입니다. 그런 종류의 상태가 여러분에게는 달갑지 않겠지만 그것은 체험을 얻는 데 시간이 필요 없는, 맑고 투명한 존재 상태입니다. 내적 자아는 그 속에 갖가지 존재 양식과 윤회를 통해 얻은 모든 인간적 지식을 압축해놓았죠. 그 모든 지식은 암호화되어 결코 지워질 수 없는 상태로 존재합니다. 여러분은 지금도 그러한 현실 속에 존재하죠.

나는 여러분이 아는 세스를 초월한 세스입니다. 내 안에는 여전히 세스의 지식과 생명이 약동하고 있죠. 여러분의 방식대로 말하자면 난 미래의 세스지만 그러한 방식은 내게 무의미합니다.

우리는 여러분에게 정신적 이미지를 제공했고, 여러분은 그 이미지에 따라 현재 알고 있는 세계를 만드는 법을 터득했습니다. 우리는 또한 여러분의 육체적 자아가 만들어지는 패턴을 제공했죠. 여러분은 우리가 제공한 복잡한 패턴으로부터 현재 알고 있는 육체적인 현실을 만들어내고 있습니다.

여러분의 두뇌 속에는 우리가 제공한 의식 패턴으로부터 만들어진 아주 작은 세포가 들어 있죠. 물질계의 망상 구조는 우리로부터 시작된 것입니다. 우리는 여러분에게 현실 세계를 만드는 방법을 가르친 것이죠.

PART 18

신이란 무엇인가?

The Seth Material

다음은 세스가 신에 대해 설명해준 메시지다.

─그는 인간적인 단계를 거치긴 했지만 여러분이 생각하는 인간은 아닙니다. 이러한 맥락에서 불교의 신화는 현실과 가장 가까운 표현을 전해주죠. 그는 개인이 아니라 에너지의 원형입니다.

우주가 공간과는 무관하게 확장하는 방식에 대한 내 설명을 기억한다면, 상호 관계를 가지며 영원히 확장하는 의식들의 영적 피라미드를 어렴풋하게나마 지각할 수 있습니다. 그 실체가 바로 개인적인 전망 Perspective이란 선물을 통해 존속 기간, 영적 이해력, 지성 그리고 영원한 유효성을 부여받는 개인과 우주를 동시에 창조하고 있죠.

원한다면 절대적이며, 영원히 확장되는, 동시적인 영적 원형을 신이라 불러도 좋습니다. 이는 그 자신을 끊임없이 파괴하면서도 재건할 수 있을 정도로 확고하게 존재하고 있죠. 또한 그는 모든 우주를 만들 정도로 엄청난 에너지를 지니고 있습니다. 모든 우주, 세계, 역장의 배후와 내부에 깃들어 있는 힘으로 하늘에서 떨어지는 참새 한 마리라도 다 지각하죠. 더 나아가 그 자신이 바로 그 새들이기도 합니다.

앞서 언급한 대로 세스와의 교신 자료는 의식과 현실의 '시작'과 관련된 심원한 의문을 무시하지 않는다. 나는 이 특별한 자료가 우리 시대 최고의 형이상학적인 글을 담고 있다고 생각하며, 그런 맥락에서 여러분에게 시공간과 가능한 현실들, 신에 대한 세스의 설명을 소개할까 한다.

✳

신은 결코 정적인 존재가 아니다

─시공간에 대한 여러분의 관점은 여러분 자신의 신경 구조에 의해 결정됩니다. 내적 자아는 여러분이 필요에 따라 물질적 현실 속에 초점을 맞출 수밖에 없도록, 물질계의 위장 시스템을 훌륭하게 만들어 놓았죠. 그러나 환각제를 통해 신경 작용을 변화시키면 다른 현실들을 조금이나마 바라볼 수 있습니다.

물론 그 현실 세계들은 여러분이 인지하든 인지하지 못하든 분명히 존재합니다. 사실 시간은 말초신경을 진동시키는 맥박으로서 존재하죠. 이것은 동시적인 과정이 아니기 때문에 반드시 시간의 흐름을 체험하게 됩니다. 각각의 체험 사이에는 시간이 흐르고 있어 과거, 현재, 미래의 구조가 아주 설득력 있고 논리적으로 비춰지죠.

반면에 시간의 흐름을 경험하지 않는 퍼스낼리티 구조들도 수없이 많이 존재합니다. 그들은 사건을 동시적으로 지각하며, 거의 동시적으로 반응하죠. 성장과 도전은 시간 속 성취나 발전의 관점이 아닌 강도强度의 관점에서 평가됩니다. 그러한 퍼스낼리티는 현재 시간 속에서 사건

A를 인식하고 대응할 뿐만 아니라 그것의 모든 결과와 가능성을 체험하고 이해할 수 있습니다.

그러한 퍼스낼리티는 여러분이 현재 갖춘 신경 조직 이상의 것을 필요로 합니다. 여러분의 신경 조직은 육체적인 것이면서도 내적 능력에 기반을 두고 있습니다. 그러나 다른 수많은 퍼스낼리티 구조들은 그렇게 물질화된 지각구조를 필요로 하지 않습니다. 그들은 언제나 내적이며 영적인 조직을 있는 그대로 사용하죠. 이들 중 대다수 퍼스낼리티는 여러분의 시간, 즉 과거, 현재, 미래를 모두 현재로 체험합니다. 그중엔 여러분이 알고 있는 과거, 현재, 미래를 오로지 과거로만 체험하는 퍼스낼리티 구조도 존재하죠.

과거, 현재, 미래가 여러분의 관점에서 이뤄진 단일한 체험의 선이라고 상상해보십시오. 그 선은 무한하게 뻗어나가고 있죠. 그런데 다른 차원에서 나온 퍼스낼리티 구조들은 이론적으로는 무한한 관점에서 체험의 선을 바라볼 수 있습니다. 하지만 이것뿐만이 아니죠. 육체적 체험을 의미하는 단일선은 여러분이 지나갈 수 있을 만한 표면적인 실에 불과합니다. 여러분은 그 실만 인지하기 때문에 다른 차원을 상상할 때는 그 실 위에서 내려다보는 관찰자의 관점에서 생각하게 되어 있죠.

이러한 이미지를 끝까지 따라가 보면 어디까지나 비유이지만 실의 위와 아래로 뻗어 있는 수많은 실을 발견할 수 있습니다. 모두가 상상할 수조차 없이 경이로운 연결망의 일부분이죠. 그런데 각각의 실들은 일차원이 아닌 다차원적인 것이며, 하나의 실에서 다른 실로 건너뛸 수 있는 길이 존재합니다. 연결망 어딘가에는 다른 실로 건너뛸 정도로 발전한 퍼스낼리티가 존재합니다. 그들의 도약 행위는 새로운 실을 만들죠. 여러분 자신이 이러한 연결망 속에 처한 자아 A라고 상상해보십시오. 여러분은 실 A 위의 물질적 현실에서 여행하고 있지만 현재의 위치에 도달하기 위해 이미 수많은 실들을 거쳐왔습니다.

지름길이나 심지어 평범한 진보의 수단이 없다면 자아 A는 실 A 위를 끝없이 쫓아갈 것입니다. 그러나 어느 길목에선가 실 A는 실 B로 통하죠. 마찬가지로 실 B가 실 C로 통하는 길목이 끝없이 이어집니다. 이런 과정을 통하면 언젠가는 모든 실을 가로지를 수 있죠. 실 A 위에 있는 자아 A는 현재로선 다른 실을 따라가는 '미래의' 자아를 의식할 수 없습니다. 하지만 그는 오로지 다른 자아를 만남으로써 자신이 여행하고 있는 이상한 구조의 본질을 인식할 수 있죠.

그런데 다른 자아가 속해 있는 길을 이미 가본 자아가 있습니다. 그 자아는 꿈이나 의식 분리 상태를 통해 위로 올라 다른 자아와 교신할 수 있죠. 그는 가치 성취를 통해 성장하면서 미래의 자아처럼 보이는, 다른 실에 있는 다른 여행자들을 의식합니다.

이 말이 복잡하게 들리는 까닭은 단지 여러분이 언어를 통해 이 내용을 다루고 있기 때문입니다. 나는 여러분이 직감적으로 이 메시지를 이해할 수 있길 바랍니다. 위와 같은 과정을 통해 자아는 전체적으로 행위의 새로운 실을 만들고 있죠. 그것이 '뒤'에 남겨 놓는 구조는 다른 이들이 사용할 수 있습니다.

자아의 목적은 부재가 아니라 존재하는 데 있죠. 나는 지금 아는 것을 이야기할 뿐입니다. 아직 모르는 것도 많이 있지만 우리는 서로 돕고 살아야 하며, '의식·자아'의 확장과 신장은 존재하는 데 도움이 됩니다. 그런데 부재라는 말을 언뜻 보면 모순되는 것처럼 보일 수 있죠. 그것은 하나의 상태입니다. 아무것도 없는 상태가 아니라, 개연성과 가능성을 알고 예견하면서도 이를 표현하지 않는 상태를 말합니다.

여러분이 역사라 부르는 것 속에도 그러한 상태가 있었습니다. 그것은 창조성과 존재의 힘을 알면서도 그것을 발휘할 '길'을 알지 못했던 고통스런 상태였죠. 그 길은 '존재하는 모든 것'이 스스로 배워야 하는 것이지, 누가 가르쳐줄 수 있는 교훈이 아니었죠. 또한 그 고통은 창조력의 근원이며, 존재하는 모든 것이 자신의 반영을 보는 자리이기도 합니다.

세스는 신학적인 사고에 익숙한 학생들과 이야기할 때만 '신'이라는 말을 사용했다. 대부분 '존재하는 모든 것'이나 '시원적 에너지의 원형'이라는 말을 사용했다.

—이런 이야기는 원래 왜곡되게 마련입니다. 왜냐하면 난 여러분이 이해하는 시간의 관점에서 설명해야 하기 때문이죠. 어쨌든 그런 조건에서 보자면 난 이제 그 사건이 일어났던, 말로 표현할 수 없을 정도로 까마득한 과거를 이야기하고자 합니다.

존재하는 모든 것은 자신의 고통스런 상태를 기억하고 있으며, 그 기억은 창조를 향한 끊임없는 추진력이 되고 있습니다. 존재하는 모든 것의 일부분인 각각의 자아 역시 그러한 상태를 기억하고 있죠. 바로 이런 이유에서 모든 의식들은 생존, 변화, 발전, 창조를 향한 추진력을 부여받는 것입니다.

시원적 의식의 원형인 '존재하는 모든 것'이 더 나은 존재를 갈망하는 정도로 그치는 것이 아니라 그러한 성향을 타고나는 것이죠. 고통 그 자체는 수단으로 사용되고, 또한 존재하는 모든 것이 자신 안에 존재의 수단을 창조할 정도로 강력한 추진력이 되고 있는 것입니다.

이것은 불가능한 일이지만 '존재하는 모든 것'이 가장 작은 최후의 일부분만을 남기고 모조리 파괴된다고 하더라도 존재하는 모든 것은 여전히 건재할 수 있습니다. 왜냐하면 아주 작은 일부분 속에는 전체의 지식이 들어 있기 때문이죠. 존재하는 모든 것은 자신을 보호하기 때문에 예전이나 지금이나 앞으로도 계속 창조할 것입니다.

내가 존재하는 모든 것을 이야기할 땐 그 속에서 나의 위치를 이해해야만 합니다. 존재하는 모든 것은 다른 대상을 모릅니다. 이 말은 더 이상 알아야 할 것이 없다는 뜻이 아니죠. 그것은 자신과 같은 영적 원형이 존재하는지 존재하지 않는지도 모릅니다. 설사 다른 원형이 존재하더라도 그들은 그것을 의식하지 않죠. 물론 끊임없이 찾고는 있습니다. 자신을 표현할 수 없는 딜레마가 생기기 이전에도 다른 존재가 있었다는 것을 알고 있으니까요.

여러분의 관점대로 말하자면 그것이 자신의 기원을 잊어버릴 만큼 까마득한 옛날부터 진화해왔으며, 자신보다 더 오래전에 제 갈 길을 간 또 다른 제1원인자로부터 발전해왔다는 것은 충분히 상상할 수 있는 일입니다. 그러므로 내가 여러분에게 대답해줄 수 없는 의문들도 있습니다. 그 대답은 우리가 존재하는 세계 그 어디에서도 찾을 수 없죠. 우리는 우리의 '존재하는 모든 것'의 시스템 속에서 창조가 지속되고 있으며, 발전이 결코 중단되지 않을 거라는 사실을 알고 있습니다.

자기표현을 위한 고통스런 탐구의 최초 상태는 존재하는 모든 것의 산고를 나타냅니다. 이 세상 모든 조각품과 예술품에 대한 지식을 갖고 있으며, 마음속에 생생하게 약동하고 있지만 이를 표현할 물리적 수단이나 필요한 지식을 갖고 있지 않다고 가정해보십시오. 그럴 경우 당신은 그것을 만들어내려는 불타는 열망으로 고통스러울 것입니다. 이 고통은 존재하는 모든 것의 고뇌에 비하면 참으로 작은 것이지만 화가인 당신에게 어느 정도는 고통과 추진력에 대한 개념을 전할 수 있을 것입니다.

욕망, 소원, 기대는 모든 행위를 결정하며 모든 현실의 토대가 됩니다. 그러므로 존재하는 모든 것 속에도 역시 소원, 욕망, 기대가 무엇보다 먼저 존재했습니다. 그러한 욕망과 기대가 도저히 참을 수 없을 정도로 강력해졌을 때 존재하는 모든 것은 이를 실현할 수 있는 수단을 찾아나서게 되는 것이죠. 다시 말해 존재하는 모든 것은 이미 존재하고 있었지만 자신의 존재를 표현할 수단이 없었습니다.

이것이 바로 내가 좀 전에 말했던 고통스런 상태입니다. 이러한 열망의 '기간'이 없었는데도 존재하는 모든 것이 자신 안에 미정된 상태로 존재하고 있던 현실을 창조해낼 만큼 충분한 에너지를 집중시킬 수 있었을지는 알 수 없는 일입니다. 창조를 위한 고통과 욕망은 그 자신의 실체에 대한 증거가 됐죠. 다시 말해 그러한 감정이 '존재하는 모든 것'에게는 자신의 존재를 나타내는 적절한 증거였던 것입니다.

여러분의 관점대로 말하자면 그 모든 가능한 현실은 처음에는 존재하는 모든 것 속의 의식 안에 불투명한 꿈으로서 존재했습니다. 그러나 불투명한 꿈은 점차 구체적이며 생생하게 성장했죠. 그 꿈은 점차 서로를 구별할 수 있을 정도로 변하여, 존재하는 모든 것의 주목을 받게 됩니다. 그리하여 존재하는 모든 것은 호기심과 열망을 갖고 자신의 꿈에 더 많은 주의력을 쏟았습니다. 또한 의도적으로 꿈을 더욱더 세세하게 다듬고, 다양성을 열망하며, 자신으로부터 분리되지 않은 꿈을 사랑하게 됐습니다. 그리고 아직 자신의 꿈속에 머물러 있는 퍼스낼리티에게 의식과 상상력을 부여했죠. 그 퍼스낼리티 역시 현실화되길 열망했습니다.

여러분의 관점대로 말하자면 잠재적인 개인들은 태초 전부터 의식을 갖고 있었죠. 그들은 창조자에게 자신들을 현실 속에 놓아주기를 강력하게 요구했고, 존재하는 모든 것은 말할 수 없는 연민으로 자신 속에서 실현 수단을 찾았습니다. 그것은 헤아릴 수 없이 거대한 상상 속에서 기존 구조로는 실현될 수 없는 의식의 우주적 증식을 생각해냈죠. 그러한 가능성을 출현시키려면 현실성이 필요했습니다. 그때 존재하는 모든 것은 의식적 개인들의 무한한 가능성을 알고, 그들의 모든 발전 가능성을 예견했죠. 하지만 그 개인들은 존재하는 모든 것이 실현 수단을 발견하기 전까지 신 안에 갇혀 있어야 했습니다.

이것이 바로 최초의 우주적 딜레마였죠. 존재하는 모든 것은 완전히 열중하여 그 우주적 문제와 씨름했습니다. 만일 그 문제를 풀지 못했다면 존재하는 모든 것은 정신 이상에 걸렸을 것이고, 말 그대로 비이성적인 현실이 만들어져 우주가 혼돈과 혼란에 휩싸였을 것입니다.

그러한 압박감은 두 가지 원인에서 나온 것입니다. 그 중 하나는 신의 꿈속에 살아 있던 의식적 개인들에게서 비롯된 것이고, 다른 하나는 그들을 풀어놓고자 하는 신에게서 비롯된 것이었죠.

한편 그러한 압박감은 신이 창조의 꿈을 품게 된 이후로 신 안에 있어 왔다고 말할 수 있습니다. 최초의 피라미드 원형 속에는 그들의 꿈에 생명과 현실성을 부여할 만큼 엄청난 힘이 깃들어 있었죠. 하지만 현실을 창조한다는 것은 최초의 피라미드 원형에겐 구조적인 딜레마를 안겨주었습니다. 그것은 개개의 의식 속에 깃든 엄청난 잠재력을 인지했죠. 그래서 꿈의 실현 수단을 갖게 됐을 때, 자신의 꿈으로부터 그 모든 창조물과 가능성을 해방시켜야 했습니다.

그러기 위해서는 그것들에게 현실성을 부여해야 했는데, 신의 입장에서는 자기의식의 일부를 잃어버리는 것을 의미하기도 했죠. 왜냐하면 바로 그 의식의 일부분에 온갖 창조물과 가능성이 억류되어 있었으니까요. 존재하는 모든 것은 그들을 해방시켜주어야만 했습니다. 신은 그 개체들을 자신의 피조물로 인식하고 있었지만 다른 한편으론 자신의 일부부으로도 알고 있기 때문에 현실성을 부여하길 꺼렸죠. 그들을 해방한다는 것은 곧 그들을 창조한 자신의 일부분을 잃어버리는 것을 의미했으니까요. 그러나 신은 이미 각각의 개별적인 의식에서 나오기 시작하는 무수한 가능성을 거의 따라잡을 수 없는 상태였죠. 결국 최초의 피라미드 게슈탈트는 사랑과 갈망으로 자신의 일부분을 놓아주었고, 그의 자녀들은 자유를 얻었습니다. 심령 에너지가 창조의 순간에 폭발한 것이죠.

그러므로 존재하는 모든 것은 창조적인 노력 속에서 자신의 일부분을 잃어버린 것입니다. 존재하는 모든 것은 그러한 상실의 대가로 얻어낸 개체 의식의 사랑스러움과 독특함을 알고, 자신이 창조한 모든 것을 사랑합니다. 신은 개체의 의식이 이루는 각각의 발전을 보며 기뻐하죠. 왜냐하면 모두 최초의 고통스런 상태를 극복한 승리에 보탬이 되기 때문입니다. 그리하여 존재하는 모든 것은 자녀들의 지극히 사소한 창조적 행위에도 기쁨과 즐거움을 만끽하죠.

그것은 자신의 고통스런 상태를 통해 무한한 가능성을 탄생시켰습니다. 고통으로부터 자기표현을 통한 자유의 길을 찾아냈고, 개인의식을 만들어낸 것입니다. 그러므로 신이 환희에 넘치는 것은 당연합니다. 반면에 모든 개인들은 자신들의 근원을 기억하고, 거대한 근원을 동경하며, 창조를 통해 그것에 현실성과 자유를 부여하고 싶어 합니다.

그런 동기를 부여하는 힘은 존재하는 모든 것이지만 개성은 결코 환상이 아니죠. 이제 여러분은 마찬가지 방식으로 자신의 꿈속에서 살아 있는 퍼스낼리티 파편들에게 자유를 부여하고 있습니다. 존재하는 모든 것과 마찬가지 이유에서 창조를 하는 것이죠. 여러분 개개인 속에는 시원적 고뇌에 대한 기억이 담겨 있습니다. 모든 가능한 의식을 풀어 주고 창조하며 현실화 시키고자 하는 강력한 충동이 깃들어 있는 것이죠.

나는 여러분을 돕기 위해 파견되었으며, 나 외에도 다른 존재들이 그런 임무를 띠고 여러분의 역사 속에 등장해왔습니다. 여러분이 발전하면 스스로 새로운 차원들을 만들고, 다른 이들을 도울 것이기 때문이죠. 존재하는 모든 것은 창조자의 사랑으로 자신에게 속한 모든 개체 의식을 돌볼만큼 정밀하고 집중된 의식을 갖고 있죠.

이 교신 내용은 처음에는 쉽게 드러나지 않는 함축적인 의미들을 담고 있기 때문에 여러 번 읽을 필요가 있습니다.

다시 말해 세스가 이야기하는 현실은 우리가 아는 물질계의 발전 양상이나 윤회전생보다 훨씬 더 복잡다단한 구조를 갖고 있다. 우리는 다른 현실들의 본질에 관해 수없이 교신했지만 지면 관계상 '우주론'에 관한 교신 내용은 이 책에 실을 수 없었다. 여하튼 그의 이론 중에서 내가 가장 중요하게 생각하는 것은 신이 결코 정적인 존재가 아니라는 개념이다. 세스는 분자, 인간 그리고 피라미드 에너지 원형 속에 나타나는 의식의 잠재력과 구조에 대해 논한다. 이 모든 것은 우주적인 활동망 속에서 서로 긴밀히 연결되어 있다.

─여러분이 가지고 있는 대부분의 신관은 정적인 신이며, 바로 이 점이 여러분이 지니고 있는 신학적 난제입니다. '이것이 신이다'라고 말할 때 신은 이미 고정된 무엇인가가 되어버립니다. 나는 이러한 모순에도 불구하고 여러분이 이해하기 쉽도록 단순하게 설명하기 위해 '신'이란 단어를 사용하고 있을 뿐이죠.

쏜새하는 모든 것은 제 자신을 알기 위해 끊임없이 사신의 새로운 양식을 창조합니다. 그러한 탐구 자체가 바로 창조적 행위이며 모든 행위의 본질이기 때문입니다. 행위 자체인 존재들은 언제나 변화하고 변천할 뿐만 아니라 그들의 경계는 결코 제멋대로 정해지지 않죠. 어떤 퍼스낼리티는 여러 존재의 일부분이 될 수도 있습니다. 그들은 물고기처럼 여러 가지 물줄기를 돌아다닐 수 있는 것입니다. 그들은 자신들이 맺는 모든 관계에 대한 지식을 갖고 있습니다.

모든 퍼스낼리티는 스스로 존재가 될 수 있죠. 여러분은 하나의 의식체로서 스스로를 탐구하며, 존재하는 모든 것의 인격적인 부분으로서의 자신을 인식하고자 합니다. 그것을 위해 전체적인 에너지를 사용할 수 있을 뿐만 아니라 이미 그렇게 하고 있죠. 왜냐하면 여러분의 삶 자체가 그것에 의존하고 있기 때문입니다.

기독교에서 말하는 인격적인 신은 존재하지 않지만 여러분은 존재하는 모든 것의 일부분, 즉 자신과 파장이 맞는 부분과 교류할 수 있습니다. 개인에게 초점이 맞추어진 존재하는 모든 것의 일부분이 모든 개체의 의식 속에 자리 잡고 있기 때문이죠. 이러한 방식으로 존재하는 모든 것은 각각의 의식을 개인적으로 보호하며, 소중하게 돌봅니다. 전체의식의 일부분이 여러분 안에서 개인화된 것이죠.

사람들이 일반적으로 생각하는 신의 퍼스낼리티는 인간 자신의 심리 상태에 대한 작은 지식에 근거하고 있는, 1차원적인 개념입니다. 이를테면 여러분이 신으로 여기는 것은 에너지 원형 혹은 피라미드 의식입니다. 자신을 당신으로 인식하는, 존재하는 모든 것의 일부분이 바로 여러분의 존재에 초점이 맞추어진 부분으로서, 필요할 때면 도움을 청할 수 있는 대상입니다. 또한 자신을 당신 이상의 무엇인가로 인식합니다. 이 부분이 바로 여러분이 아는 인격신이죠.

기도는 그 속에 이미 해답을 갖고 있습니다. 기도를 들어주는 장본인은 백발에 흰 수염이 난 할아버지 신이 아니라, 삼라만상을 만들었고 인간이 일부분으로 속해 있는, 끝없이 확장하는 시원적 에너지입니다.

세스는 교신을 통해 이렇게 설명하기도 했다.

―여러분은 공동의 창조자입니다. 여러분이 신이라 부르는 것은 모든 의식의 총합이죠. 신은 모든 퍼스낼리티의 총합 이상의 존재이며, 모든

퍼스낼리티는 바로 신의 실체입니다. 창조는 끊임없이 이루어지고 있습니다. 여러분 안에는 태아를 어른으로 성장시키는 법을 아는 의식적인 힘이 깃들어 있죠. 이 힘은 모든 의식체가 선천적으로 타고난 지식의 일부분이며, 바로 여러분 안에 있는 신의 일부이기도 합니다.

삶과 세상에 대한 책임은 바로 여러분 자신의 것이죠. 어느 누가 여러분을 강제로 이 땅에 살게 한 것은 아닙니다. 스스로 자신의 꿈을 실현하며, 자신의 물질적 현실까지 만들고 있죠. 세상은 바로 여러분 자신입니다. 이는 내적 자아가 물질화된 결과죠.

하지만 신을 대상화할 수 없다면 그리스도는 어떻게 되는 것일까? 세스는 그리스도가 역사적 인물로 존재한 적이 없다고 말한다.

─사람들은 극심한 스트레스를 받거나 심각한 문제에 직면할 때 그리스도와 같은 존재를 찾게 됩니다. 그들은 도움을 찾다가 자신으로부터 필요한 퍼스낼리티를 만들어냅니다.

세 사람의 삶이 혼란스럽게 뒤섞인 결과, 그들의 복합적인 역사가 그리스도의 삶으로 알려지게 됐죠. 그들 세 사람은 각기 영적으로 탁월한 재능을 지니고 있었고 자신의 역할을 알며, 이를 기꺼이 받아들였습니다. 그들 세 사람은 모두 동일한 존재의 일부분이지만 각기 다른 시간대에 태어났죠. 본래의 존재가 한 사람으로 환생하지 않은 데에는 나름대로 이유가 있습니다. 우선 그의 완전 의식은 하나의 육체에 담기에는 너무나 강력했죠. 또한 그 존재는 보다 다양한 환경을 원했습니다.

그는 먼저 세례자 요한으로 태어났고, 이후 다른 두 인물로 태어났죠. 두 번째 인물은 그리스도의 대부분의 이야기와 관련된 퍼스낼리티를 갖고 있습니다. 세 번째 인물에 대해선 나중에 따로 이야기하죠. 이들 세 사람은 각기 다른 날짜에 태어났고 죽었지만 서로 끊임없이 소통했습니다. 사람들이 개인의식의 저장소에서 이들 퍼스낼리티를 불러낸 것이죠.

어떠한 이유로도 폭력은 정당화될 수 없다

마틴 루터 킹 목사가 암살된 사건에 ESP 강의를 듣는 학생들은 몹시 흥분했다. 우리는 당시 미국을 비롯한 전 세계의 수많은 사람들과 마찬가지로 폭력의 의미에 대해 토론을 벌였다.

—여러분은 자유 의지와 함께 각자의 청사진을 갖고 있습니다. 다시 말해 자신이 개인으로서, 민족으로서, 인종으로서, 하나의 종種으로서 성취해야 할 것을 알고 있죠. 그러나 청사진을 무시할 수도 있습니다. 여러분은 자유 의지를 행사해 원래 의도와 현격한 차이를 지닌 물질적 현실을 만들어왔죠. 에고를 지나치게 발전시키고 특화시킨 것입니다.

여러분은 꿈속에서 살고 있습니다. 그 꿈을 실감나게 만드는 장본인은 바로 여러분 자신이죠. 당면한 문제와 도전 과제를 해결해야 하지만 그 와중에도 언제나 자신의 내적 현실과 비육체적 존재를 의식하고 있어야 합니다. 그러나 대부분의 사람들은 내적 세계와의 연결이 끊어져버렸죠. 물질적 현실에 지나치게 초점을 맞춘 나머지 그것만이 자신이 아는 유일한 현실이 된 것입니다.

육체적 삶이 동틀 무렵, 그러니까 인간의 역사가 시작됐을 때 인간은 죽음이란 것이 형체의 변화에 불과하다는 것을 알고 있었습니다. 신은 결코 살인이나 슬픔, 고통을 창조하지 않았죠. 다만 여러분이 다른 인간을 죽이면 그의 의식을 영원히 소멸시킨다고 믿기 때문에 살인은 여러분의 현실 세계에 존재하며, 반드시 종식시켜야 할 행위가 된 것입니다. 킹 목사의 암살범은 자신이 목사의 의식을 영원히 지워버렸다고 믿고 있습니다. 하지만 킹 목사는 여전히 살아 있죠.

수강생들의 연령대는 16세에서 60세까지 아주 다양했다. 어느 날 저녁, 우리는 학생들의 폭력 시위에 대해 토론을 벌였다. 학생들 중 20대 초반인 칼과 쉬는 비폭력과 평화를 지지하는 젊은이들이었다. 그런데 나이 든 사람들이 신랄하게 폭력 시위자들에 대한 불평을 늘어놓자 한 학생도 흥분한 어조로 말했다.

"글쎄요, 저도 폭력에 대해서는 반대예요. 하지만 때로는 폭력도 정당화될 때가 있어요."

그가 미처 말을 다 끝내기도 전에 세스가 말했다.

―어떠한 이유로도 폭력은 정당화될 수 없습니다. 증오도 결코 정당화될 수 없죠. 살인 역시 마찬가지입니다. 어떠한 이유로든 폭력에 빠진 사람들은 그들 스스로 변하고, 목적의 순수성도 변질되죠.

전에도 말했다시피 세상이 마음에 들지 않을 경우, 개인적으로든 집단적으로든 바꿔야 할 대상은 바로 여러분 자신입니다. 이것만이 참된 변화를 가져올 수 있는 유일한 길이죠.

그러면서 세스는 칼을 노려보며 말을 이었다.

―당신의 세대든 그 어떤 세대든 세상을 변화시키게 된다면 오직 이 방법을 통해서만 가능할 것입니다. 지금 내가 하는 말은 대대로 인류에게 전해져온 메시지이기도 하죠. 이 가르침을 따를 것인지 말 것인지는 (칼과 학생에게 고개를 끄덕이며) 여러분 자신에게 달려 있습니다.

꽃을 저주하는 것이 나쁜 일인 것처럼 인간을 저주하는 것 역시 나쁜 일입니다. 남을 존중하지 않는 것이 잘못이듯이, 남을 조롱하는 것 역시 잘못이죠. 자기 자신을 존중하며, 자기 안에서 영생하는 영혼을 보아야 합니다. 이렇게 하지 않는다면 여러분의 손길이 닿는 것마다 파괴될 것입니다. 여러분은 서로를 존중해야 합니다. 왜냐하면 상대방 안에도 영원한 생명의 불씨가 타오르기 때문이죠. 상대방을 욕하고 저주하는 것은 곧 자신을 욕하고 저주하는 것입니다. 여러분이 폭력을 행사할 때, 그 폭력은 여러분에게 돌아오게 되어 있죠. 내가 이 말을 젊은 분들에게 하는 까닭은 세상을 더 낫게 만들 기회와 시간이 그들에게 있기 때문입니다. 세상을 두려워할 만한 곳으로 만든 옛날로 돌아가지 마십시오.

여러분이 사리사욕을 위해 싸우는 한, 평화는 절대 이루어질 수 없죠. 한 사람이라도 평화의 이름으로 폭력을 행사하는 한, 전쟁은 사라지지 않습니다. 여러분은 폭력이 만들어온 왜곡된 진실을 근절해야 합니다. 앞으로 수백 년 내에 그러한 시대가 올 것입니다. 기억하십시오. 폭력으로는 어떠한 사상도 지킬 수 없습니다. 증오심을 품고 있는 사람들은 그것을 외부로 반영하여 물질화시키죠. 마찬가지로 사랑을 품었을 경우에도 반드시 물질화시키게 마련입니다.

PART 19

내적 감각은
어떻게 사용하는가?

The Seth Material

최근 ESP 강의에서 세스는 이렇게 말했다.

—현실의 본질을 이해하기 위해 노력해야 합니다. 이에 대한 500여 회의 교신 내용으로도 개념의 줄거리조차 담아낼 수 없었지만 그래도 출발점으로는 충분합니다. 그 개념들은 여러분을 생각하는 사람으로 만들어줄 것입니다.

나는 육체적 감각뿐만 아니라 내적 감각도 존재한다고 말해왔습니다. 여러분은 이를 통해 물질세계와는 별개로 존재하는 현실을 지각할 수 있죠. 따라서 내적 감각들을 알아보고 개발하며 사용하는 법을 터득해야만 합니다. 현실의 본질을 여러분이 제대로 이해하기만 한다면 기존에 당연시해온, 현실을 초월하는 능력을 활용할 수 있습니다.

무엇보다도 먼저 자신과 에고를 동일시하던 습관을 버리고, 에고가 지각하는 것 이상의 현실을 지각할 수 있다는 사실을 깨달아야만 합니다. 그 자료는 먹기 좋고 소화하기 좋게 여기저기 잘리고 합쳐져 깔끔하게 '포장된 진리'로 자신을 속이는 사람들을 위한 것이 아닙니다. 물론 그러한 자료들도 나름대로 필요를 충족시켜주지만 우리의 자료는 여러분의 지적이며 직감적인 의식 확장을 요구합니다.

그때 손님으로 참석한 마리가 세스의 말이 끝나기가 무섭게 이맛

살을 찌푸리며 물었다.

"한순간이라도 에고를 버리면 무의식 상태가 되지 않을까요?"

─손전등을 들고 있다고 가정해보십시오. 손전등은 바로 의식이죠. 손전등에서 나오는 불빛은 수많은 방향을 비출 수 있습니다. 그런데도 당신은 특정한 방향으로만 비추는 습관이 몸에 배어 다른 길이 존재한다는 것을 잊어버린 것입니다. 손전등의 방향을 바꾸면 이제껏 초점을 맞춰온 길이 어두워지는 대신 다른 현실과 이미지들이 눈앞에 나타날 것입니다. 물론 다시 예전 방향으로 손전등을 비추고 싶을 때는 그렇게 할 수 있습니다.

여러분은 의식적인 마음 이상의 존재입니다. 의식의 통로를 바꿔보십시오. 의식적인 마음이 일종의 문이라고 가정하면 여러분은 그 문턱에 서서 방 안, 즉 물질적 현실만 들여다보고 있는 셈입니다. 분명히 다른 문들이 있죠. 여러분의 다른 의식적 자아들 말입니다.

에고를 잠시 버린다고 해서 무의식 상태가 되는 것은 아닙니다. 평범한 마음의 작용을 차단한다고 해서 얼빠진 상태가 되리라 겁먹을 필요는 전혀 없죠. 물론 마음의 문을 닫고, 다른 문을 열기 전까지는 방향 감각을 상실하는 순간이 있을 수도 있습니다. 또한 자아의 다른 의식적 부분들을 조작하는 데 익숙하지 않으므로 다른 현실들을 지각하는 방법을 배울 필요가 있는 것도 사실입니다. 하지만 자아의 다른 부분들 역시 여러분이 평소에 익숙하게 사용하는 의식만큼이나 중요할 뿐만 아니라 심지어 지적이며, 분명히 실재하고 있죠.

세스는 의식의 실상을 배우는 길은 단 한 가지뿐이라고 주장했다. 바로 자신의 의식을 연구하고 탐구하고, 가능한 한 많은 방식으로 초점을 바꿔 의식을 활용하는 길이다.

―자기 자신을 들여다보는 노력 자체가 의식을 확장하면서 에고적인 자아가 평소 자각하지 못했던 능력을 활용할 수 있게 해줍니다.

내적 감각이 중요한 이유는 그것이 투시력이나 텔레파시 능력을 각성시키기 때문이 아니라 존재가 물질에 의존하지 않는다는 사실을 밝혀주고, 개인적이며 독특한 다차원적인 정체성을 깨닫게 해주기 때문이다. 올바르게만 활용한다면 우리에게 육체적 삶과 그 속에서의 우리 위치가 얼마나 기적적인 현실인지를 보여줄 수 있다. 자신이 개인적으로나 집단적으로 이곳에 와 있는 이유를 이해하기 시작하면서, 보다 지혜롭고 생산적이며 행복한 삶을 누리는 것이다.

이를테면 내적 감각은 텔레파시 능력을 사용할 수 있도록 도와준다. 이 말은 우리가 언제나 상대편의 마음을 읽을 수 있다는 뜻은 아니다. 그것은 가족 간의 혹은 사업적이거나 사교적인 만남에서 상대편이 하는 말의 진의를 직감적으로 알아차리는 것을 의미한다. 또한 자신의 감정과 정서를 통찰하기 때문에 그러한 내면의 느낌을 훨씬 잘 표현하고 전달할 수 있다. 더 이상 감정을 두려워하지 않으며 감춰둘 필요도 느끼지 않는다.

다만 내적 감각을 제대로 사용하기 위해서는 종종 그것들을 뒤섞어 원활하게 사용할 줄 알아야 한다. 이를테면 자신이 받는 정보가 투시적 자료인지, 아니면 텔레파시적 자료인지 알아내는 것은 결코 쉬운 일이 아니다. 그러나 내적 감각을 사용함으로써 자신의 전체적인 지각 범위를 넓히기만 한다면 이는 그다지 어려운 문제도 아니다.

나는 이 글을 쓰는 동안, 주변 환경에 대한 온갖 정보를 포착하면서도 그러한 행위를 거의 의식하지 않고 있다. 다른 감각을 통해 정보를 받는 것을 알고 있다고 해도 굳이 신경을 쓰지 않는 한, 시각 자료와 청각 자료를 의식적으로 구분하지는 않는다. 육체적 감각은 총체적으로 작용하여 우리에게 전체적인 현실상을 제공한다.

내적 감각 역시 똑같은 방식으로 사용하지만 그러한 행위는 언제나 부지불식간에 이루어진다. 그것들은 모두 한데 뭉뚱그려서 영향을 미치지만 설명을 위해서는 따로따로 떼어 놓고 봐야 한다. 세스는 교신 초기부터 이에 대해 설명했는데, 우리는 아직까지도 사용법을 배우는 중이다. 이 책에는 그 자료 중 일부만 발췌한다.

° 내적 파동 접촉

―내적 감각을 내적 현실로 통하는 길이라고 생각하십시오. 첫 번째 감각은 내적 파동 접촉이라고 밖에 표현할 수 없는 즉각적인 인식력을 뜻합니다.

어떤 남자가 잔디와 나무로 둘러싸인 전형적인 주택가에 서 있다고 상상해보십시오. 그는 주변의 나무들로 인한 신선하고 상큼한 감각을 느낄 것입니다. 그러다 보면 의식이 나무가 되는 체험을 아우를 정도로 확장할 수 있죠.

이처럼 눈에 보이는 것 중에서 자신의 선택에 따라 사람이나 곤충이

나 풀잎이 되어보는 체험을 할 수 있습니다. 그렇다고 해서 자신의 의식을 잃어버리는 건 아니죠. 다만 추위나 더위를 느끼는 것과 똑같은 방식으로 그런 감각 흥분을 지각하는 것입니다.

이는 감정 이입과 비슷하면서도 훨씬 더 강력하다(세스는 지금은 우리의 신경 조직이 그런 자극을 처리하지 못하기 때문에 내적 감각을 제대로 체험할 수 없다고 말했다). 그런 종류의 체험을 분류하기는 어려운 일이지만 나는 내적 파동 접촉을 다음과 같은 경우에 사용한다.

어느 날 밤, 빌과 페그를 비롯해 이웃집에 사는 폴리가 우리를 찾아왔다. 감수성이 예민한 폴리는 나에게 자신에 대해 아무 인상이든지 '포착'할 수 있겠냐고 물었다. 나는 피곤하다고 말하면서 요청을 거절했다. 사실 그녀가 불쾌할 정도로 '격앙된' 상태여서 괜히 문제에 휘말리고 싶지 않았다. 그러나 결국 호기심이 이성을 이기고 말았다. 내 의식은 부지불식간에 무엇이 문제인지 알아내기 위해 내적 심사의 스위치를 올려버렸다(내저 감각을 사용할 땐, 다른 경우에서도 마찬가지겠지만 분별력과 신중함을 배워야 한다).

순간 나는 1950년대풍의 10대로 보이는 폴리를 봤다. 그는 병원 분만실 침대에 누워 산고를 겪고 있었다. 그 체험은 아주 생생했고 고통은 너무나 현실적이었다. 나는 분만실에서 본 나이 든 여성과 젊은 남자의 모습을 묘사했다. 폴리는 그들이 전 남편과 그의 어머니라고 하면서 분만에 대해서는 부인했다.

나는 해산의 고통을 보고, 두려운 나머지 무심코 내적 감각으로 본 장면을 이야기했지만 본의 아니게 폴리를 당혹스럽게 만든 셈이었다. 나 자신에게 화를 내면서도 잠재의식이 꾸며낸 드라마를 목격한 것이 아닌가 의심했다. 2년이 지난 후, 폴리는 다른 도시로 이사를 가면서 내게 전화를 걸어와 그날 보았던 장면은 모두 사실이라고 고백했다.

그때 낳은 아기는 결국 다른 가정에 입양됐기 때문에 그는 출산 사실 자체를 아무에게도 알리고 싶지 않았다고 했다. 그런데 우리를 찾아왔던 날 밤, 그는 수년 만에 아이의 생부로부터 연락을 받고 당시 일에 대해 곰곰이 생각하고 있었던 것이다. 아마도 그런 이유 때문에 그 사건에 파장이 맞춰졌던 게 분명했다. 이 경우 나는 그의 감정을 의식하기 위해 내적 파동 접촉을 사용했던 것이다.

일반적으로 최초의 내적 감각은 지각의 영역을 넓히고, 이해와 자비의 깊이를 더하는 아주 귀중한 체험이 될 수 있다. 내적 감각을 사용하고, 훈련함으로써 살아 있는 것의 생생한 감정을 느끼고, 생명을 즐겁게 체험할 수 있다. 그렇다고 해서 자신의 개성이 감소하는 것은 아니며, 상대편에 의해 영적인 손상이 되지도 않는다.

영적인 염탐꾼이 되어서는 안 되겠지만 마치 근육과 뼈를 사용하듯 이타적이며 유익한 일에 자신의 내적 감각을 사용해야 한다. 물론 의도는 중요하다. 하지만 근본적으로 내적 감각을 잘못 사용하는 일이 가능하다고 믿지 않는다.

° 심리적 시간 Psychological Time

─심리적 시간이란 내적 세계에서 외적 세계로 손쉽게 접근했다가 다시 돌아올 수 있는 통로를 제공하는 자연적인 길입니다. 원래 인간은 심리적 시간을 통해 내면과 외면의 세계 속에서 쉽게 살 수 있었습니다. 이를 능숙하게 사용하면 의식이 깨어 있으면서도 그 틀 속에서 쉴 수 있죠. 그 틀 속에서는 물리적 시간이 꿈과 같다는 것을 알게 됩니다. 마치 예전에 내면의 시간을 생각했던 것과 마찬가지 방식으로 말이죠. 자신의 전체적인 자아를 발견하고, 내면과 외면을 동시에 엿보며, 모든 구분이 환상에 불과하다는 것을 알게 됩니다.

실제로 심리적 시간을 훈련하면 다른 내적 감각을 개발할 수 있다. 심리적 시간 속에 들어가려면 주의력의 초점을 내면으로 돌리기만 하면 된다. 우선 혼자 조용히 앉거나 누워서 눈을 감는다. 그리고 물질적인 세상만큼이나 생생하고 실제적인 내면의 세계가 존재한다고 상상한다. 육체적 감각을 모두 잊어버려야 한다. 육체적 감각의 버튼을 차례차례 눌러 모든 작동을 중지시킨다고 상상한다. 그 다음 내적 감각의 버튼을 하나하나 눌러 작동시킨다고 상상하는 것이다. 이는 심리적 시간을 시작하는 방법 중 하나다.

이 방법 대신 조용히 누워 어두운 스크린에 이미지나 빛이 나타날 때까지 내적 감각에 집중할 수도 있다. 외적 사물에 대한 감각을 차단하는 순간 세속적인 근심 걱정 혹은 사소한 일상사에 집중하지 않도록 주의해야 한다. 만일 그러한 생각이 계속 마음에 걸린다면 아직 내면의 문을 열 준비가 되어 있지 않은 것이다. 먼저 잡념을 깨끗이 청소해야만 한다.

한 번에 두 가지 이상의 일에 완벽하게 집중할 수는 없으므로 다시 스크린에 초점을 맞추든지 아니면 근심 걱정을 몰아낼 다른 이미지를 떠올린다. 이 밖에 근심 걱정의 이미지들이 사라지는 모습을 '본다'고 상상해볼 수도 있다. 어느 단계에 이르면 의식이 생생하게 깨어 있으면서도 마음이 아주 맑고 홀가분한 상태가 된다. 그때 내적으로 밝은 빛을 보거나 어떤 소리를 들을 수 있다. 어떤 사람들은 이 단계에서 텔레파시나 투시적인 메시지를 받기도 한다. 그중 일부는 잠재의식적인 영상에 불과한데, 훈련을 거듭할수록 그것을 가려내는 법을 터득하게 된다.

점차 진보하면서 시간과 분리된 듯 느낄 수 있다. 동시에 초감각적인 사건에서부터 단순한 영감이나 인도를 받는 경험에 이르기까지 다양하고 주관적인 체험을 얻는다. 나는 때때로 심리적 시간 중에 유체 이탈 여행을 하기도 한다. 그런 경험은 항상 기분 전환, 휴식 그리고 평화로 이어진다. 심리적 시간은 여러 가지 용도와 방식으로 이용할 수 있다. ESP 강의를 듣는 학생들은 이 감각을 다른 체험을 위한 예비적인 단계로 활용하고 있다.

° **과거, 현재, 미래의 지각**

—앞서 길거리에 서 있던 상상 속 남자는 첫 번째 내적 감각을 사용하여 눈에 들어오는, 모든 살아 있는 것의 일체적인 정수를 느낄 수 있었

습니다. 그러나 세 번째 감각을 이용할 경우 그러한 체험의 영역을 훨씬 더 넓힐 수 있죠. 다시 말해 자신이 원할 경우 눈에 들어오는 모든 살아 있는 것의 과거와 미래의 정수를 느끼는 것입니다.

세스에 의하면 전체적인 자아는 내적 감각을 끊임없이 사용한다. 과거, 현재, 미래는 근본적으로 실재하는 것이 아니기 때문에 이러한 감각을 통해 시간의 장벽을 꿰뚫어 볼 수 있다. 그야말로 사물의 실상을 통찰하는 것이다. 예지적인 체험은 대부분 이 내적 감각을 사용한 결과다. 심리적 시간을 연습할 때 종종 이 감각을 자연스럽게 사용한다.

° 개념 감각

―네 번째 내적 감각은 단순한 지적 이해보다 훨씬 더 효과적이며 직접적으로 개념을 인식하는 기능을 뜻합니다. 이는 곧 개념에 대한 완벽한 체험을 수반하죠. 개념은 사념과 마찬가지로 전기적이며 화학적인 구성 성분을 지니고 있습니다. 의식의 미립자와 이온이 개념의 조직으로 변함으로써 퍼스낼리티가 개념을 직접적으로 체험할 수 있는 것이죠. 살아 있는 대상은 직접 체험하지 않고서는 제대로 이해할 수 없습니다.

또한 심리적 시간을 예비 단계로 이용하면 개념 감각을 가장 효과적으로 발휘할 수 있죠. 조용한 방 안에 앉으십시오. 어떤 사상이 떠오르면 직관적으로 느껴보는 것입니다. 이상한 육체적 감각이 느껴지더라도 두려워하지 마십시오. 훈련을 거듭하다 보면 밖에서 안을 들여다보는 게 아니라 그 안에 들어가 밖을 내다보게 될 것입니다.

나는 보통 시공간을 초월하는 개념들을 언급해왔습니다. 앞서 소개한 세 번째 내적 감각의 사용에 능숙해지면 인식이 자연스럽게 이루어지면서 개념 감각을 훨씬 자유롭게 활용할 수 있죠. 참된 개념은 여러분의 위장 시스템 밖에서 비롯되었기 때문에 그 세계 너머에서도 지속되게 마련입니다. 그러나 내적 감각을 사용하지 않는 한, 개념이 아무리 단순하다고 해도 제대로 이해하는 것은 불가능하죠.

17장에서 말로 표현하기 불가능한 개념을 체험하고, 방 안의 모든 것이 엄청나게 커졌던 사건에서 이 감각을 사용했다.

° 내적 감각의 사용

―내적 감각은 전체적으로 함께 작용하며, 감각들 간의 구분은 어느 정도는 내가 자의적으로 만든 것임을 기억하십시오. 다섯 번째 감각은 개념 인식을 수반하지 않는다는 점에서 네 번째 감각과 다릅니다. 하지만 과거, 현재, 미래를 자유롭게 넘나들며, 자아를 대상으로 변형시키는 과정이 수반된다는 점에서는 네 번째 감각과 유사하죠.

이는 설명하기 어려운 주제입니다. 이를테면 여러분은 보통 육체적 감각을 이용하여 친구를 이해하려고 합니다. 그러나 다섯 번째 내적 감각을 사용하면 친구 속으로 들어갈 수 있죠. 하지만 이 감각은 여러분의 시스템에서 제대로 발휘하기는 불가능합니다. 물론 이 감각을 사용한다고 해서 상대편을 조종하고 통제할 수 있다는 뜻은 아닙니다. 이는 단지 살아 있는 '조직'의 정수를 직접적이며 즉각적으로 인식하는 능력을 말합니다. 단, 내가 여기서 언급한 '조직'이란 말을 육체적인 의미로만 연결 짓지 마시길 바랍니다.

모든 존재는 어떤 방식으로든 보호막으로 자신의 내면을 감싸고 있으며 다른 존재들과 연결되어 있죠. 그런데 이 감각을 이용할 경우 자아를 둘러싸고 있는 보호막을 꿰뚫어 볼 수 있습니다. 내적 자아는 내적 감각을 끊임없이 활용하지만 대부분이 걸러지고 정보의 일부분만이 잠재의식이나 에고에게 전해지죠. 하지만 내적 감각을 사용하지 않는다면 그 누구도 상대방을 제대로 이해할 수 없습니다.

이 감각은 내적 파동 접촉이 보다 강화된 버전이다.

° 현실에 대한 선천적인 지식

이는 아주 기본적인 감각입니다. 우주의 근본 생명에 관해 선천적으로 갖고 있는 실용지식과 관련되어 있죠. 이것이 없다면 생명 활동은 전혀 불가능합니다. 이를테면 선천적인 균형 감각이 없다면 똑바로 서 있을 수도 없죠. 내적 자아가 여섯 번째 내적 감각을 사용하지 않으면 물질적 위장 우주를 건설할 수도 없습니다. 이 감각은 본능에 비교할 만한 것입니다. 비록 본능과는 달리 우주 전체에 대한 선천적인 지식과 관련되어 있지만 말이죠.

생물체가 현실의 특정 영역에 머무를 경우, 그 영역에서 살아가는 데 필요한 정보를 전달받습니다. 내적 자아는 완벽한 지식을 사용할 수 있지만 생물체는 그중 일부분만을 사용할 뿐이죠. 이를테면 거미는 아주 순수한 형태로 보존되어 온 내적 감각을 발휘하여 집을 짓습니다. 거미는 지성도, 에고도 없죠. 그 활동은 내적 감각이 지장을 받지 않고, 위장되는 일도 없이 순수하고 자연스럽게 발휘된 결과입니다. 거미 안에도 인간과 똑같이 전체 우주에 대한 완벽한 이해력이 깃들어 있죠.

세스는 현실에 대한 해답은 언제나 우리 안에 있다고 주장했다. 주의력을 육체적인 자료에서 내적인 자료로 돌릴 때, 그 해답을 알 수 있다. 바로 이 여섯 번째 내적 감각이 작용할 때다. 이 감각은 또한 영감이나 자동적인 '앎' 속에 나타나기도 한다.

나는 '우주의식' 체험 중에 갑자기 이 감각이 작용된 적이 있으며, '관념 구성'의 원고 자료를 제공해주기도 했다. 계시적인 체험들은 대부분 이 감각에서 비롯된 것이다.

다만 내적인 자료는 육체적 세계에서 이해할 수 있는 용어로 해석해야 하며, 말이나 이미지를 통해 설명하는 과정 중에 의미가 왜곡된다는 문제점이 있다. 그중 일부 체험은 육체적으로 표현될 수 없지만 당사자는 그것의 실효성을 확신한다.

◦ 조직 캡슐

─이 감각은 두 가지 방식으로 작용합니다. 우선 자아의 확장이나 신장, 의식적인 이해 영역의 확대로 나타날 수 있습니다. 두 번째로는 자아를 작은 캡슐 속으로 모아서 다른 현실 세계로 들어가게 해주기도 합니다.

조직 캡슐은 일종의 에너지장 경계로 개개의 의식을 둘러싼 채 내적 자아의 에너지가 밖으로 나가는 것을 막아줍니다.

의식체는 이 캡슐이 없으면 그 어떤 세계에서도 존재할 수 없죠. 이 캡슐은 아스트랄체라고 불려왔습니다. 이 일곱 번째 내적 감각은 조직 캡슐의 확장과 수축을 가능하게 해주죠.

이 내적 감각은 롭과 나뿐만 아니라 여러 명의 ESP 강의 학생들도 사용한 적이 있다. 심리적 시간 속에서 이 감각은 독특한 '팽창감', 즉 자기 자신이 점점 확대되고 가벼워지는 듯한 느낌을 준다. 이러한 느낌은 유체 이탈 체험 직전에 일어날 수도 있다. 나는 두 번째 세스와의 교신에서 여러 차례 수축감을 느끼곤 했다.

° 위장으로부터의 이탈

—위장으로부터의 완벽한 이탈은 심리적 시간 속에서는 가능하지만 여러분의 시스템 속에선 극히 드문 일입니다. 심리적 시간을 최고조로 활용할 때 위장 현상은 놀라울 정도로 완화됩니다. 이러한 이탈을 통해 내적 자아는 자신을 특정한 위장 체제로부터 해방시킵니다. 그리고 또 다른 종류의 위장 시스템을 취하거나 아예 위장 시스템 없이 지내죠. 이러한 일은 주파수나 파동의 변화를 통해 이뤄질 수 있습니다. 즉, 생명의 패턴이나 측면을 다르게 변형하는 것이죠. 어떤 면에서는 각성 세계보다는 꿈의 세계에서 이러한 기본적인 내적 현실에 근접한 체험을 얻을 수 있습니다. 왜냐하면 각성 세계에서는 내적 감각을 의식하기가 힘들

기 때문이죠.

나 역시 의식적으로는 내적 감각을 거의 체험해보지 못했다. 앞서 언급한 사건에서 몸이 없어지고, 마치 의식적인 공기처럼 무형의 존재가 된 기분을 느꼈을 때 이 감각을 경험했을 뿐이다.

° 에너지 퍼스낼리티의 확산

—시스템의 일부분이 되고 싶어하는 에너지 퍼스낼리티는 이 감각을 사용해 뜻을 이룰 수 있습니다. 그는 먼저 자신을 수많은 부분으로 확산시키죠. 여러분의 차원, 즉 시스템에 들어가거나 일원이 되기 위해서 다른 길은 없습니다. 반드시 가장 단순한 상태로 진입하여 점차 고도화되는 길을 택해야 합니다. 여러분의 경우에는 먼저 생식세포로 들어가서 자신을 재조합시키는 것이죠.

세스의 말에 따르면 내적 자아는 이 감각을 이용해 자신이 속한 퍼스낼리티 중 하나를 물질적 세상에 탄생시킨다. 또한 이 감각은 사후 존재가 영매적인 활동을 통해 지상의 존재와 교신할 때나 지상의 존재가 비물질적인 현실과 관련한 유체 이탈을 할 때 사용한다.

내적 감각을 사용하는 법을 터득해야 하는 목적은 무엇일까? 세스는 앞서 언급한 심리학과 학생들을 위한 녹음 기록에서 이렇게 말하고 있다.

—주관성에 사로잡히지 않을 것입니다. 현실이 무엇인지 배우게 되죠.

자아 연구는 평소 익숙지 않은 의식 상태를 발동시킵니다. 이럴 경우, 내적 감각을 자아 연구의 도구로 사용할 수 있습니다. 퍼스낼리티는 이러한 자아 연구를 통해 자신의 정체성을 가리고 있는 특성들의 베일을 꿰뚫고 들어갑니다. 그 안에 있는 자아의 핵심은 가족 관계뿐만 아니라 문명 전체에 지대한 영향을 미치는 텔레파시와 투시 능력을 갖추고 있죠. 여러분은 아직 그 능력을 제대로 사용하지 못하고 있습니다. 하지만 바로 지금 필요한 능력이기도 하죠. 전세계적인 커뮤니케이션이 이루어지려면 모든 사람들이 스스로 자신의 잠재력을 이해해야만 합니다.

설사 정신분석을 통해 신경증의 원인을 알아냈다 하더라도 그것은 아직 지극히 피상적인 수준밖에 안되죠. 여러분은 아직도 퍼스낼리티의 껍데기 수준에서 맴돌며, 내가 앞서 언급한 방식대로 내면을 들여다볼 때 일어나는 변이 의식 상태의 혜택을 누리지 못하고 있습니다.

그러한 상태 중에는 여러분이 이제껏 알고 있는 그 어떤 상태보다도 훨씬 더 의식이 깨어 있는 상태도 있죠. 각성된 자아와 꿈꾸는 자아를 동시에 인식하는 상태입니다. 육체가 잠을 자는 동안에도 완전히 깨어 있을 수 있습니다. 기존의 한계를 극복하고 인식의 영역을 훨씬 더 넓히는 것이죠.

세스는 심리적 시간의 훈련이 정상 의식을 제대로 활용할 수 있도록 해준다고 말한다. 억제되었던 온갖 영감, 육감, 그 외 유익한 초감각적 정보들이 의식 속에 들어오는 것이다. 심리적 시간을 정규적으로 수행하면 내적 감각을 통해 들어오는 자료들을 의식할 수 있다. 그 자료들에 대응하고, 전보다 훨씬 더 많은 자극들을 처리할 수 있다. 이런 직관적 기능은 각성 상태뿐만 아니라 수면 상태에서도 지속적으로 작용한다. 나는 세스의 가르침을 통해 꿈을 꾸는 동안에도 완전히 깨어 있는 법을 터득했다. 또한 의식의 투영을 통해 수면 상태에서 안전하게 몸을 떠날 수 있다. 하지만 이 모든 것은 노력이 필요하다. 훈련을 통해 올바른 의식 수준을 유지하는 법을 배워야 한다.

이러한 의식 수준을 예비 단계로 삼아 다른 상태로 넘어갈 수도 있다. 그 상태에선 지성과 직관, 전 존재가 아주 비범한 수준으로 작용한다. 감각은 거의 믿지 못할 정도로 예리해진다. 이 상태는 정상적인 각성 상태나 수면 상태, 또는 트랜스 상태에서도 일어날 수 있다. 순간적으로 자신의 다차원적 현실을 의식하는 것이다.

단순히 심리적 시간을 수행하는 것만으로도 이러한 성취를 이룰 수 있다. 하루에 잠시만이라도 물질적인 현실에서 초점을 돌리기만 하면 가능하다. 지각 작용은 지극히 개인적인 것이기 때문에 각기 다른 방식으로 내적 감각을 체험한다. 하지만 누구라도 심리적 시간을 거치지 않고 다른 내적 감각을 사용하는 것은 매우 어렵다.

내적 감각을 함께 사용할 때 개개인은 육체적 물질과 상관없이 존재하는 현실의 모습을, 즉 자신의 내적 정체성의 이미지를 발견할 수 있다. 내적 감각은 집중력을 키워주고, 잠재력을 일깨워 일상생활의 의미와 생명력, 목적을 불어넣는다.

PART 20

세스는 누구이며 무엇인가?

The Seth Material

인간은 동물과 마찬가지로 삶과 죽음 사이에 놓여 있다. 이는 우리 삶의 조건이다. 하지만 우리가 아는 한, 동물들은 자신의 죽음을 예견하거나 삶 이전의 상태에 대해 생각하지 않는다. 그들은 언제나 현재 순간만을 인식한다. 반면 인간은 과거, 현재, 미래를 의식한다. 차례차례 이어지는 듯 보이는 순간의 연속으로. 그런데 이 연속이 보다 거대한 현재, 즉 우리가 의식하지 못하는 광대무변한 '순간'의 일부분이라면 어떻게 될까?

　우리는 그것을 알든 모르든 다른 차원 속에 존재한다. 마치 우리 집 고양이가 시계를 전혀 이해하지 못하면서도 시간 속에 존재하듯 말이다. 어찌 보면 고양이의 시간이 나보다 더 옳을 수도 있다. 왜냐하면 시간을 측정하는 시계는 인위적인 도구에 불과하며 그의 존재는 시간과 무관하기 때문이다. 세스의 주장대로 과거, 현재, 미래 역시 모든 행위가 동시에 이루어지는 광대무변한 순간을 인위적으로 나누는 도구에 불과하다고 상상해보자. 우리가 세상에 태어나 이제까지 받아들인 하나하나의 감각은 잠재의식 속에 고스란히 저장되어 있다. 하지만 현재를 처리하기 위해 세세한 내용들은 뒷전으로 미뤄둔 상태다. 현재라는 특정한 사건에만 초점을 맞추고, 나머지는 잠재의식 속으로 밀어 넣은 탓에 그것들이 기억에서 멀어지고 아득한 과거로 보이는 것이다. 그 모든 사건에 주의력을 쏟으면서 동시에 현재 사건에도 집중할 수 있다면 우리의 현재 시간은 엄청나게 확대될 수 있다.

미래란 무엇일까?

그렇다면 대체 미래란 무엇일까? 어쩌면 미래는 이미 광대무변한 현재 속에 존재하는 사건들로 구성되어 있을지 모른다. 우리가 편의상 '아직' 다루지 않기로 한 사건들 말이다. 세스에 의하면 그 어떤 사건이든 고정되어 있는 것은 없다. 모두가 유동적이며 처음엔 언제나 정신적인 형태에서 시작된다. 그중 일부는 앞서 설명한 과정에 따라 물질적인 현실이 되지만 나머지는 육체적 차원에서는 전혀 다뤄지지 않는다. 그것들은 결코 우리의 과거, 현재, 미래의 관계 속에 들어오지 않는다.

우리는 생물학적으로 그러한 사건들을 인지할 수 없는 것일까? 아니면 모종의 심리적 맹점이 우리가 현실에 압도당하는 사태를 방지하는 방어기제로 작용하는 것일까? 우리의 신경 체계로는 오직 일정한 자극만 의식적으로 감지할 수 있으며, 어떤 한계를 넘으면 심리적 요소가 정보를 차단하여 다른 방식으로 감지하도록 만든다는 게 내 생각이다.

그러한 맹점을 없애고 초점의 대상을 확대할 수만 있다면 이제껏 의식하지 못한 다른 수많은 사건들을 의식할 수 있으며 텔레파시, 예지, 투시 능력이 실용적이며 일상적인 정보 입수의 수단으로 자리 잡을 것이다. 다시 말해 난 이제껏 우리가 기존의 현실관에 배치된다는 이유로, 원래 인간의 자연스러운 능력인 ESP를 거부해왔다고 생각한다. 누군가는 이렇게 감정 섞인 어투로 반대할 수도 있다.

"싫어요. 그렇게 된다면 자신이 언제 죽을지도 알게 될 테니까요!"

하지만 우리가 진정 자신의 죽음 이후를 내다볼 수 있다면, 놀랍게도 자신이 계속 의식을 유지하게 되리라는 사실도 알 수 있지 않을까? 덧붙여서 자신의 과거뿐만 아니라 이제껏 의식하지 못했던 자아의 다른 부분들까지 알게 될 것이다.

우리는 단지 육체 속에 살아갈 뿐이지 결코 그것에 의존하지 않는다는 세스의 말이 사실이라면 어떻게 될까? 우리는 사신을 육체와 동일시한다. 이는 육체가 없으면 자아도 없다는 관념에 근거한 것이다. 이러한 고정 관념에 따르면 육체가 없이는 그 무엇도 지각할 수 없다. 사실 자아란 것도 존재할 수 없다. 왜냐하면 의식은 그저 육체의 메커니즘에서 비롯된 결과일 뿐이니까.

기성 종교는 그와 반대되는 관념을 지지한다. 인간의 정체성은 육체와 무관하며 사후에도 계속 이어진다는 관념 말이다. 그러나 종교 역시 인간이 현재도 그런 독립성을 누리고 있다는 사실을 밝혀내는 연구 활동들에 대해서는 곱지 않은 눈길을 보낸다. 사후세계를 설교하면서도 산 자와 죽은 자 간의 커뮤니케이션과 관련된 연구 사례에 대해서는 이상하리만치 무관심하다. 하지만 초심리학의 영역을 살필 만큼 넓은 마음을 소유한 사람들 혹은 스스로 의식의 본질을 연구할 정도로 대담한 사람들에게는 진실이 아주 명백히 드러나 보일 거라고 믿는다.

나를 비롯한 수많은 사람들은 경험으로 알고 있다. 인간은 지금 이 순간에도 육체로부터 자유로우며, 육체를 떠나서도 보고, 느끼고, 배우는 것이 가능하며, 미래의 일부분을 지각하고, 육체적 감각을 통하지 않고서도 정보를 얻을 수 있다는 사실 말이다.

인류의 과학이 이 사상을 받아들이려면 앞으로 100년은 더 걸려야 할지도 모른다. 결코 환상이 아니다. 내가 지금 원고를 쓰고, 커피를 홀짝거리며, 일부 인간이 자신의 편협한 개념을 보호하기 위해 스스로의 능력을 제한한다는 사실에 분개하는 것이 모두 환상이 아니라면, 어째서 우리는 자신의 체험과도 모순되는 개념들을 그토록 당연시하며 집착하는 것일까?

ESP에 관한 첫 번째 책이 출판된 이후 수많은 사람들이 텔레파시, 투시, 예시, 유체 투영에 관한 체험담을 적어 보냈다. 그들은 그런 초감각적 사건이 '있을 수 없는 일'임을 알고 자신의 정신적, 정서적 안정이 혼란에 빠질까 봐 두려워했다. 사실 나도 초창기엔 온갖 의문을 던지며 부정적인 태도를 취했다. 당시 내가 고정 관념의 영향을 조금이라도 덜 받았다면 훨씬 더 자유롭게 심령적 체험을 받아들이고 연구할 수 있었을 것이다.

그러한 체험은 내게 다차원적 퍼스낼리티란 사실을 가르쳐주었다. 나는 의식도 원자와 분자처럼 뭉쳐진다고 생각한다. 그래서 물질 덩어리가 있듯이 의식 덩어리가 존재하며, 우리는 스스로 알든 모르든 그런 덩어리의 일부분이다. 우리는 아직도 자신의 심리 구조나 의식의 본질에 대해 잘 알지 못한다. 더 많이 배우기 위해선 개인적으로 자신의 의식을 탐구할 각오가 있어야 한다. 그렇게 함으로써 훨씬 더 많은 개성과 독특함, 정체성을 발견할 것이라 확신한다.

육체 지향적인 에고의 한계 속에 남아 있길 고집하는 것은, 자기 존재의 심오한 의문들에 대한 해답들 혹은 육체적 삶을 좀 더 지성적으로 처리하는 데 도움이 될 지식들을 스스로 걷어차는 꼴이다. 나의 작업은 바로 그러한 연구 활동이다. 영적 체험이나 세스와의 교신이 지속적인 배움의 모험이라고 생각한다. 세스 자료에는 지금 우리에게 절실히 필요한, 현실의 본질에 관한 통찰력과 정보가 들어 있다. 그 이론들은 가 개인의 의미를 확장시킬 뿐만 아니라 과학과 종교가 이제껏 부정하도록 가르쳐온 더 큰 자아를 받아들이라고 충고하고 있다.

무엇보다 나는 세스가 계시적인 지식의 채널이라고 확신한다. 내가 여기서 언급하는 지식은 추론적 기능으로 발견되는 것이 아닌 자아의 직관적인 부분에 계시되는 것이다. 누구라도 어느 정도는 그런 계시적인 정보를 얻을 수 있다. 바로 그 덕분에 인류는 무엇인가를 열망하고 성취해왔다. 계시적인 지식은 먼저 직관, 꿈, 육감, 내 경우처럼 체험을 통해 다가오며, 이후엔 지성이 그 정보를 활용한다.

세스가 누구이며 무엇이냐에 대해서는 '에너지 정수로 이루어진 퍼스낼리티'라는 그의 표현이 가장 적당한 답변일 것이다. 나는 그가 심리학자들의 표현대로 내 잠재의식의 일부분이나 2차적인 퍼스낼리티라고는 생각하지 않는다. 세스는 자아를 구분하는 레벨이 존재하지 않는다고 말하지만 나는 정상적 자아 '아래'에 잠재의식이 있듯이 그보다 훨씬 '위'에 초의식이 있다고 생각한다. 초의식이 바로 ESP 능력의 출처이며 우리는 바로 이를 통해 에고가 알지 못하는 현실의 본질에 관한 정보를 얻을 수 있다.

물론 그렇게 따지면 세스가 내 초의식이 인격화된 결과일지도 모른다고 할 수 있다. 그러나 그것이 사실이라면 세스는 어떻게 독립적으로 행동할 수 있을까? 이 문제에 대한 답은 쉽게 나올 수 있는 것이 아니다. 분명 그는 내가 아는 나 자신의 퍼스낼리티 구조 속에서는 찾아볼 수 없는 존재다. 이를테면 나 자신의 퍼스낼리티를 심리학적으로 아무리 테스트해도 세스를 발견할 수 없을 것이다. 세스라는 존재가 나의 초의식이라면 이미 오래전에 정체가 밝혀졌을 것이다.

성별 문제도 제기될 수 있다. 내가 아는 한, 대부분의 퍼스낼리티의 직관적 부분은 남성보다는 여성의 성격을 띤다. 그러므로 세스가 만일 나 자신의 고차원적이며 직관적인 자아라면 나는 십중팔구 여성적인 인격을 만들든지 여류 작가들이 종종 창조해내는 가짜 남성상을 이끌어냈을 것이다. 그에 비해 세스는 '노골적으로' 남성적이지는 않지만 행동이나 말하는 것을 들어보면 여성의 남성상보다는 남성의 남성상에 더 가까운 인물이다. 남자들은 그를 좋아한다.

그는 스승이기는 하지만 판에 박힌 '영적 스승'은 결코 아니다. 그는 그저 그 자신일 뿐이다.

다른 사람들에 대한 그의 영향력은 즉각적으로 나타난다. 그는 분명 상당한 '존재감'을 발휘한다. 또한 나보다 훨씬 더 훌륭하게 사람들을 대하고 관계를 맺는다. 그럼에도 그가 나타낸 특징들은 우리의 주의를 끌고, 메시지를 전달하는 데 도움을 주기 위해 의도적으로 선택된, 그 자신의 퍼스낼리티의 일부분에 불과하다.

롭이 언제라도 우리의 교신 요청에 응해줄 수 있냐고 물었을 때, 세스는 다음과 같은 답변을 통해 우리의 관계가 단순한 일대일의 관계 이상임을 분명히 밝혔다. 나는 그것이 이 복잡한 심리적 연결에 대한 정직한 설명이라고 생각하고 있다.

✳

트랜스 상태에서도 지각 작용에 의해 의미가 왜곡된다

(458호 교신, 1969년 1월 20일)

―이미 우리가 설정해온 조건들 속에서, 나를 통해 그동안 익히 알아온 내 퍼스낼리티의 요소들을 불러낼 수 있습니다. 이러한 4차원적인 교신 혹은 커뮤니케이션에서는 영매 자체가 메시지입니다. 루버트는 살아 있는 전보인 셈이죠. 여러분은 전보를 보낼 때 단순히 언어로만 표현합니다. 하지만 난 나 자신의 일부를 보내죠. 물론 이 일에 내 존재의 모든 핵

심이 개입할 필요는 없습니다. 다시 말해, 난 여러분의 차원에 전적으로 초점을 맞출 필요는 없지만 우리의 약속을 충분히 지킬 수 있을 정도의 주의력은 쏟고 있죠.

내가 언급해온 심리적 다리는 제 구실을 하고 있습니다. 그 덕분에 정해진 시간 동안 여러분은 내 현실의 특정 부분을 이용할 수 있으며, 언제라도 다리를 놓을 수 있습니다. 루버트는 심리적 다리를 이용해서 나를 부를 수 있고, 나 역시 루버트를 부를 수 있죠. 하지만 심리적 다리는 마치 도개교와 같이 다리의 두 부분이 맞아떨어져야만 합니다(앞서 세스는 우리 둘이 함께 심리적 다리를 만드는 것임을 설명했다). 여러분이 정해진 시간 외의 다른 시간대에 나와의 교신을 원할 경우, 난 부름에 응할 수도 있지만 그렇지 않을 수도 있죠. 하지만 여러분의 감정적 필요는 내게 알려지게 되어 있습니다. 그 필요가 절실하다면 나는 물론 응답할 것입니다. 마치 여러분이 친구의 절실한 필요를 무시하지 않듯이 말이죠. 다만 나 역시 부르기만 하면 언제나 자동으로 나오는 존재는 아닙니다.

우리는 이 말을 통해 어떤 교신이 다른 교신들에 비해 좀 더 빨리 이루어졌던 이유를 알 수 있었다.

—다른 한편에서 보면 나는 자동으로 여러분에게 전달되는 메시지의 일부이기도 합니다. 어떤 교신에서는 다른 교신에서보다 훨씬 더 완벽하게 '이곳'에 오게 되죠. 그 이유는 정상적으로 통제할 수 없는 상황과 관련되어 있습니다. 전자기적인 상태들, 심리적 환경들 말이죠. 이런 요인들은 내가 반드시 통과해야만 하는 대기 상태라고 할 수 있습니다.

앞서 언급한 바와 같이 이 일에는 어느 정도 나와 루버트 양쪽의 자기 투영이 수반됩니다. 당신(롭)의 존재도 중요하죠. 당신이 교신에 참석하든 안하든 말입니다. 이를테면 교육방송을 시청할 경우, 여러분은 강사가 말하는 모습을 봅니다. 하지만 여러분이 텔레비전을 보는 그 시간에 강사는 다른 곳에서, 다른 일을 할 수도 있습니다. 생방송이 아니라면 말이죠. 그러나 그 시각에 강사가 생방송으로 강의를 하든 녹화방송이 나오는 것이든 강사 자신은 엄연히 존재하며, 그의 메시지도 유효합니다.

마찬가지로 루버트를 나의 텔레비전 화면으로 생각해주십시오. 내가 지금 루버트 안에서 말을 하는 게 아니라 해도 실제 강연은 지난밤 그의 꿈속에서 이루어졌고, 현재 교신 내용은 그 강연을 기억 속에 녹화했다가 틀어주는 것이라 해도 아무 상관이 없죠. 다시 말하지만 영매는 광대무변한 현재 속의 메시지 자체입니다. 방송 시간이 될 때마다 난 여러분의 현재 속에서 교신에 응합니다. 나의 현재 속에서 어디에 있든지 말이죠. 그렇다고 해서 교신 내용의 진실성이 떨어지는 것은 아닙니다.

세스는 더 나아가 나 자신이 그런 일을 허락한 것이며, 우리의 작업 상당 부분이 내가 잠을 자거나 다른 활동을 하는 동안에 진행된다고 말했다.

—내가 루버트를 꼭두각시로 삼거나 교신 중에 여러분이 언제나 녹음된 내용을 듣거나 내가 여러분과 함께하지 않는다는 이야기가 아닙니다. 이는 다차원적인 커뮤니케이션에서는 여러분이 생각하지 못하는 많은 과정이 수반된다는 것을 뜻합니다.

여러분의 의문은 내가 이곳에 있다면 동시에 다른 곳에 있을 수 없다는 마음에서, 또는 내가 이곳에 있다면 내 모든 에너지가 이곳에만 집중되어야 한다는 생각에서 비롯된 것입니다. 하지만 내 정체성 중에는 여러분이 알지 못하는 측면들이 있습니다. 물론 여러분은 나에 대해 알 수 있는 것은 다 알고 있습니다. 하지만 내 실상을 여러분에게 제대로 인식시키는 것은 거의 불가능하죠. 왜냐하면 여러분의 이해력으로는 받아들일 수 없기 때문입니다.

나는 세스를 유령이라고 부르는 것을 피해왔다. 우선 그 단어 자체가 마음에 들지 않고 너무나 쉬운 해답처럼 보이는 것도 싫었다. 한 가지 해결책을 받아들일 경우, 자칫 그 배후에 있는 다른 가능성에 대해 마음의 문을 닫아버릴 수 있다. 그렇다고 해서 세스가 단지 계시적인 지식에 내 마음의 주파수를 맞춰준 심리적 구조에 불과하다거나 그의 독립적인 존재성을 인정할 수 없다는 뜻은 아니다.

나는 단지 교신 중에 세스의 퍼스낼리티와 내 퍼스낼리티 간에 모종의 융합이 이루어지고, 심리적 다리는 그러한 교신을 통해 만들어지는 구조물일 거라고 생각한다. 이러한 맥락에서 세스와 내가 각기 자신의 역할을 갖고 있다는 말에 동의한다. 나는 세스가 다른 일반적인 교신자들과는 달리 또 다른 존재의 일부분이며, 죽음 이후에도 살아 있는 존재라고 생각한다. 이러한 생각은 결코 모순이 아니다. 세스가 고대 존재의 일부라면, 두 번째 세스는 우리의 관점대로 표현하자면 그것이 보다 진화한 부분이다. 육체도 진화하는데 의식이 진화하지 못할 이유가 있을까? 우리가 이러한 존재, 즉 의식 덩어리들의 독립적인 파편일 수 있다는 가능성을 받아들이는 것은 그다지 어렵지 않다. 이 점을 인정하면 세스와의 교신도 가능하다고 볼 수 있다. 우리는 모두 똑같은 '정신적 질료'로 만들어졌으니까.

두 번째 세스는 내 퍼스낼리티의 특정 부분이 다른 현실과 의식을 내다볼 수 있는 투명한 창문과 같은 구실을 한다고 말했다. 사실이 그렇다면 그런 수많은 '창문'이 존재할 것이다. 그리고 두 번째 세스는 우리의 이해력을 훨씬 뛰어넘는 수준에까지 진화했을지도 모른다. 그와 우리의 '거리'만으로도 교신은 극히 어려워지기 때문에 일련의 통역가들이 필요할 것이고 첫 번째 세스는 그런 존재 중 하나일 수도 있다.

그러나 나는 아직도 수많은 의문을 갖고 있다. 이를테면 세스는 나를 통해 이야기하지 않을 때는 어떠한 의식 활동을 전개하는 걸까? 만일 그의 존재가 다른 현실을 내다볼 수 있는 나의 창문이 된다면 나 역시 물질적 현실을 내다볼 수 있는 그의 창문이 되는 것일까? 나는 세스가 다른 존재의 차원들을 의식하며, 그 속에 들어가 있다고 생각한다. 하지만 이는 또 다른 의문을 낳을 뿐이다. 대체 비육체적인 삶이란 어떤 것일까 하는 의문 말이다.

세스는 자신의 책을 쓰겠다고 약속하고 교신 중에 책 내용을 구술하면서 몇 가지 질문에 대답해주기로 했다.

—내 책은 안에서 밖을 내다보는 퍼스낼리티의 관점을 보여줄 것입니다. 어느 정도는 나의 체험이 들어가겠지만 나는 그것이 3차원적 시스템에 구속되지 않은 사람이 보는 현실의 그림을 전달해주기를 기대하고 있죠. 그 책에선 영매의 관점이 아닌 루버트를 통해서 말하는 퍼스낼리티의 관점에서 영매의 상태를 설명할 것입니다. 그리고 내게 비추어지

는 여러분의 현실 시스템에 관한 이야기도 들어가겠죠. 또한 내가 사는 곳의 본질과 상태들을 설명하고, 죽음 이후의 삶에 관한 모순된 주장들, 즉 사후 현실에 대한 각기 다른 정보들이 나오게 된 몇 가지 이유를 밝히고자 합니다.

그 외에도 내가 여러분의 시스템 속에 들어가는 방법이나 심리적 다리에 대한 이야기도 들어갈 것입니다. 다시 말하지만 여러분이 교신 중에 대하는 나는 나의 완벽한 정체가 아닙니다. 교신이 이루어지는 동안에는 반드시 내가 사용할 수 있는 심리적 구조가 있어야만 하죠. 하지만 때때로 나는 루버트의 도움 없이 독립적으로도 나타날 수 있을 만큼 여러분의 시스템 속에서 분명하게 작용하기도 합니다. 그 책은 루버트의 저작과는 전혀 무관한 저작물이 될 것입니다. 그 책은 내 이름으로 출판될 테지만 나는 그 책을 당신들 두 사람에게 헌사하고자 합니다.

그러면서 세스는 환한 미소를 지었지만 롭은 필기를 하느라 바빠서 심드렁하게 대답했다.

"그것 참 반가운 일이군요."

나는 그 책이 순수하고 왜곡되지 않은 지식을 전할 거라고 주장할 생각은 없다. 왜곡에 대한 의문은 463호 교신에서 50번째로 제기됐다. 당시는 내가 이 책의 계약서에 서명한 후였고, 마침 친구 페그가 세스에 관한 기사를 쓸 요량으로 교신에 참석했다.

─영매가 대서양 바다의 밑바닥처럼 깊은 트랜스 상태에 빠져 있어도 완전히 순수한 채널이 될 수는 없습니다. 에고는 피해갈 수 있지만 자아의 다른 층들, 특정한 신경 구조들은 작동을 지속하기 때문이죠. 그것을

지나칠 때 지각 작용을 통해 의미가 왜곡되게 마련입니다.

그는 더 나아가 음성 교신이 보편적인 방법은 아니라고 설명했다. 그것은 우리보다 더 진보한 존재들은 물론이고, 아직 덜 진보한 존재들이 사용하는 방법도 아니다. 3차원적 자아들에게 메시지를 이해시키기 위해 정보는 좁은 통로를 억지로 '통과'해야만 하며 그 과정 중에 왜곡될 수 있다.

—영매가 자신의 의지대로 틀었다가 잠글 수 있는 수도꼭지와 같다 하더라도 그를 통해 나오는 정보가 결코 수정같이 맑은 물일 수는 없습니다. 내용은 반드시 영매의 퍼스낼리티 층을 통과하면서 걸러지게 되죠. 또한 신경 체계는 심지어 그 내용을 번역하는 동안에도 모종의 반응을 보입니다. 이러한 조건 속에서는 그 무엇도 순수하게 남아 있을 수 없습니다. 정보는 반드시 신경 체계가 처리하고 해석할 수 있는 메커니즘 속으로 들어가야만 합니다. 그리고 다른 감각과 마찬가지로 신경 체계의 일부분이 되는 것이죠. 다른 방식은 있을 수 없습니다.

지각 작용이 이루어지는 순간 지각자의 전자기적이며 신경적인 체계가 바뀌게 되어 있죠. 여러분의 방식대로 말하자면 지각이란 신경 구조의 변화를 뜻합니다. 지각 메커니즘은 스스로 변화할 뿐만 아니라 지각 대상으로 인해 변하기도 하죠. 난 지금 지각 작용의 육체적인 본질을 이야기하고 있는 것입니다.

여러분의 육체적 구조 속에서 지각자의 내적 상태가 변화되지 않으면서 지각이 이루어진다는 것은 논리적으로 모순입니다. 정보는 자동적으로 퍼스낼리티의 육체적 구조와 뒤섞이고 혼합되면서 걸러지는 것이죠.

지각 작용은 하나의 행위로서 행위의 주체를 변화시키며, 그 과정 동안 행위 자체도 변화됩니다. 아무리 미묘한 지각이라도 여러분의 몸 안에 있는 모든 원자를 변화시키죠. 그리고 그것은 파문을 일으켜 지극히 사소한 행위라도 모든 곳에서 느껴지게 합니다.

그러면서 세스는 정상적이거나 초감각적 지각 속에서 일어날 수 있는 다양한 왜곡 사례들을 설명했다.

─루버트나 다른 지각자가 불쾌한 상태에 있다면 정보를 잘못 해석하고 염세주의적 요소를 과장해서 말할 수 있습니다. 그 밖에 자기 징벌의 필요성에 처한 사람도 항상 그런 식으로 지각 정보를 왜곡합니다.

우리는 세스의 설명을 통해 육체적 지각 작용 자체가 현실을 변화시킨다는 사실을 분명히 알 수 있었다. 초감각적 지각 정보조차도 우리의 의식에 알려지기 위해서는 육체적인 용어로 번역되어야만 한다. 세스 자료는 우리가 아는 정상적인 현실의 실체를 밝혀주고 있지만 그 내용을 인간의 언어로 옮기다 보면 필연적으로 의미가 왜곡된다. 게다가 다른 변수들도 있다. 세스 자신도 정적인 존재가 아닐 뿐만 아니라 마치 녹음기를 틀어놓듯 나를 통해 자료를 체계적으로 전달하는 것도 아니다. 그는 단지 질문에 응답하는 식으로 정보를 전하기 때문에 어느 정도는 질문 내용이 그의 설명 방식을 변화시킨다.

또한 우리와의 관계를 통해 세스 자신도 영향을 받을 수밖에 없다. 비록 우리가 그에게 영향을 받는 것만큼은 아니지만! 내 퍼스널리티가 세스와 접촉하면서 많은 성장한 것은 의심할 바 없는 사실이다. 나는 잠재된 능력들을 개발하면서 전보다 훨씬 더 많은 감각 자극을 처리하는 동시에 전체적인 안정을 유지하는 법을 배워야 했다. 이러한 학습 과정은 여러 가지 혜택뿐만 아니라 부담과 스트레스를 수반했다. 그것들은 유머 감각이나 상식으로는 도저히 해결할 수 없는 문제들이었다. 그래서 쉴 필요가 있다고 느껴지면 주저 없이 휴식했고, 세스는 아주 친절하게 그 필요성을 존중해주었다.

인간의 잠재성에 관한 세스의 설명과 관련해 우리는 때때로 인류가 지금보다 더 도덕적으로나 영적으로 발전하지 못하는 이유에 대해 의문을 제기하곤 했다.

어느 수요일 저녁, 정규 교신 시간에 롭과 나는 세상의 전반적인 상태에 대해 염려하는 마음으로 대화를 나눴다. 롭은 우리가 왜 이전과 같은 행동을 답습하고 있는지 모르겠다며 큰소리로 떠들었다.

"도대체 이 모든 현상 뒤에 무슨 목적이나 의미가 있는 거지? 우리는 무슨 일을 서서르고 있는지 알면서도 지구를 파괴하는 일에 죽어라 매달리고 있어. 전쟁 아니면 환경오염을 통해서 말이지."

"나도 모르겠어."

나는 그렇게 대답해놓고 그와 마찬가지로 참담한 기분에 빠졌다. 그런데 바로 그날 446호 교신에서 두 번째 세스가 멀리서 들려오는 듯하면서도 분명한 목소리로 메시지를 전했다.

—인류는 다양한 의식체들이 거치는 단계입니다. 그보다 훨씬 더 광대하고, 개방된 현실 세계로 들어가려면 먼저 육체적 물질화를 통해 에너지를 다루고, 사고와 감정이 형상화된 결과를 보는 법을 배워야만 하죠.

아이가 진흙으로 과자와 성을 만들 듯이 여러분은 사고와 감정으로 문명을 만들며 자신이 창조해낸 산물을 보게 됩니다.

윤회전생을 끝내고 육체적 세계를 떠날 때, 여러분은 더 이상 인류의 일원이 아닙니다. 왜냐하면 배워야 할 교훈을 배웠고, 스스로 그 세계를 떠나기로 결정했기 때문입니다. 어쨌든 의식적인 자아만이 육체적 세계에 살아갈 수 있으며, 여러분의 정체성을 이루는 다른 부분들은 그와 동시에 다른 훈련 시스템에서 살고 있습니다. 보다 진보한 세계에서는 사고와 감정들이 자동적이며 즉각적으로 행위로 옮겨지고, 무엇이든 그 세계의 물질 비슷한 것으로 전환됩니다. 그러므로 그곳에서도 나름대로의 교훈을 배워야만 하죠.

창조에 대한 책임은 반드시 분명하게 이해해야 합니다. 어떻게 보면 여러분은 방음 장치가 되어 있는 외딴 방에 사는 셈이죠. 증오는 그 방에 파괴를 불러일으킬 뿐만 아니라 교훈을 배울 때까지 파괴는 파괴를 낳게 마련입니다. 다른 세계의 관점에서 보면 그러한 파괴는 존재하지 않습니다. 하지만 여러분은 그것이 존재한다고 믿기 때문에 죽음의 고통도 절실히 느끼는 것이죠. 여러분은 파괴를 멈추는 법을 배울 필요는 없습니다. 왜냐하면 파괴란 실제로 존재하는 것이 아니기 때문이죠. 다만 책임감 있게 창조하는 법을 배우고 훈련해야만 합니다. 여러분의 세계는 새로운 의식들을 위한 훈련 시스템이죠.

훈련은 여러분의 세계와 상관관계에 있는 갖가지 세계에서 살아가는 데 도움이 될 것입니다. 여러분의 시스템에서 슬픔과 고통을 실감나게 느끼지 못한다면 교훈도 없죠. 여러분 세계의 교사들은 그곳에서 마지막 삶을 누리고 있는 사람들이거나 이미 그 세계를 떠났지만 아직 그곳에 남아 있는 이들을 돕는 임무를 부여받은 사람들입니다.

여러분은 감정 에너지를 행위와 형태로 전환시키는 법을 배우고 있습니다. 자신이 창조한 세계 속에서 실패와 성공을 겪으며 배움을 얻는 것이죠. 그 시스템 속에는 '처음'으로 그 세계에 살게 된 퍼스낼리티 파편이 있는가 하면 오랫동안 윤회를 해온 퍼스낼리티도 존재합니다.

인류는 동시에 똑같은 꿈을 꾸며 자신들의 세계를 건설하고 있죠. 전체적인 건설 과정은 여러분 자신이 배우이자 감독이 되어 만들어가는 교육적 연극과 같습니다. 연극 속에 연극이 있고, 또한 그 속에 다른 연극이 전개되고 있죠. 그처럼 사물의 '속'에는 끝이 없습니다. 꿈꾸는 자들이 꿈을 꾸면, 꿈속의 꿈꾸는 자들도 꿈을 꿉니다. 그 꿈들은 결코 무의미한 것이 아니며, 그 속의 행위는 한결같이 중요합니다. 전체적인 자아는 연극의 관람객이면서도 배역을 맡고 있는 연기자이기도 하죠.

세스와의 교신은 아직도 일주일에 두 번씩 계속되고 있다. 대화의 주제와 범위는 날이 갈수록 넓어지고 심화되었다. 만일 우리가 지금까지 얻은 정보들이 '개요'에 불과하다면 이는 정말 엄청난 내용의 메시지다! 두 번째 세스는 이렇게 말했다.

—여러분은 결코 열등한 세계에 살고 있지 않습니다. 다만 자신이 사는 현실 세계의 범위를 제대로 파악하지 못하는 것이죠.

나는 여러분이 이 책을 통해 우리 자신의 다차원적인 삶을 조금이나마 가늠해보기를 바란다.

제인 로버츠. 세스와의 교신 기록은 50여 권이 넘는다.

세스와 교신 중인 제인(좌)과 세스의 말을 받아 적고 있는 남편 롭(우)의 모습.

평소 제인의 얼굴(좌)과 세스일 때의 얼굴(우). 표정과 몸짓이 극적으로 바뀐다.

130쪽 봉투 테스트에 사용한 1966년 11월 6일자 <뉴욕타임스>.

136쪽 봉투 테스트에 사용한 영수증 일부.

롭이 그린 세스의 초상화.

롭이 14세기 화가의 그림 기법으로 그린 그림.

Appendix

부록

여기서는 본문에 싣지 못한 여러 가지 주제를 다룬다. 세스는 무의식에 관한 융의 개념을 논하는가 하면 '최초 태양계'에 관한 새로운 자료를 제시하기도 했다.

내가 이 책을 끝낼 무렵, 물질 영역의 배후에서 작용하는 전자기체들에 관한 교신이 막 시작됐다. 과학자들은 오래전부터 물질이 어디로 '사라져버리는'지 궁금해했는데, 세스의 전자기체에 대한 기록은 그 해답이 될 수 있을 것이다.

✳

인생은 육체적인 삶보다 훨씬 거대하고 복잡하다

(452호 교신, 1968년 12월 2일 월요일 오후 9시 17분)

—아이들은 종이로 집을 세웠다가 무너뜨리곤 합니다. 여러분은 그 모든 것이 학습의 일부라는 것을 알기에 전혀 걱정하지 않습니다.

인류는 문명을 건설합니다. 물론 이는 어린아이의 게임이 아니며, 장난감은 인류의 현실이죠. 이 말은 지금 지구상에서 자행되는 온갖 폭력을 묵과할 수 있다는 이야기가 아닙니다. 폭력은 절대로 묵과할 수 없지만 인간은 시행착오를 통해 배운다는 진실은 반드시 이해해야만 합니다. 또한 인간은 성공을 통해 배웁니다. 신중하게 행동하며 창조성을 발휘하는 시기도 있죠. (멈춤) 개개인은 수많은 삶을 통해 수많은 배역을 떠맡습니다. 그들이 여러분의 시스템 속에서 삶을 반복하며 배움을 얻는 시기, 즉 주기가 있죠. 경우에 따라서 남에게 배우기도 합니다.

오늘자 신문에 1968년도 8월, 시카고에서 벌어진 민주당 대통령 후보 지명 대회에서 벌어진 폭력 사태에 관한 기사가 실려 있었다. 기사는 대회가 벌어진 날, 경찰과 민주당 내, 각 집단들 간에 수많은 충돌이 빚어졌는데, 조사 위원회에서 당시 경찰의 행위에 대해 유죄 판결을 내렸다는 내용이었다. 제인과 나(롭)는 저녁 식사 자리에서 그 기사에 관해 토론을 벌였다.

—인생은 육체적인 삶보다 훨씬 거대하고 복잡합니다. 여러분은 단지 인생의 한 가지 발전 단계만 보고 있는 것이죠. 인간이 육체적 시스템을 떠나면 다른 시스템으로 가지만 그래 봤자 아직 삶의 기초를 배운 수준밖에 안 됩니다. 물론 예외적인 사람들도 있습니다. 그들은 스스로 결정해 다시 육체적 시스템으로 돌아와 사람들을 가르치죠. 그들은 원주민들이 사는 정글에 학교를 세우는 사람처럼 사명감을 가지고 폭력이 난무하는 세상 속으로 다시 돌아온 것입니다.

겉보기와는 달리 여러분의 세상은 나름대로 진보해왔습니다. 만일 중세 유럽 사람들이 핵무기를 갖게 됐다면 일말의 가책도 없이 기독교 국가를 제외한 나머지 나라를 한 번에 쓸어버렸을 것입니다. 그렇다고 해서 기독교 국가들이 다른 나라들보다 우월했던 것은 아닙니다. 당시 역사를 보면 기독교 국가들 역시 나머지 세상과 함께 파멸하는 것이 차라리 나았을 성싶죠. 그만큼 당시 권력자들은 부패하고 편협하며 독선적이었습니다. 게다가 그 시절엔 정상적이고 이성적인 사람이라도 자신의 재산을 나눠준다거나 가난한 사람들의 어려운 사정을 조금이라도 생각해주는 일도 없었죠. 가난은 곧 고행이고 신에게 저주받은 자들을 돕는 것은 신성 모독으로 간주했죠. 동물을 죽이는 것이 스포츠였으며 남성에게 있어서 생물체에 대한 자비는 뿌리 뽑아야 할 약점이었습니다. 여성은 극소수의 선택받은 계층 외에는 인간 취급받지도 못했죠.

그러나 이후 인류가 보여온 발전상은 참으로 눈부셨습니다. 이제 와서 밝히는 사실이지만 인간은 적절한 통제력에 대한 명백한 증거를 보이기 전까지는 결코 위험한 장난감을 갖고 놀지 못하게 되어 있죠. 그렇다고 해서 인류가 자신들의 세상을 파멸시킬 수 없다는 이야기는 아닙니다. 단지 그러한 파멸은 결코 불가피한 것이 아니라는 뜻이죠. 여러분도 철부지 아이가 자신이나 이웃 사람을 쏠지도 모를 상황에서 실탄이 장전된 총을 장난감으로 주지는 않을 것입니다.

물론 여러분은 세상 어디에 눈을 돌리든 갖가지 위험한 무기들을 발견할 수 있습니다. 그런 상황에서 반대의 가능성은 그다지 눈에 들어오지 않겠지만 중요성은 결코 무시할 수 없습니다. 왜냐하면 그것은 인류가 수양과 지식, 통제력에 이어 자비심을 갖추고, 마지막 교훈, 즉 파괴와 증오를 극복할 수 있는 창조와 사랑에 대한 긍정적 욕망의 가능성이기 때문이죠. 이를 배우면 윤회 주기는 끝납니다.

왜 후자의 방식으로만 교훈을 배워야 할까요? 그 이유는 근본적으로 창조만 있기 때문입니다. 파괴는 단지 형태의 변화, 즉 창조성의 한 측면에 불과하죠. 집중호우나 폭풍은 파괴밖에 모릅니다. 그런데 그와 똑같은 에너지가 인간 안에 있을 때는 전혀 다른 것이 됩니다. 에너지는 다른 종류의 창조성을 배워야 할 뿐만 아니라, 이를 위해 특별한 방식으로 에너지의 초점이 맞추어지고 감각이 이루어집니다.

우선 근원적인 에너지는 자신을 의식하면서 과거에 존재하지 않았던 문제들을 인식합니다. 더불어 살아 있는 의식이 수백만 개의 분자들과 순간적으로 결합하며, 시원적인 에너지로 가득 채워지고, 고도로 민감한 패턴을 이룸으로써 사랑을 배우기 시작합니다. 그리하여 전하電荷는 구름 대신 감정을 형성하고, 고도로 전문화·복잡화된 사고의 메커니즘 뒤로 미분화된 퍼스낼리티의 순수한 혼돈이 들어섭니다. 이것이 바로 한 개인이 여러분의 시스템으로 태어나기 전의 상황입니다!

이러한 상황은 가히 영적 전투라고 해도 과언이 아니죠. 하지만 여러분의 세계 너머에는 이전의 발전보다 훨씬 더 기적적인, 형용할 수 없을 정도의 진보가 기다리고 있습니다. 그리고 존재는 혼돈의 상태로부터 이 모든 과정을 거치는 동안 자신의 정체성과 '과거'에 대한 지식을 유지하며, 지속적으로 창조성을 길러 나아갑니다.

여러분은 종종 시공간의 자그마한 부분만을 보면서 현 세계에 존재하는 의식체들의 목적에 대해 의심을 품었죠. 그런 맥락에서 이 메시지는 내가 이제껏 여러분에게 제공한 자료 중 가장 중요한 내용이 될 것입니다. 오늘 저녁 여러분이 언급한 폭력 사태는 폭력 행사자들의 내면에 깊은 구렁을 만들었습니다. 그 구렁을 통해 그들은 자신의 정체성 뒤에 자리 잡은 아찔한 기원을 보았죠. 그러다 그 '지각없는' 구렁 속으로 다시 떨어지는 것이 아닌가 하는 두려움이 밀려왔습니다.

폭풍우와 마찬가지로 폭력은 때때로 수많은 사람들을 매료시키죠. 하지만 폭풍우가 거세게 몰아치며 닥치는 대로 세상을 파괴할 때, 집 밖에 나갈 사람은 별로 없습니다. 폭력 사태의 참가자들은 자신들이 그런 폭풍우 같은 혼돈에 가까이 다가서는 것을 느꼈죠. (동정적인 어조로) 그들은 혼돈을 두려워했습니다. 왜냐하면 그 힘이 자신과 적들을 광기나 죽음으로 몰아넣을 것임을 깨달았기 때문입니다.

하지만 대부분의 사람들은 자신들이 그런 엄청난 에너지에 접근하고 있다는 사실을 전혀 눈치채지 못했기 때문에 그 에너지를 창조적으로 이용할 수 있다는 생각도 전혀 할 수 없었습니다. 그들 중 많은 이들은 자신들이 작아지고, 고독해지며, 무력해지는 것을 느꼈죠. 그러면서도 그 에너지 자체는 사람을 들뜨게 하기 때문에 많은 이들은 그 에너지가 창조의 원천임을 직감했죠. 또 자신들에게 있는지도 몰랐던 창조적 느낌을 발산하기 위해 장차 다양한 방법으로 그 에너지를 재경험하고자 할 것입니다. 물론 에너지 자체는 중립적입니다. 사람들이 파괴적인 목적으로 그 힘을 사용한 것이 문제입니다.

그렇게 해서 해방된 에너지는 여러분의 국가를 변화시켜왔고 앞으로도 변화는 지속될 것입니다. 여러분의 생전에 이루어질 일은 아니지만 거대한 에너지의 방출은 장차 전 지구를 평화로 통합시키는 데 이용될 것입니다. 물론 수많은 재난이 닥치겠지만 일단 현실화 된다면 지구의 역사상 처음으로 만인이 평등하게 평화를 누리는 시대가 도래할 겁니다.

이전에도 평화로운 시대는 있었지만 평등은 존재하지 않았습니다. 다른 수많은 문명들이 지구 행성의 과거 속에서 자멸의 길을 걸었죠. 그리고 이전에는 다른 행성이 현재 지구의 위치를 차지하고 있었습니다. 그곳에서 번성했던 문명들은 행성이 소멸한 뒤에도 살아남아 다른 곳으로 이전했죠.

밤 10시 9분, 제인은 잠시 말을 멈추고 트랜스 상태에서 깨어났다가 교신을 재개했다.

—한때 태양을 중심으로 아홉 개의 행성이 마치 목걸이처럼 무리지어 있었습니다. 그 행성들은 서로서로, 태양으로부터도 엇비슷하게 떨어져 있었죠. 인간의 삶을 경험한 최초의 태양계였습니다. 그것은 여러분의 우주에 있었지만 지금 여러분의 관점으로 보면 그 어떠한 관측 장비로도 발견할 수 없을 정도로 멀리 가버린 것처럼 보일 것입니다.

행성들은 수없이 폭발했다가 재창조됐고, 사라졌다가 다시 나타났습니다. 마치 맥동하는 것처럼 말이죠. 여러분에게는 영원히 사라진 것처럼 보이겠지만 행성들의 관점에서 자신들은 여전히 존재하고 있습니다. 물질적 시스템에서 의자를 구성하는 원자와 분자가 수없이 나타났다가 사라져도 의자 자체는 확실한 현실성을 갖고 있듯이 그 태양계는 아직도 자신들의 정체성을 유지하고 있죠. 여러분의 천문학자들은 어쩌면 우주의 가장자리에서 그것의 유령 같은 이미지를 감지할 수도 있지만 이는 여러분이 지각하지 못하는 실체의 그림자에 불과합니다.

10시 19분, 제인은 쉽게 트랜스 상태에서 깨어났고, 잠시 후 눈을 떴다. 제인은 교신 중에 꽤 멀리 나갔고, 그 행성들과 태양을 목격했다고 말했다. 현재 태양계에 속한 행성의 숫자와 세스가 말한 최초 태양계의 행성 숫자가 일치한다는 사실에서 여러 가지 의문이 생겼지만 오늘 밤에 답변을 들을 수는 없을 것 같았다.

10시 31분에 교신이 재개됐다.

—존재는 형체를 이용합니다. 태양계가 붕괴할 경우, 그것에 매료되어 있거나 자신의 고향으로 생각해온 존재들은 자신들의 형체를 바꾸고, 세력을 재결집하며, 가치 있는 일이라고 여긴다면 자신들의 집을 복구할 것입니다. 그리고 이용 가능한 형체에 들어가거나 생존 가능한 형체를 만들어내죠. 이런 일은 여러분의 세계에서도 여러 차례 있어 왔지만 자주 있는 사건은 아닙니다. 왜냐하면 그런 상황에서 주어진 재료만 가지고 의식이 충만한 자신을 표현할 만한 복잡한 구조물을 만드는 것은 결코 쉬운 일이 아니기 때문이죠.

또한 그로 인해 기억의 상실, 즉 존재의 기원을 제대로 기억해내지 못하는 혼란스러운 심적 상태가 빚어질 수도 있습니다. 이러한 상황이 벌어지면 언제나 집단은 양분되어 일부는 형체화 과정을 밟지만 나머지 존재들은 관망하는 자세를 취합니다. 후자의 그룹은 기억과 지식을 온전히 유지하는데, 새로운 형체 모델은 바로 이들의 기억에 의존하여 만들어지죠. 바로 여러분의 시스템에서 일어났던 일이기도 합니다.

형체를 필요로 하지 않는 수많은 존재들이 있지만 오늘 저녁의 주제는 그들이 아닙니다. 내가 언급한 최초의 태양계는 앞으로 최소한 이론적으로는 세상에 알려지겠지만 논란을 불러일으킬 만큼 심각하게 받아들여지지는 않을 것입니다. 그러나 태양계의 에너지는 여러분이 아는 것보다 훨씬 거대하고 엄청납니다. 그것의 맥동 작용으로부터 끊임없이 튕겨 나온 부스러기들이 다른 세계(시스템)를 창조했습니다. (오랫동안 멈춤) 우리는 루버트의 어휘력을 가지고 무척 고심하고 있죠. (멈춤) 그 태양계는 여러분이 아는 그 어떤 천체보다도 빨리 움직였습니다. 비록 주기적으로 속도를 올렸다 내렸다 했지만 말이죠.

그곳엔 의식체가 살고 있었지만 여러분이 알고 있는 유형의 생물체는 아닙니다. 에너지, 존재들은 (오랫동안 멈춤) 끊임없이 거대한 로이탄 roytans으로 변했습니다.

로이탄은 로우탠일 수도 있다. 나(롭)는 세스나 제인이 사용한 단어가 정확히 무엇인지 가늠할 수 없었다. 아쉽게도 그 점에 대해선 끝내 답변을 얻지 못했다.

―그들은 스스로 만들어졌습니다. 거대한 에너지체들이 자동적이며 폭발적인 방식으로 그 세계의 형태에 반응했죠. 그들의 에너지는 태양계를 발동시켰습니다. 의식과 물질 간에 직접적이며 즉각적인 반응이 일어났죠. 우주를 탄생시킬 정도로 엄청나게 강력한 전자기력의 폭발이었습니다. 여러분의 우주는 수많은 우주 가운데 하나에 불과하지만 여러분은 그중에서도 극히 일부분만을 지각하고 있죠.

오늘 저녁 교신에선 마무리를 지은 내용도 있지만 이전 교신에서 다루지 못한 새로운 주제들도 언급했죠. 그래서 오늘 교신 내용은 차후 교신의 준비 단계가 될 것입니다. 두 사람 모두 좋은 밤 보내십시오.

10시 52분, 제인은 깊은 트랜스 상태였는데도 빨리 깨어났다.

한 그루의 나무가 수천 개의 씨앗을 땅에 뿌리다

(453호 교신, 1968년 12월 4일 수요일 오후 9시 6분)

—우리가 지난번에 언급한 태양계는, 여러분의 시간관념으로 말하자면 여러분의 우주에서 최초로 만들어진 천체였습니다. 비교해서 말하자면 여러분이 현재 보고 있는 우주, 즉 밤하늘에 떠 있는 항성과 행성은 모두 1차원적인 모습입니다. 여러분은 자신의 현실 시스템 안에 존재하는 우주의 일부분만 인식할 뿐이죠.

최초 태양계의 탄생에는 무거운 수소 분자가 큰 역할을 담당했습니다. 의식은 먼저 태양계가 존재할 수 있는 허공, 즉 차원을 만들어야 했죠. 그러고 나서 여러분의 시간대에서 이루어졌고, 앞으로 이뤄질 온갖 발전 가능성들을 허공에 부여했습니다. 그러므로 대 허공을 다른 말로 '위대한 마음'이라고 표현할 수 있죠. 그 속에서 누구도 예측할 수 없는 이미지들과 사념들이 탄생했습니다. 이렇게 탄생한 세계들은 무수히 존재하며 각기 나름대로의 정체성과 방향을 갖고 있죠.

대 허공, 즉 무한한 마음은 그보다 더 위대한 다른 것으로부터 생겨난 것입니다(세스는 미소를 지었다). 그 천체 속에서 현실화된 가능성들은 각기 다른 시스템과 현실을 낳았습니다. 마치 나무 한 그루가 자라서 수천 개의 씨앗을 땅에 뿌리듯이 말이죠. 마찬가지로 여러분 역시 정신적 행위를 통해 자신도 의식하지 못하는 현실을 창조하며, 육체적 자식보다 더 많은 자식을 낳고 있죠.

여러분은 자신의 사고가 어떠한 차원에서 흘러오는지 이해하지 못하지만 그것들은 분명 지속적으로 존재합니다. 다른 세계의 사람들에게 여러분의 생각과 정신적 행위는 항성이나 행성처럼 보이죠. 그들이 자신들의 우주를 탐구하더라도 결코 여러분의 현실 세계 속에 들어오는 일은 없을 것입니다. 그들은 자신들의 세계에서 여러분의 정신적 행위(생각이나 꿈)가 취하는 모습과 형상만을 지각할 뿐이죠.

여러분은 '받는 자'이자 '주는 자'이기도 합니다. 여러분이 이해하지 못하는 다른 존재들이 여러분의 우주를 만들었듯이 여러분의 의식에서 버려진 것들이 여러분의 존재를 의식하지 못하는 또 다른 존재들의 현실을 이룹니다. 이 풍요로운 현실 속에서는 그 어떤 것도 무의미하거나 낭비될 수 없죠. 도저히 부인할 수 없는 상관관계, 서로 뒤얽힌 현실 세계들, 연관성들이 존재합니다. 이를테면 꿈속 현실은 여러분이 모르는 요소들로 구성되어 있으며, 꿈속 우주는 여러분이 의식하든 못하든 계속해서 존재하죠. 꿈속 거주자들도 자신들만의 꿈을 꾸며, 나름대로의 전자기적 현실을 만들어냅니다. 이 모든 의식의 연결망에서 여러분의 위치는 꼭대기도 밑바닥도, 가운데도 가장자리도 아니죠. 대신 여러분이 의식하지 못하는 가운데 내적 자아는 개개의 현실과 긴밀하게 연결되어 있죠. 그는 존재의 네트워크를 통해 자신의 연결망을 추적하면서도 자신의 정체성을 유지하고 있습니다.

우리가 최초의 태양계를 언급할 때는 여러분의 시간관념을 염두에 두고 하는 말임을 기억해주십시오. 사실 그 모든 일은 동시에 벌어지고 있습니다. 여러분의 사고방식으로 생각하자면 다양한 세계에서 찰나의 삶을 누리는 의식체가 있는가 하면 수백 년간 사는 의식체도 있죠. 하지만 어떤 경우든 의식의 지각 작용에는 한계가 없습니다. 앞서 말한 대로 나무 역시 의식을 갖고 있죠. 나무의 의식은 여러분과는 다른 방식으로 초점을 맞추고 있을 뿐입니다.

정체성은 형태의 변화에도 불구하고 자연스럽게 이어집니다. '나'와의 동일시를 한정하는 에고를 갖고 있지는 않죠. 에고가 없는 창조물은 형태의 변화에도 불구하고 정체성을 쉽게 이어갈 수 있습니다. 내적 자아가 정체성을 완벽하게 의식하기 때문이죠. 반면에 물질적 현실에 초점을 맞춘 에고는 그러한 사치를 누릴 여유가 없습니다.

어떤 의식이든 자신의 근본적인 정체성을 의식하고 있죠. 내적 자아는 눈에 보이는 물리적 별들의 배후에 무엇이 있는지 알고 있지만 에고는 그러한 자각에 겁을 먹습니다.

앞서 언급한 태양과 최초의 아홉 개 행성은 여러분의 관점대로 말하자면 이미 까마득한 옛날에 소멸되면서 디른 천체들을 파생시켰죠. 그런데 그 모든 우주적 구조물은 하나의 사고가 물질화된 결과였으며 원래의 사고, 즉 근원적 현실은 천체들이 나타나기 전부터 존재했죠. 그러므로 최초의 천체 속에는 지성이 깃들어 있었습니다.

개개의 사념은 그 자체의 전자기적 현실을 구성할 뿐만 아니라 그 에너지는 결코 없어지지 않고 형태를 바꿀 뿐입니다. 인간이 우주에 홀로 남겨지더라도 그의 주관적인 현실은 또 다른 인간들을 만들어낼 만큼 강력한 에너지를 발산하죠. 이것은 결코 왜곡된 정보가 아닙니다.

✳

태아는 엄청난 에너지를 활용할 수 있다

(503호 교신, 1969년 9월 24일 수요일 오후 9시 32분)

교신에 참석한 수 멀린은 세스에게 세 가지 질문을 던졌다.

"나는 지금 임신 중입니다. 그렇다면 육체 밖으로 내 의식을 투영했을 때, 내 아스트랄체도 임신 상태가 되는 건가요? 그 아스트랄체는 태아의 아스트랄체를 갖게 되나요? 아니면 아스트랄 상태의 태아가 태아의 육체 속에 계속 남아 있는 건가요?"

─태아는 자신의 아스트랄체를 가지고 있습니다. 그 아스트랄체는 분명 태아 개인에게 속한 것이죠. 그러나 그 아스트랄체는 '과거' 생에는 존재하지 않았습니다. 여기엔 복잡한 문제들이 얽혀 있지만 가능한 간단하게 설명해보겠습니다.

태아에게는 엄청난 에너지가 연결되어 있죠. 육체적 삶 속에서 이보다 더 엄청난 에너지를 의도적으로 활용하는 시기는 없습니다. 바로 그 엄청난 에너지가 물질화의 대혁신을 이뤄주죠. 그 시기에 퍼스낼리티는 말 그대로 무한한 데이터를 물질로 변환시키는 데 여념이 없습니다. 이 작업은 임신 3개월쯤에 대부분 완료되죠. 새로운 데이터가 태아의 육체를 완성하는 순간, 전생의 자아는 통제력을 철수하기 시작해야 합니다. 전생의 자아는 탄생 과정에 잠시 들어 있기는 하지만 새로운 개인이 되는 것은 아니죠.

전생의 자아는 새로운 개인이 만들어지는 데 도움을 준 후 반드시 물러나야만 합니다. 그렇지 않으면 새로운 자아 개체는 자유를 누리지 못하고 온갖 조건으로 제약을 받죠. 새로운 퍼스낼리티는 작은 아스트랄체 상태로 전체적인 정체의 다른 부분들을 방문하면서 일종의 가르침을 받기도 하지만 대부분은 자기 자신에 대한 정보입니다.

"수가 유체 투영을 할 때 태아의 퍼스낼리티도 투영을 합니까?"

─ 그럴 수도 있고, 그렇지 않을 수도 있습니다. 어머니가 한다고 해서 태아도 반드시 해야 할 필요는 없죠. 태아는 수와는 전혀 다른 곳으로 유체 투영을 할 수도 있습니다. 하지만 이 시기에 어머니와 태아는 아주 강력하게 연결되어 있죠. 어머니는 설령 의식적으로는 알지 못하더라도 내면으로는 태아가 있는 곳을 알고 있습니다. 새로운 퍼스낼리티가 새로운 형체를 구성하는 데 어려움을 겪거나 다른 곳에 갔다가 돌아가지 말라는 충고를 받았을 때 자연 유산이 일어나는 것입니다.

＊

태아는 외부 환경에 민감하게 반응한다

(504호 교신, 1969년 9월 29일 월요일 오후 9시 17분)

─ 우선 지난번에 시작한 주제에 대해 보충 설명을 해야 할 것 같군요. 태아는 육체적 환경을 관찰합니다. 그의 세포 구조는 빛에 반응하며 어머니의 몸속 세포 구조에 잠재되어 있는 능력들을 활성화하죠. 이 시기에 태아는 모체의 협조를 받아 몸속을 관찰합니다.

명확한 이미지는 아니지만 그는 형상과 모습을 갖춘 관념들을 쌓이기 시작하죠. 그리고 감겨 있는 눈꺼풀을 투과하여 빛과 그림자, 형태와 모습을 인식하지만 아직 여러분이 객관적인 것으로 받아들이는 현실의 영역에 속한 것들과 그렇지 않은 현실의 영역에 속한 것들을 구분하지는 못하는 상태죠.

태아는 여러분이나 어머니가 보는 것보다 더 많은 것을 봅니다. 여러분이 특정한 패턴만 받아들이고 나머지는 거부하고 있다는 것을 알지 못하기 때문이죠. 그러나 세상에 태어날 때쯤엔 이미 부모가 갖고 있는 현실관을 받아들인 상태입니다. 이때까지도 어른들이 받아들이지 않는 다른 현실 영역들을 부분적으로 인지하고는 있지만 넓은 의미에서 보면 물질적 현실에만 초점을 맞추는 훈련을 하는 셈이죠. 태아는 육체적 조건 속에서 그 특정한 현실에 초점을 맞출 때에만 인정받고 욕구를 충족시킬 수 있습니다. 그래서 다른 것들을 버리는 법을 빨리 배웁니다.

태아는 귀로 들을 수도 있는데, 이 역시 시각의 경우와 똑같습니다. 육체적인 소리뿐만 아니라 어른들이 받아들이지 않는 다른 현실 영역의 소리도 들을 수 있죠. 세상에 태어난 후에도 다른 차원의 소리를 듣지만 그것은 그의 육체적인 필요를 채워주거나, 배고플 때 우유를 먹여줄 수 없습니다. 자연히 그는 그 소리들을 무시하게 되죠.

태아는 얼마 동안은 수많은 현실 차원을 동시에 지각합니다. 그래서 유아에게 종종 일어나는 방향 감각을 상실한 듯한 현상은 너무 많은 데이터를 한꺼번에 처리하지 못하는 데서 비롯되는 혼란 상태죠. 개인과 상황에 따라 태아는 전생에 알았던 존재들로부터 메시지를 받을 수도 있는데, 이 역시 혼란 현상을 가중합니다. 그러므로 그가 그런 메시지를 무시하고 물질적 현실에 초점을 맞추는 법을 터득하느냐 그렇지 못하느냐는 곧 육체적 생존 문제와 직결되죠.

또한 태아는 온도 변화나 기후를 잘 인식하고 있습니다. 그는 동물들이나 다른 사람들뿐만 아니라 차원이 다른 식물이나 다른 의식체들과도 텔레파시 커뮤니케이션을 가집니다. 그래서 식물은 낙태에 대해 아주 예민한 반응을 보이죠. 태아는 또한 집에서 키우는 애완동물의 죽음에 대해서도 반응하며 가족들 간의 관계도 알게 됩니다. 집 안의 식물 역시 자라나는 태아를 분명하게 인식하며, 가족 구성원이 병에 걸린 것을 육체적 증상이 나타나기 이전에 발견합니다. 그들은 세포 구조 속의 의식들에 대해서도 민감하며, 태아의 성별을 알 수도 있습니다.

나는 모든 ESP 지각 작용이 전자기적 토대에서 이뤄진다는 세스의 발언에 대해 오래전부터 관심이 있었다. 내가 그런 관심을 가진 까닭은 이제껏 그 어떤 연구가도 그런 전자기적 관계를 밝혀내지 못했다는 이야기를 책에서 읽은 적이 있기 때문이다. 그 점에 대해 세스에게 물었다.

─그 질문에 대한 대답을 태아에 관한 자료와 연결하고 싶군요. 어떤 면에서 우린 두 가지 주제를 동시에 끌고 갈 수 있죠. 여러분의 관측 장비로는 발견할 수 없지만 지각 작용의 토대가 되는 전자기적 구조물이 존재합니다. 전자기적 구조물들은 여러분의 관점대로라면 아주 짧은 '생애'를 누리죠. 크기도 아주 다양합니다. 이를테면 수많은 개체가 결합되기도 하죠. 간단히 표현하자면 그것들은 공간 속을 움직인다기 보다는 공간을 이용해 움직입니다.

말하자면 온도의 성질, 인력과 척력의 법칙이 관련되죠. 그 개체들이 지나치는 공기는 전기를 띠고, 다른 전자기 개체들을 끌어들입니다. 그 개체들은 인체 속 세포처럼 정지된 상태로 머물지 않죠. 사실 엄밀히 따지면 세포도 정지된 상태처럼 보일 뿐입니다. 그 개체들은 결코 '고향'을 갖지 않으며 감정적 강도에 따라 축적됩니다.

그것들은 감정 에너지가 취하는 한 가지 형태죠. 자신들만의 인력과 척력의 법칙에 따라 움직입니다. 마치 자석이 필라멘트에 끌리듯이 그 전자기체들은 자신들만의 종류와 형체 패턴에 끌립니다.

태아는 이러한 전자기체들을 활용합니다. 식물을 비롯한 그 어떤 의식체라도 상황은 마찬가지죠. 세포가 빛에 반응을 보이는 까닭은 그것이 자연의 법칙이기 때문이 아니라 빛을 지각하고자 하는 감정적 욕망이 있기 때문입니다. 그 욕망은 현실의 다른 레벨선 전자기체 형태로 나타나 감광도를 유발하죠. 이러한 전자기체들은 아주 자유롭게 작용합니다. 정상적인 지각 작용은 물론 초감각 작용에도 활용할 수 있죠. 그것들의 본질에 대해선 나중에 따로 이야기하겠습니다. 내가 이 주제를 태아의 문제와 연계시켜서 설명한 까닭은 태아의 의식 활동이 지각 메커니즘에 깊이 관련되어 있기 때문입니다.

그 전자기체들을 감지할 수 있는 장비를 고안하는 것은 불가능한 일이 아닙니다. 다만 여러분의 과학자들이 잘못된 질문을 던지면서 자유로운 구조물의 관점에서는 생각하지 않는 것이 문제죠.

전자기체는 의식의 숨결이다

(505호 교신, 1969년 10월 13일 월요일 오후 9시 34분)

― 이전에 언급한 전자기체들은 근본적으로 의식에서 비롯되는 생명력입니다. 내가 말하는 의식은 크기와 상관없이 모든 물리적 입자 안에 깃든 의식을 말하는 것이죠. 거기엔 여러분이 익히 알고 있는 커다란 의식 원형뿐만 아니라 분자 의식이나 세포 의식도 포함됩니다. 과학적 용어에 대한 루버트의 지식이 한정되어 있기 때문에 설명하기가 좀 까다롭군요.

전자기체들은 숨결처럼 자연스럽게 생각날 뿐만 아니라 의식에 들어오고 나가며 마치 날숨이 들숨으로 바뀌는 것과 같은 변화를 겪습니다. 그래서 간단히 비유하자면 의식의 숨결이라고 말할 수 있죠. 이 비유는 물고 완벽한 것은 아니지만 처음으로 이 사상을 소개하는 데는 충분할 것입니다. 물론 호흡도 일종의 맥동이라서 전자기체들은 맥동하는 방식으로 작용합니다. 식물, 동물, 암석 등 모든 살아 있는 생물체의 세포들은 전자기체들을 방사합니다. 여러분이 육체적으로 그것을 지각할 수 있다면 색깔이 보일 겁니다.

그것은 양전하나 음전하의 패턴들 그리고 자력의 특정한 법칙들을 따라 움직이며, 분명히 유유상종합니다. 그 방사물들은 감정적 성향을 띠는데, 그 본래의 의도나 목적에 따라 무한한 종류로 나뉘죠.

전자기체들은 육체적 물질의 레벨에 속하지 않지만 분명 나름대로의 구조를 갖고 있습니다. 그 구조는 여러분의 과학자들이 추정하는 전자기적 속성의 범위를 초월합니다. 그 방사물은 의식에서 만들어지는 것으로, 정상적인 지각 작용이든 초감각적 지각 작용이든 모든 지각 활동의 토대가 됩니다.

전자기체에 대한 이야기는 이제 겨우 시작에 불과한 정도죠. 나중에 여러분은 내가 아주 간단히 줄여서 이야기했다는 것을 알게 될 것입니다. 그래도 이러한 방식으로 시작하지 않는다면 여러분은 이해조차 하지 못할 것입니다. 이제 전자기체의 구조를 설명하죠.

방사물들은 소리로 나타나기도 합니다. 그래서 여러분은 과학자들이 기본적인 의미를 파악하기 훨씬 전에 그것들을 소리로 전환할 수 있을 겁니다. 그것들은 모든 구조 속에 너무나 교묘하게 위장되어 있는데, 이점은 그것들이 아직 발견되지 않은 이유 중 하나이기도 하죠. 그것들은 물질의 범위를 가까스로 넘어가는 레벨에서 비육체적인 구조와 맥동하는 속성을 지닌 채 팽창하거나 수축할 수 있습니다. 이를테면 작은 세포를 완전히 감싸거나 그 안의 핵으로 들어갈 수도 있죠. 다시 말해 그것들은 개체와 역장의 속성들을 겸비하고 있습니다.

그러나 그것들이 과학자들에게 비밀로 남아 있는 데에는 또 다른 이유가 있죠. 강도는 그것들의 활동과 크기뿐만 아니라 자력적인 힘을 결정합니다. 이를테면 의식의 감정적 성향이 지닌 강도에 따라 다른 전자기체들을 자신들에게 끌어옵니다.

전자기체들은 끊임없이 변화하죠. 크기의 측면에서 말하자면 끊임없이 수축하거나 팽창하며 크기를 바꿉니다. 이론적으로 전자기체들이 수축하거나 팽창할 수 있는 수준은 무한하죠. 전자기체들은 흡수성을 갖고 있습니다. 또한 온도적인 속성을 나타낼 수 있는데, 이 점은 현재까지 과학자들이 알아낸 유일한 단서입니다.

전자기체의 특성들은 끊임없는 교류를 불러일으키죠. 그 덩어리들은 하나로 뭉쳐져 말 그대로 밀봉됐다가 결국엔 흩어져버립니다. 전자기체들은 소위 공기란 것을 만들어내며 이를 이용해 이동하죠.

나중에 좀 더 분명히 설명하겠지만 어쨌든 공기는 전자기체들의 상호 위치와 상대적 거리, 상대적인 운동 속도의 상관관계에서 빚어진 산물입니다. 공기는 전자기체들이 운동 중일 때 일어나는 현상이므로 과학자들은 기후의 조건을 통해 전자기적인 영향력을 가장 분명하게 알 수 있습니다.

암석을 예로 들어 전자기체를 생각해보죠. 암석을 구성하는 원자와 분자는 각기 자신들의 의식을 갖고 있습니다. 그 의식은 암석의 원형 의식을 구성하죠. 그래서 전자기체는 암석의 원자와 분자에서 무자별적으로 발산되기도 하지만 일부분은 전체적인 암석의 의식을 통해서도 조종되고 있습니다. 암석이 내보낸 전자기체들은 암석에게 햇볕의 각도와 주야간 온도 차이와 같은, 주변 환경의 변화에 대한 정보를 알려옵니다. 심지어 어떤 암석의 경우에는 감정적 성향의 변화를 통해 주변 환경을 변화시키죠. 전자기체가 지닌 감정적 성향의 변화는 주변 공기를 바꿔놓기 때문입니다.

전자기체들이 암석에서 방사됐다가 다시 돌아가는 동작은 거의 동시에 일어나는 것처럼 빠르게 이루어지죠. 그것은 나뭇잎이나 다른 사물에서 방사되는 다른 유형의 전자기체들과 만나고, 어느 정도는 합쳐집니다. 그러한 혼합, 끌림과 반발이 끊임없이 이루어지고 있죠.

전자기체의 강력한 에너지는 물질을 이룬다

(506호 교신, 1969년 10월 27일 월요일 오후 9시 40분)

―내가 설명한 전자기체들은 구체적이며 조직적으로 예정된 '삶'을 누리지는 않습니다. 또한 수많은 과학적인 원리에 위배되는 듯 보일 것입니다. 전자기체들은 물질 영역을 초월해 있습니다. 물론 물질 형성의 토대가 되는 직감적인 힘이기 때문에 때때로 물질의 법칙을 흉내 내기는 하지만 일반적으로는 물질의 법칙대로 움직이지 않죠.

전자기체를 탐지해내는 것이 거의 불가능한 이유는 그것이 끊임없는 활동을 통해 다른 전자기체의 일부분이 되면서 확장, 수축, 맥동하며, 세기와 세력, 극성을 변화시키기 때문입니다. 특히 이 극성의 변화는 아주 중요한 측면이죠. (멈춤) 그것은 마치 여러분의 남극과 북극이 끊임없이 변화하면서도 서로 상대적인 거리를 일정하게 유지하는 것과 같습니다. 그러한 극이동이 (멈춤) 행성의 안정성을 망쳐 놓지만 전자기체의 극들에 깃든 힘은 (허공에 그림을 그리는 몸짓) 극이동이 이루어지는 즉시 새로운 안정성을 형성하곤 하죠.

이동은 변화무쌍한 감정적 강도, 즉 감정적 에너지를 통해 리드미컬하게 이루어집니다. 최초의 감정적 에너지는 전자기체를 발동시키고 형성하며, 앞서 언급한 극성 변화의 특징을 갖춘, 고도로 충전된 전자기장으로 만들죠. 극성의 변화는 전자기체에 덧붙여지거나 떨어져나가는 다른 전자기체들의 인력과 척력에서 비롯된 현상입니다. 이처럼 끊임없는 극성과 세기의 변화는 일정한 리듬을 갖고 있죠. 그 리듬은 물질의 법칙이 아닌 감정적 에너지의 본질과 관련되어 있습니다.

이런 리듬을 이해하지 않고서는 전자기체들의 활동이 마구잡이로 혼란스럽게 이루어지며, 그 개체들을 결합시키는 힘이 전혀 없는 것처럼 보입니다. 또한 실제로도 아주 무서운 속도로 산산이 흩어지는 듯 보이죠. 전자기체들을 세포라고 가정하면 세포핵은 끊임없이 극성을 바꾸면서 사방으로 날아다니면서 세포의 나머지 부분을 험하게 끌고 다닌다고 할 수 있습니다. 이 비유를 이해할 수 있겠습니까?

전자기체들은 세포의 실체 속에 분명히 존재합니다. 그것이 발생점, 전자기체의 근본적인 부분입니다. 마치 세포핵이 세포의 중요한 부분이듯이 말이죠. 발생점은 전자기체를 형성시키는 독특하고, 개별적이고, 명확한 감정적인 에너지입니다. 그것은 육체적 물질계로 들어가는 통로가 되기도 하죠.

최초의 3면 봉입체로부터 모든 물질이 생겨납니다. 우선 발생점은 주변에 3면을 형성하죠. 감정적 에너지가 탄생할 때 폭발적인 속성을 지닙니다. 그리하여 순간적으로 형성된 3면은 마찰 비슷한 현상을 일으키며 3면의 위치를 변화시키죠. 결국 봉입체는 삼각형으로 굳어지며 그 안에 발생점이 자리 잡게 됩니다. 물론 이것은 육체적 형체가 아니라는 사실을 이해하실 겁니다.

그 발생점은 전자기체의 형체를 끊임없이 변화시키지만 내가 앞서 언급한 최초의 발생 과정을 반드시 거치게 되어 있습니다. 그 이후부터는 이를테면 원형으로 변할 수도 있죠. 감정적인 에너지의 강도는 전자기체들을 형성하면서 모든 사용 가능한 공간을 현 상태로 전환시킵니다. 전자기체들 간에, 그리고 덩어리들 간의 특정한 강도와 극 위치가 에너지를 고체로 압축시킴으로써 물질을 빚어내죠. 전자기체들 안의 감정적 에너지가 이처럼 물질의 원동력이 된다는 점에서 물질을 파괴하는 힘이 되기도 하는 겁니다.

10시 10분, 제인은 트랜스 수준이 깊었는데도 빨리 빠져나왔다.

제인은 교신 중이거나 쉬는 시간이 됐을 때 곧바로 물어보지 않으면 교신 중에 보았던 이미지들을 잊어버린다고 말했다. 제인은 전자기체의 극성 변화에 대해서도 언급했다.

"남극이나 북극만 바뀌는 것은 아니야. 원의 테두리 어디에서나 상반된 극성, 이를테면 동극과 서극이 바뀌기도 해."

10시 26분, 교신을 재개했다.

—최초 감정 에너지의 세기는 전자기체의 활동, 세기, 안정성, 상대적 크기, 맥동 속도, 다른 전자기체들을 끌어당기거나 물리치는 힘, 결합하는 힘 등을 좌우합니다. 이들 전자기체들의 행위는 다음과 같은 방식으로 변화하죠. 전자기체가 다른 개체와 결합할 땐, 특징적인 방식으로 구성 요소를 정렬합니다. 또한 다른 개체들로부터 떨어져 나갈 때도 역시 특정한 방식으로 구성 요소들을 정렬하죠. 그 각각의 경우마다 극성이 변화합니다. 전자기체는 다른 개체에 이끌릴 때 자신의 극성을 바꾸면

서 다른 전자기체의 극성 구조를 변화시킬 뿐만 아니라 분리될 시점에서도 극성 구조를 뒤바꾸는 것입니다.

이를테면, 5,000개의 전자기체가 뭉쳐 있다고 가정하죠. 그것들은 물론 눈에 보이지 않습니다. 하지만 여러분이 그것들을 본다면 각각의 개체가 똑같은 방식으로 극성을 맞추고 있는 모습을 발견할 수 있겠죠. 이는 마치 단일한 개체처럼 보입니다. 이를테면 원형으로 말이죠. 그래서 지구처럼 양극을 가진 자그마한 구체로 나타나는 것입니다.

이 거대한 집합체가 동·서극을 가진, 다른 원형의 집합체에 이끌리면 최초 밀집체의 극성 구조가 바뀌면서 모두가 똑같은 극성 구조를 지니게 되죠. 양극의 중간 지점엔 에너지 점이 존재하면서 양극을 형성하고 있습니다. 그래서 양극은 에너지 점을 중심으로 회전할 뿐만 아니라 에너지 점 자체는 근본적으로 불멸합니다.

하지만 강도는 놀라울 정도로 변화무쌍합니다. 그래서 물질의 바탕을 이루지 못할 만큼 킹노가 미약하면 '물질화'를 이룰 수 있는 다른 세계로 이동하기도 하죠. 다시 말해 여러분의 세계에서 상대적으로 지속적인 구조물을 이루는 전자기체들은 그에 상응하는 세기와 힘을 이루는, 놀랄 정도로 엄청난 에너지를 배후에 갖추고 있는 것입니다. 여러분의 스토리지…….

세스는 여기서 말을 멈췄다. 제인은 마치 적절한 단어를 탐색하는 듯이 눈살을 찌푸렸다.

"오크리지?"

―아니오. (몸짓) 신전의 유적…….

"아, 바알벡(바알신의 신전 등 로마시대의 유적이 있는 레바논의 도시)을 말하는 겁니까?"

내가 말한 곳은 천체 현상을 연구하는 곳이다. 일종의 관측소다. 나는 세스(제인)가 말하려고 하는 단어가 무엇인지 알 것 같았지만 그것을 생각해내거나 쓸 시간이 없었다.

— 전자기체들에 충전되어 있는 강력한 감정 에너지가 물체의 패턴을 구성하고 있습니다. 이들 개체는 여러분의 현실 세계 속에 나타나 있는 동안에는 외적인 현실성을 갖추고 물질세계 속으로 감정 에너지를 움직입니다. 이들 개체들은 앞서 말한 대로 결코 파괴되지 않죠. 다만 힘을 잃으면 물질화에 못 미칠 정도로 떨어지고, 힘을 얻으면 물질로 나타나면서 여러분의 세계 속에 투영될 수도 있는 겁니다.

그렇게 물질화된 전자기체들에 대해서는 조금 있다가 설명하겠습니다. 분명한 점은 그런 경우 전자기체들이 전환과 생성 상태를 유지하게 된다는 사실이죠.

10시 45분에 교신이 끝났다. 나는 제인과 좀 더 대화를 나눈 후, 앞서 세스가 말하려고 했던 게 스톤헨지였다고 결론내렸다. 제인 역시 내 말에 동의하면서 트랜스 상태에서 왜 그 단어가 생각나지 않았는지 모르겠다고 말했다.

내적 자아는 외적 자아보다 강력하다

(509호 교신, 1969년 11월 24일 월요일 오후 9시 10분)

오늘 제인은 칼 융이 지은 《실험 심리학》을 읽었지만 세스에게 그것에 대해 물어보지는 않았다.

―여러분의 심리학자들이 의식의 특성을 분류할 때, 한 가지 간과하는 중요한 부분이 있습니다. 나는 오늘 그 부분을 전자기체에 대한 이야기와 연계해서 설명하고자 합니다. 왜냐하면 그 둘은 서로 긴밀히 연결되어 있기 때문이죠.

우선 융의 이야기로 시작하죠. 융은 의식이 에고를 중심으로 구성되어 있다고 추정했습니다. 그는 에고적인 구조를 갖고 있지 않은 부분은 의식이 없다고, 즉 자의식이 없다고 보고 무의식이라 불렀죠. 정상적이 에고는 무의식저 지료를 식섭석으로 알 수 없다고 한 융의 말에도 일리는 있습니다. 하지만 그는 다른 심리학자들과 마찬가지로 내적 에고가 존재하며, 내적 에고가 무의식적 자료를 만드는 주체임을 알지 못했죠.

여러분은 정상적인 각성 의식 상태를 벗어나 일상적인 자아를 버린다 하더라도 변함없이 분명한 의식을 유지할 수 있습니다. 단지 각성된 에고가 그 사실을 기억하지 못하는 것뿐이죠. 의식은 분화 과정을 통해 여러분이 아는 속성들을 갖출 때, 대부분의 창조성을 무시하면서 그와 관련된 일을 무의식에게 떠맡깁니다. 바꿔 말해, 무의식은 사실상 의식이죠. 그리고 창조성은 의식의 가장 중요한 속성 중 하나입니다. 정상적인 에고 의식과 그 에고에게 무의식으로 비춰지는 의식은 구분해야 하죠.

융이 무의식이라 말하는 체험은 내적 에고가 빚어내는 것입니다. 내적 에고는 내적 자아의 또 다른 명칭이죠. 외적 에고가 육체적 환경 안에서 기능을 발휘하듯 내적 에고 혹은 내적 자아는 내적 현실을 조직하고 그 안에서 기능을 발휘합니다. 또한 내적 에고는 외적 에고가 다루는 물질적 현실도 창조하죠.

모든 창조적이며 독창적인 업적은 결코 무의식 상태가 아닌 내적 자아에서 비롯된 결과입니다. 내적 에고는 고도의 분별력과 의도를 갖고 그러한 일들을 수행하고 있으며, 외적 에고는 그것의 그림자에 불과하죠. 반대의 경우는 결코 있을 수 없습니다. 자아의 어두운 부분은 무의식이 아니라 에고입니다. 고도로 복잡하고 무한히 다양하며 믿기 어려울 정도로 풍요로운 무의식의 태피스트리가 무의식일 수는 없죠. 그것은 일상적인 에고보다 자신의 정체와 목적을 훨씬 잘 인식하고 있는 내적 의식의 산물입니다. 다만 일상적인 에고는 무지와 한정된 초점으로 인해 소위 무의식의 활동을 혼돈스러운 상태로 인식하는 것뿐이죠.

의식적 에고는 '무의식'에서 나오며 에고의 창조자인 무의식은 필연적으로 자신의 산물보다 훨씬 더 풍부한 의식을 가지고 있습니다. 에고는 단지 내적 자아에게 속한 그 방대한 지식을 의식적으로 담아내지 못하는 것뿐이죠.

내적 자아는 방대한 지식과 무한한 의식의 범위를 통해 육체적 세계를 만들고, 외적 에고가 끊임없이 인식 작용을 유지하도록 자극합니다. 또한 내적 에고 혹은 내적 자아야말로 전자기체들을 만들고, 발동시키며,

발산하고, 조종함으로써 에너지를 물질로 만드는 장본인이기도 하죠.

내적 자아가 자신의 에너지를 활용하여 내적 체험의 물질적 등가물을 만들면 외적 자아가 그 속에서 제 역할을 펼치는 것입니다. 그러므로 외적 자아는 이미 내적 자아가 짜놓은 각본대로 연기하는 것이죠. 그렇다고 해서 외적 자아가 꼭두각시라는 뜻은 아닙니다. 내 말은 외적 자아가 내적 자아보다 의식이 훨씬 미약하며, 지각 기능이 뒤떨어지고, 겉보기에 아주 안정된 것 같지만 실상은 훨씬 더 불안정하다는 이야기입니다. 외적 자아는 처리 가능한 데이터와 감정과 정서들만 주입받습니다. 또한 그 데이터는 언제나 육체적 감각에게 포착된 정보의 관점에서 지극히 특화된 방식으로 입력되죠.

내적 자아, 즉 내적 에고는 자신을 의식하고 있습니다. 다른 의식체들과 분리된 개체성과 다른 모든 의식의 일부분인 개체성을 동시에 의식하죠. 여러분의 관점에서 보면 자신의 분리성과 통합성을 모두 지속적으로 의식하는 셈입니다. 반면에 외적 에고는 그 무엇도 지속적으로 의식하지 않습니다. 종종 자신까지 잊어버리죠. 강한 감정에 휩싸일 때면 스스로를 잃어버립니다. 그런 경우엔 오직 통합성만 있고 분리성은 전혀 남아 있지 않죠. 반면에 개체성, 즉 개성을 강하게 주장하고 나올 땐 통합성을 전혀 의식하지 못합니다.

하지만 내적 에고는 언제나 양쪽 측면을 동시에 의식하며, 그 자신의 주요한 측면인 창조성과 관련한 일을 추진하죠. 그것은 자신의 게슈탈트 요소들을 끊임없이 현실로 전환합니다. 전자기체들을 통해 물질적 현실이나 그 밖의 현실로 전환하는 것이죠.

쉬는 시간 동안 나는 융이 육체적 죽음 이후에 자신의 사상을 바꾸었는지 궁금하다고 큰소리로 말했다. 10시 5분, 교신을 재개했다.

—전자기체들은 내적 자아가 기본적인 체험을 나타낼 때 필요한 형태들입니다. 그것들이 바로 육체적 물질을 이루는 것이죠. 물질은 기본적인 체험이 3차원적 세계로 들어오면서 취하는 모습입니다. 물질은 바로 여러분이 꾸는 꿈의 모습이죠. 여러분의 꿈, 생각, 감정 등은 바로 내적 자아에 의해 육체적 물질로 전환되는 것입니다.

개인의 내적 자아는 다른 내적 자아와 함께 지극히 창조적인 노력을 통해 여러분이 알고 있는 물질적 현실을 만들고 유지합니다. 그러므로 물질적 현실은 내적 자아의 의식 활동이 빚어낸 결과 혹은 부산물이죠.

물리적 건물은 돌과 강철로 만들어진 것처럼 보입니다. 육체적 감각에게 그것은 거의 반영구적인 것처럼 비추어지죠. 하지만 실상 그것은 내적 자아의 집단적인 노력으로 만들어지고 유지되는, 항상 진동하고 끊임없이 움직이는, 고도로 충선된 전지기체들의 형태입니다. 다시 말해 육체적 물질화를 통해 고형화된 감정이자 고체화된 주관적 상태인 것이죠.

개개인은 전자기체들을 물질적 현실로 투영해야 할 각자의 역할을 갖고 있습니다. 육체가 내적 자아의 투영물인 것처럼 육체적 물질 역시 자아의 확장판이라고 할 수 있죠. 육체는 내적 자아로 인해 성장하고, 나무는 땅에서 성장하는 데 반해 건물들은 저절로 성장하지 않습니다. 이렇듯 내적 자아는 다양한 창조의 방식으로 전자기체들을 각기 다르게 사용하죠.

내적 자아는 물질적 현실에서 자신을 표현하기로 결정한 후에는 다른 모든 것들이 의존해야 할 육체적 토대, 즉 자연의 산물이라 불릴 수 있는 도구를 만들고 유지합니다. 이때 내적 자아는 자신의 방대하고 무한한 저장고로부터 필요한 지식과 경험을 끌어내며 온갖 종류의 선택을 하죠. 그러므로 육체적 물질의 다양성은 이러한 내적 다양성을 반영하고 있습니다.

자연적인 구조물들을 만들고 유지하게 된 후에는 2차적인 육체적 도구를 투영합니다. 가장 심층적이며, 기본적이며, 지속적인 주관적 체험들이 자연적인 요소로, 즉 육체적 삶을 지탱하는 광대한 경관으로 전환됩니다. 이 부분을 다음 교신에서 계속 이야기하기로 하죠.

융은 죽기 직전 자신의 개념 중 일부를 확대했습니다. (몸을 앞으로 기울이며 유머러스할 정도로 단호하게) 그리고 사후에는 많은 개념들을 변화시켰죠.

10시 30분, 교신은 25분간 지속됐는데 제인은 10분 정도 걸린 것 같다고 말했다. 교신은 10시 43분에 재개되었다.

─조금 더 이야기를 나눈 후에 교신을 끝내죠. 앞으로는 내가 하는 말들이 좀 더 일반화되고, 사람들은 자신들의 내적 정체나 의식의 다른 형태에 대해 어느 정도 익숙해지는 날이 올 것입니다.

예부터 어떤 사람들은 꿈과 수면 상태에 나름대로의 자의식과 목적이 깃들어 있다는 사실을 깨닫고, 각성 상태에서도 내적 자아가 지속적으로 존재한다고 주장했습니다. 그러한 사람들은 더 이상 자신을 에고 의식과 완벽하게 동일시할 수 없었죠. 그들은 자신이 에고 이상의 존재임을 너무나 잘 인식했던 것입니다.

일단 그러한 지식을 얻으면 에고는 그것을 사실로 받아들일 수 있습니다. 왜냐하면 놀랍게도 내적 자아의 경지에선 의식이 뒤떨어지기는커녕 오히려 훨씬 더 높은 의식이 유지되며, 기존 한계가 사라진다는 사실을 발견하기 때문이죠.

나는 무의식적 자료가 에고적인 자아의 에너지를 빼돌린다는 이론은 전혀 사실이 아니며, 오히려 반대로 에고가 무의식으로부터 에너지를 공급받고 있다는 점을 강조하고 싶습니다. 심리학자들은 무의식이 혼돈 상태일 거라는 두려움에서 에고적 자아를 중시하는 발언을 하는 것입니다. 심리학을 연구하는 사람들의 본성엔 뭔가 특별한 요소가 있고, 그들은 무의식에 매료된 만큼 그것을 두려워하는 성향을 지니고 있죠.

에고는 끊임없이 흘러 들어오는 잠재의식적이며 무의식적인 자양분을 통해 자신의 안정성을 유지합니다. 그 자양분은 아무리 많이 섭취해도 에고를 죽이지 않죠. 모종의 이유로 인해 자양분의 유입량이 상당 부분 감소할 때에만 에고는 아사의 위기에 처합니다. 에고와 무의식의 관계에 대해선 좀 더 할 말이 남아 있습니다. 퍼스낼리티가 건강할 경우, 내적 자아는 모든 체험을 쉽사리 전자기체로 투영하고 현실화할 수 있습니다. 그렇게 해서 만들어진 육체적 물질은 일종의 피드백 구실을 하죠. 이제 질문할 사항이 없다면 교신을 끝내기로 합시다.